KB180535

한국의

옛날이야기로 배우는

한국어・한국문화

한국의 옛날이야기로 배우는 한국어 · 한국문화

이 은 자

역락

책머리에

이 책은 한국어를 배우는 외국인 학습자를 위해 만들어졌습니다. '한국의 옛날이야기'는 옛날의 것이지만 언제나 한국인에게 친숙하게 살아있는 오늘의 이야기입니다. 신화, 전설, 민담, 우화 등이 오래 전부터 한국 사람들의 입에서 입으로 전해지면서 오늘날의 옛날이야기를 만들고 있습니다. 그러나 같은 이야기라도 지역에 따라 전해져 온 이야기의 내용이나 구성은 조금씩 다릅니다. 또 작가가 없이 전해져 내려오는 것이기 때문에 이야기를 전하는 사람에 따라 구체적인 표현 방식도 매우 다양합니다. 이 책을 읽는 독자도 누군가에게 이 이야기를 전한다면 새로운 '이야기꾼'이 되는 것입니다.

옛날이야기는 대부분 아이들에게 전해주는 것이 많아서 흔히 '전래 동화'로 불리기도 합니다. 아이들이 좋아하는 동심에 어울리는 이야기들인 것입니다. 옛날이야기에 동물이 많이 등장하는 것은 이 때문입니다. 그런데 옛날이야기의 주인공은 아이보다 어른이, 여자보다 남자가 더 많이 등장합니다. 이것은 한국의 옛날이야기가 어른들의 이야기에서 온 것이 많고, 이야기가 만들어진 한국 사회가 주로 남성 중심의 사회였기 때문입니다.

한국의 옛날이야기는 대부분 권선징악과 인과응보가 지배하는 도덕적인 교훈을 담고 있지만, 지혜와 유머는 물론 애틋한 남녀의 사랑이야기도 풍부해 이야기의 즐거움을 더합니다. 이 책에 실린 서른 일곱 편의 옛날이야기는 한국인들이 어렸을 때부터 가정과 학교에서 지속적으로 들어온 것들이어서 한국인이라면 대부분 알고 있습니다. 한국인과의 의사소통에서 이 이야기들이 어떻게 반영되어 나타나는지 반복해서 읽고 구연하면서 한국어는 물론 한국의 문화를 자연스럽게 익혀나가시기 바랍니다.

한국의 옛날이야기를 추리고 다듬으면서 구비문학집과 근대 이후 발간된 여러 전래동화집을 참고로 하였습니다. 일일이 출전을 밝히는 번거로움을 줄였으나 한국 옛날이야기의 근원과 줄기를 제대로 파악하지 못한 것이 있다면 너그럽게 이해해 주시기 바랍니다.

이 책이 나올 수 있도록 허락해 주신 역락 편집부와 여름내 고생하신 이소희 대리님께 감사드립니다. 중국어를 도와주신 이바른 선생님께도 고마움을 표하고 싶고, 이야기에 맞는 그림을 그려준 딸 이승민의 수고도 잊지 않습니다.

2015년 7월 청파동에서

이은자

차례

읽기 전에

1. 이 책은 한국어 중급 수준에 맞추어져 있지만 초급이어도 혼자서 충분히 읽을 수 있도록 쉽고 짧게 구성되어 있습니다. 읽다가 모르는 어휘가 나오면 옆에 있는 어휘 번역의 도움을 받으시기 바랍니다. 그러나 번역을 찾지 않고 이야기의 흐름을 따라가며 읽으면 충분히 이해할 수 있습니다. 상투적인 표현을 그대로 쓴 것은 이 때문입니다.
2. 이 책은 단순히 읽는 교재가 아니라 말하기나 구연, 즉 스토리텔링할 수 있도록 만든 교재입니다. 문법적인 내용을 몰라도 우선 옛날이야기를 소리 내서 읽는 연습을 하기 바랍니다. 그리고 창의적인 대화를 만들 수 있는 장면(배경색 표시)에서 여러 가지 새로운 현장의 표현을 넣어 더욱 흥미로운 이야기로 구연해 보시기 바랍니다.
3. 한국의 옛날이야기의 이해를 돕기 위해 관련된 한국문화 설명을 곳곳에 덧붙였습니다. 추가 설명이 더 필요한 한국문화는 한국어 선생님 혹은 한국인들과 이야기를 나누며 배워나가면 효과적일 것입니다.
4. 하나의 옛날이야기가 끝날 때마다 간단히 그 내용을 검토하고 한국인들이 자주 사용하는 핵심 어휘를 확인할 수 있도록 연습문제를 배치했습니다. 이 책을 같이 읽는 친구들과 함께 연습문제를 풀어 보시기 바랍니다.
5. 부록에는 한국인이 많이 사용하는 의성어와 의태어(붉은색 표시), 속담, 관용어, 사자성어 등을 담았습니다. 스토리텔링에 활용해 보십시오.

01

단군 이야기

옛날 옛날 아주 옛날, 하늘 나라에 환인이라는 왕이 살았습니다. 환인에게는 '환웅'이라는 아들이 있었습니다. 환웅은 매일 하늘 아래를 **내려다보며** 땅에 내려가 인간 세상을 **다스리고** 싶은 마음을 가졌습니다. 그 마음을 안 환인은 환웅을 불러 물었습니다.

"저 아래 땅에 사는 인간들을 다스려 보고 싶으냐?"

"네, 아버지. 땅에서 인간의 나라를 세우고 싶습니다. 허락해 주십시오."

환인은 땅을 내려다보며 말을 했습니다.

"그럼, 저 태백산으로 내려가거라. 태백산은 인간 세계를 **이롭게** 할 만한 곳이구나."

며칠이 지난 후 환웅은 바람과 비와 구름, 그리고 3천 명의 신하를 거느리고 태백산에 내려와 인간 세상을 잘 다스리기 시작했습니다.

그러던 어느 날, 곰 한 마리와 호랑이 한 마리가 환웅을 찾아왔습니다.

단군 이야기
Dan-Gun Story
檀君神话

★ '단군 이야기'는 대한 민국 최초의 건국신화입니다. 단군왕검이 세운 고조선은 기원전 6000년 전부터 기원전 1000년까지 한반도에 세워진 나라입니다. '왕검'이라는 말은 하늘에 제사를 지내는 제사장을 뜻하는 말입니다. 단군신화를 보면 한국의 조상들이 어떤 생활을 했고 어떤 문화를 가졌는지 알 수 있습니다. 이 신화는 일연이 쓴 <삼국유사(三國遺事)>라는 책에 실려 있습니다.

- 내려다보다 : look down 往下看
- 다스리다 : govern, rule over 治理

- 쑥 : mugwort 艾草

- 마늘 : garlic 蒜
- 도저히 : cannot possibly 无论如何

삼칠일

중요한 일이 생긴 후 7일을 세 번 지날 때까지 **금기**(禁忌)를 지키는 특별한 기간입니다. 보통 아이를 낳은 지 스무 하루 날을 삼칠일 혹은 '세이레'라고 합니다. 이 기간 동안 **금줄**을 쳐서 가족이나 이웃이 오는 것을 막습니다.

"환웅님, 저희는 인간이 되고 싶습니다. 인간이 될 수 있는 방법을 알려 주십시오."

그러자 환웅은 **쑥 한 묶음과 마늘 스무 개**를 주며 말했습니다.

"백일 동안 동굴 속에 들어가 이 **쑥**과 **마늘**만 먹으며 햇빛을 보지 않으면 인간이 될 수 있을 것이다."

곰과 호랑이는 쑥과 마늘을 받아 굴 속에서 지냈습니다. 며칠이 지나자 호랑이는 쑥과 마늘만 먹고 **도저히** 어두운 굴에서 살 수가 없었습니다. 호랑이는 굴을 뛰쳐나가 버리고 말았습니다.

그러나 곰은 쑥과 마늘을 먹으며 참았습니다. **삼칠일**(三七日)이 되자, 드디어 곰은 아름다운 여자로 변했습니다. 사람들은 이 여자를 '**웅녀**(熊女)'라고 불렀습니다.

웅녀는 자신의 소원이 이루어진 것을 기뻐했습니다. 하지만 웅녀는 아기를 낳고 싶었습니다. 웅녀는 '아기를 낳게 해주세요'라고 매일 기도를 했습니다.

웅녀의 **간절한 기도**에 감동한 환웅은 잠시 인간의 모습으로 변하여 웅녀와 결혼을 했습니다. 그리고 웅녀는 아기를 낳았고 그 아기가 바로 '단군'입니다. 단군은 커서 지혜롭고 훌륭한 사람이 되어 마침내 사람들이 '왕검'이라 부르게 되었습니다. 왕검은 평양성을 **도읍**으로 정하고 우리 민족 최초의 국가인 **고조선(BC 2333년)**을 세웠습니다. 단군왕검은 이 나라를 잘 다스려 천오백 년 동안이나 살았다고 합니다.

- 간절한 기도 : desperate prayer 殷切地祈祷
- 도읍 : capital 首都
- 수도 : capital 首都
- 고조선 : Gojoseon (Korea's first kingdom) 古朝鲜
- 건국신화 : the birth myth of a nation 建国神话

★ **고조선**과 **조선**을 혼동하기 쉽습니다. 단군이 세운 나라는 **고조선(古朝鮮 : BC 2333)**입니다. 한국 고전 드라마에서 잘 나오는 시대는 그 후 3천 년이 지난 1392년 이성계가 세운 나라 조선입니다.

나라마다 건국신화(建國神話)를 가지고 있습니다. 여러분의 건국신화와 한국의 건국신화가 어떻게 다른지 이야기해 보십시오. 그리고 고구려의 '주몽신화', 신라의 '박혁거세 신화', 부여의 '해모수 신화' 등을 찾아 이야기해 보십시오.

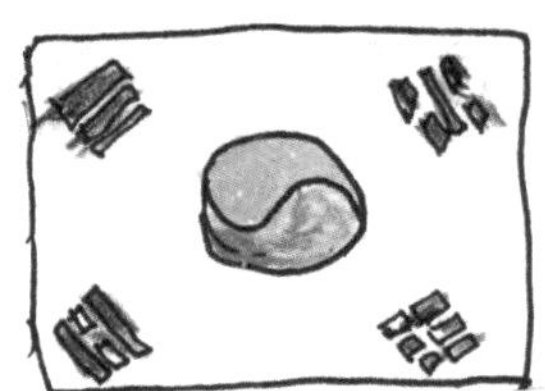

현재 한국 사람들에게 '곰'과 '호랑이'의 이미지는 어떤 것인지 이야기를 나누어 보십시오.

연습문제

■ 〈단군 이야기〉를 잘 읽고 질문에 답해 보십시오.

1. 환웅이 인간 세상을 다스리려고 내려온 곳은 어디입니까?

____

2. 환웅은 인간이 되고 싶어 하는 곰과 호랑이에게 무엇을 주었습니까?

____

3. 곰이 며칠 만에 사람이 되었습니까?

____

4. 단군의 어머니는 누구입니까?

____

5. 단군이 세운 나라 이름은 무엇입니까?

____

■ 적절한 표현을 찾아 쓰십시오.

1. (　　) 참다.
2. 쑥과 마늘만 먹고 (　　) 살 수가 없다.
3. 매일 (　　) 기도를 하다.

(간절히, 꾹, 도저히)

이야기하기

■ 곰은 어떻게 인간이 될 수 있었을까요? 곰과 호랑이가 환웅과 이야기하는 장면을 창의적인 대화로 만들어 보십시오. (역할 : 환웅, 호랑이, 곰)

____

____

____

____

____

____

____

____

■ 위에서 만든 대화를 활용하여 〈단군 이야기〉를 구연(口演 : 스토리텔링)해 보십시오. 동영상이나 사진, 그림 등을 활용해도 좋습니다.

개천절과 한국의 공휴일

10월 3일은 개천절(開天節)입니다. 단군이 고조선을 세운 것을 기념하는 날입니다. 한국 사람들이 쉬는 공휴일(公休日)은 다음과 같습니다.

★ 한국의 명절은 음력으로 보기 때문에 해마다 명절의 날짜가 달라집니다. 한국 사람들은 아직도 생일을 기념할 때 음력으로 기념하는 사람들이 많습니다.

1월 1일	신정(新正) : 새해 첫날을 기념하는 날입니다.
3월 1일	3·1절 : 1919년 3월 1일 일제에 항거하는 독립운동을 기념하는 날입니다.
음력 4월 8일	석가탄신일(釋迦誕辰日) : 붓다의 탄생을 기념하는 날입니다.
6월 6일	현충일(顯忠日) : 국가를 위해 돌아가신 국가유공자들의 넋을 위로하는 날입니다.
8월 15일	광복절(光復節) : 일본의 식민통치에서 해방된 것을 기념하는 날입니다.
10월 3일	개천절(開天節) : 한국 민족 최초의 국가인 고조선 건국을 기념하기 위해 제정된 날입니다.
10월 9일	한글날 : 세종대왕이 한글을 반포한 것을 기념하는 날입니다.
12월 25일	성탄절(聖誕節) : 예수가 탄생한 날을 기념하는 날입니다.

★ 음력 1월 1일을 '정월 초하루'라고 하고, 1월 15일을 '정월 대보름'이라 하는 것은 한국 고유의 날짜 세는 표현입니다. 하루, 이틀(2), 사흘(3), 나흘(4), 닷새(5), 엿새(6), 이레(7), 여드레(8), 아흐레(9), 열흘(10), 보름(15), 그믐(30) 등의 표현을 씁니다.

이상이 달력에 빨간색으로 표시된 공휴일입니다. 공휴일은 모두 쉬는 날입니다.

그리고 **음력 1월 1일 설날, 음력 8월 15일 추석** 명절이 있습니다. 이 두 명절은 명절뿐 아니라 앞 뒤를 모두 공휴일로 지정하고 있습니다. ☞ 152쪽 한국의 명절

5월 1일 근로자의 날, 5월 5일 어린이 날, 5월 8일 어버이 날, 5월 15일 스승의 날 등은 공휴일은 아니지만 회사나 학교, 가정에 따라 각각 큰 행사를 하는 일이 많습니다.

한국 달력을 펴서 빨간 날을 확인해 보세요. 그리고 여러분 나라의 공휴일이나 기념일과 어떻게 다른지, 공휴일에는 무엇을 하는지 이야기를 나누어 보십시오.

02

해와 달이 된 오누이

옛날 옛날에 어느 깊은 산골에 어머니와 어린 오누이가 살았습니다. 어느 날 어머니는 산 너머 잔칫집에 일을 하러 갔습니다. 일이 다 끝나고 어머니는 **떡 바구니**를 머리에 이고 집으로 가는 길이었습니다. **꼬부랑** 고개를 넘어 가는데 어디서 갑자기 호랑이가 나타났습니다.

호랑이는 **"떡 하나 주면 안 잡아먹지."** 라고 말했습니다. 어머니는 호랑이가 무서워 남아 있던 떡을 하나 주었습니다. 그런데 다음 고개에서도 그 호랑이가 또 나타났습니다.

"떡 하나 주면 안 잡아먹지."

고개를 넘을 때마다 호랑이는 어머니의 떡을 빼앗아 먹었습니다. 그래서 이젠 바구니에 떡이 하나도 안 남고 **텅 비어** 버렸습니다.

"떡 하나 주면 안 잡아먹지."

"네가 다 먹어서 이제 떡이 없구나. 제발 살려다오. 집에서 자식들이 나를 기다리고 있단다."

어머니가 이렇게 말하자 **못된 호랑이**는 마침내 어머니를 잡아먹

해와 달이 된 오누이
The Sun and the Moon
太阳和月亮

★ '해와 달이 된 오누이'는 일월전설(日月傳說)이라고 합니다. 호랑이가 떨어져 죽었을 때 그 피가 수숫대에 묻어 붉게 되었다고 하여 '수수'가 붉은 유래에 관한 전설로도 알려져 있습니다. 한국의 어린이들에게 <해님달님>으로 많이 소개되는 이야기입니다.

- 오누이(남매) : brother and sister 姐弟
- 머리에 이다 : carry a load on one's head 顶在头上
- 떡 바구니 : rice cake basket 年糕篮子
- 텅 비다 : empty 空荡荡

- 밀가루 : flour 面粉
- 감쪽같이 속다 : to be completely deceived, to be fooled 不知不觉就被骗了
- 허겁지겁 : hurriedly 急匆匆。连滚带爬
- 참기름 : sesami oil 香油
- 듬뿍 : full 满满地
- 미끄럽다 : slippery 滑
- 도끼 : axe 斧子
- 찍다 : cut, chop 砍

었습니다. 그리고 어머니 옷을 입고 아이들이 있는 집으로 달려갔습니다. **똑똑** 문을 두드리면서 어머니의 목소리를 흉내내어 말했습니다.

"애들아, 엄마가 왔다. 문 열어라."

그러나 오누이는 엄마가 나가면서 엄마가 아니면 **하늘이 두 쪽이 나도 절대** 문을 열어주지 말라고 한 말이 생각났습니다.

"우리 엄마 목소리가 아니다. 엄마의 손을 보여다오."

호랑이는 손에 **밀가루를 묻혀** 하얀 손을 보여주었습니다.

오누이는 호랑이에게 **감쪽같이 속았습니다**. 오누이는 엄마의 손인 줄 알고 반갑게 문을 열어버렸습니다. 무서운 호랑이가 달려들어오자 오누이는 "빨리 도망가자!" 소리치며 **허겁지겁** 뒷문을 열고 밖으로 뛰어가 나무 위에 **후다닥** 올라갔습니다.

호랑이도 나무 위로 올라오려고 했지만 오를 수가 없었습니다.

호랑이는 나무 위를 올려다 보며 말했습니다.

"애들아, 너희들은 그 높은 나무에 어떻게 올라갔니?"

"**참기름**을 바르고 올라왔지!"

호랑이는 부엌으로 가서 참기름을 듬뿍 바르고 왔습니다. 그러나 호랑이는 나무에 오르려다 너무 미끄러워 **주르륵** 아래로 내려갔습니다.

"**하하하**, 바보! 도끼로 찍고 올라온 것도 모르고…"

동생은 웃으면서 그만 사실을 말하고 말았습니다.

호랑이는 도끼를 가져와서 **쿵쿵** 나무를 찍으며 올라가기 시작했습니다. 나무 맨 꼭대기까지 올라온 오누이는 울면서 하느님께 빌었습니다.

★ 다음 웃음소리의 차이를 느껴보세요.

하하하
호호호
허허허
깔깔깔
히히히
크크크

"하느님, **제발** 살려주세요. 저희에게 **밧줄**을 내려 주세요."

그러자 하늘에서 밧줄이 내려왔습니다. 오누이는 **밧줄**을 타고 하늘로 올라갈 수 있었습니다. 하늘로 올라가는 오누이를 보고 호랑이도 하느님께 빌었습니다.

"하느님, 이 호랑이에게도 밧줄을 내려 주십시오."

★ 요즘 스마트폰에서 웃음 소리를 더 간단하게 'ㅎㅎㅎ' 또는 'ㅋㅋㅋ' 등으로 표현하기도 합니다. 또 우는 모양을 'ㅜㅜ', 'ㅠㅠ' 등으로 표현합니다.

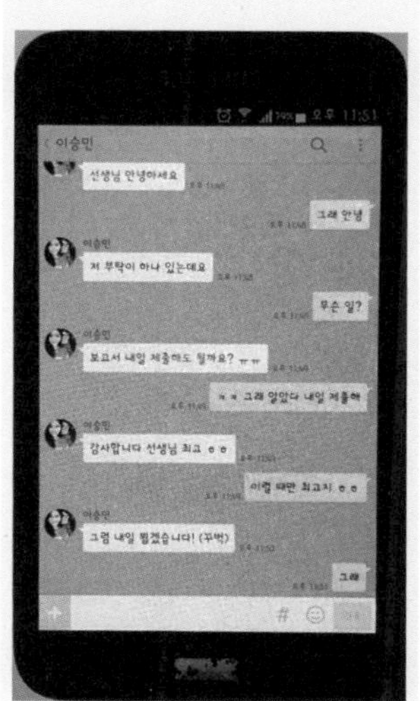

• 밧줄 : rope 绳子

- 수숫대 : sorghum straw 高粱秆子
- 수수 : sorghum 高粱
- 해 : sun 太阳
- 달 : moon 月亮
- 부끄럽다 : shy 害羞

호랑이에게도 정말 밧줄이 내려왔습니다. 그러나 호랑이에게 내려온 밧줄은 **썩은 밧줄**이었습니다. 밧줄을 타고 올라가던 호랑이는 밧줄이 툭 끊어지는 바람에 땅에 떨어져 죽고 말았습니다. 그때 호랑이의 피가 **수숫대**에 묻어 **수수**밭이 붉게 변해버렸습니다.

하늘로 올라간 오빠는 **해**가 되었고 동생은 **달**이 되었습니다. 하지만 동생은 어두운 밤이 무서웠습니다. 오빠는 동생과 서로 바꾸기로 했습니다. 해가 된 동생은 사람들이 쳐다보는 게 너무 **부끄러워**서 사람들이 쳐다보지 못하게 빛을 세게 비추었습니다. 그때부터 사람들이 해를 보면 눈이 부시다고 합니다.

"떡 하나 주면 안 잡아 먹지"는 한국에서 아주 흔히 들을 수 있는 관용화된 문장입니다. 어떤 상황에서 쓰면 좋을지 친구들과 이야기해 보세요.

■ 〈해와 달이 된 오누이〉를 잘 읽고 질문에 답해 보십시오.

1. 떡을 이고 집으로 가는 어머니에게 호랑이는 무엇이라고 말했습니까?

____

2. 호랑이를 피해 오누이는 나무 위로 어떻게 올라갔습니까?

____

■ 적절한 의성어나 의태어를 찾아 쓰십시오.

1. ( ) 문을 두드리다.
2. 바구니가 ( ) 비다.
3. 동생이 ( ) 웃다
4. 미끄러워 ( ) 아래로 내려가다.
5. 밧줄이 ( ) 끊어지다.

(주르륵, 하하하, 툭, 텅, 똑똑)

■ 적절한 단어나 표현을 찾아 쓰십시오.

1. ( ) 속았습니다.
2. ( ) 살려주세요.
3. ( ) 절대 문을 열어주지 말라.

(하늘이 두 쪽이 나도, 감쪽같이, 제발)

이야기하기

■ 호랑이는 어떻게 오누이를 속여 문을 열게 할 수 있었을까요? 호랑이가 어머니의 옷을 입고 오누이와 이야기하는 장면을 창의적인 대화로 만들어 보십시오. (역할 : 호랑이, 오빠, 동생)

____

____

____

____

____

■ 위에서 만든 대화를 활용하여 〈해와 달이 된 오누이〉를 구연(스토리텔링)해 보십시오. 동영상이나 사진, 그림 등을 활용해도 좋습니다.

03
심청 이야기

심청 이야기
Sim-Chung Story
沈靑傳

★ '심청 이야기'는 **〈심청전〉**이라고 하는 고대소설 혹은 판소리로 더 유명합니다. 한국 사람들은 부모에게 **효도**하는 것을 가장 중요한 미덕(美德)으로 생각합니다. 그래서 아이들 교육을 위한 옛날이야기에 많이 소개됩니다. '심청'이는 한국의 대표적인 **효녀**(孝女)의 대명사입니다.

- 눈이 멀다 : to be blind 失明
- 봉사(맹인) : the blind 盲人
- 이레 : seven days 七天
- 세상을 떠나다 : pass away 去世
- 젖을 동냥하다 : to beg for breast milk 讨奶
- 부양하다 : to support, provide for 抚养
- 손재주가 좋다 : to be dexterous 心灵手巧
- 일감을 얻다 : to get a job 揽到活
- 양반집 부인 : nobleman's wife 两班(文武班)夫人
- 수양딸(양녀) : adopted daughter 养女
- 눈 먼 : blinded 失明

옛날 옛날 어느 마을에 **눈이 멀어** 앞을 못 보는 **봉사**가 살았습니다. 이름은 심학규였는데 사람들은 그를 심 봉사라고 불렀습니다. 심 봉사는 아내 곽씨 부인과 잘 살았습니다. 그러나 심 봉사 부부에게는 마흔이 되도록 자식이 없었습니다. 매일 온갖 정성으로 기도를 한 끝에 곽씨 부인은 딸을 하나 낳았습니다. 딸의 이름을 '청'이라고 지었습니다.

하지만 아이를 낳은 지 **이레**(칠일) 만에 곽씨부인은 **세상을 떠나**고 말았습니다. 그래도 심 봉사는 혼자서 **젖을 동냥해서** 심청이를 정성껏 잘 키웠습니다.

심청은 자라면서 심 봉사 대신 여기 저기 일을 하러 다니며 아버지를 **부양했습니다**. 심청은 **얼굴이 곱고** 마음씨가 착했을 뿐 아니라 **손재주가 좋아서** 동네 **일감을 많이 얻을 수** 있었습니다.

그러던 어느 날 심청이 소문을 들은 이웃 마을의 **양반집 부인**이 심청을 자신의 집으로 불렀습니다. 부인은 심청이가 마음에 들어 **수양딸**로 삼고자 했습니다. 그러나 심청은 **눈 먼** 아버지 생각에 그 부탁을 거절했습니다.

그런데 그 날, 심 봉사는 밤늦게 돌아오는 딸이 걱정이 되어 **마중을 나갔다**가 **개천**에 빠지고 말았습니다.

때마침 길을 지나던 **스님**이 물에 빠진 심 봉사를 구해 살아났습니다.

"앞이 안 보이시는군요. **부처님**께 **공양미 삼백 석**을 바치고 기도하면 눈을 뜰 수 있을 것입니다"

"정말입니까? 그럴 수만 있다면 쌀 삼백 석을 바치겠습니다" 심 봉사는 쌀 삼백 석을 **시주하겠다**고 약속해 버렸습니다.

그러나 심 봉사는 어떻게 쌀을 구할 지 걱정이 되어 그 후부터 자꾸 한숨만 내쉬었습니다. 그 모습을 보고 심청이는 아버지께 왜 그러시냐고 여쭈어 보았습니다. 심 봉사는 스님과 한 약속을 딸에게 **털어놓았습니다**.

심청은 아버지의 이야기를 듣고 소원을 이루게 해달라고 **밤낮으로 기도**했습니다.

그러던 어느 날 지나가던 뱃사람들이 동네를 돌아다니며 **인당수**에 **제물로 바칠 처녀**를 찾는다고 했습니다. 인당수는 물살이 너무 세서 바닷속 용왕에게 처녀를 바치면 파도가 잠잠해진다는 것이었습니다. 심청은 그들에게 가서 쌀 삼백 석을 아버지에게 주면 자신이 제물이 되겠다고 말했습니다. 그러나 아버지께는 양반집 **수양딸**로 들어간다고 거짓말을 해서 **안심시켰습니다**.

- 마중을 나가다 : to meet, to pick up 迎接
- 개천 : brook, small stream 小溪
- 스님 : Buddhist monk 和尚
- 부처님 : Buddha 菩萨
- 공양미 삼백석 : 300 bags of rice offered to Buddha 供米300袋
- 시주하다 : to donate 施斋。施舍
- 털어놓다 : to unburden 倾诉
- 밤낮으로 기도하다 : to pray for night and day 昼夜祈祷
- 인당수 : Indangsu (a deep water) 印塘水
- 제물로 바치다 : to offer up as a sacrifice 献祭
- 처녀 : virgin 姑娘
- 안심시키다 : to set one at ease, to relieve 使安心

- 풍덩 : splash, plunge 扑通
- 잔잔해지다 : to become calml 风平浪静
- 용왕님 : the Dragon King 龙王
- 대접을 받다 : to be served 受到招待
- 양식 : food 粮食
- 마음씨가 고약하다 : to have a nasty mind 坏心肠
- 뺑덕어미 : ugly maid 乒德夫人
- 효심 : filial love (to be dutiful to one's parents) 孝心
- 연꽃 : lotus 莲花
- 순식간에 : in an instant 一瞬间
- 두둥실 떠오르다 : to rise buoyantly 冉冉升起
- 신기하다 : amazing 神奇

장애인

심봉사처럼 앞을 볼 수 없는 장애인을 '봉사(맹인)'이라고 합니다. 그러나 이러한 말보다 다음과 같이 바르게 순화된 말을 쓰는 것이 바람직합니다.
봉사, 맹인, 장님, 애꾸눈, 사팔뜨기 → **시각 장애인**
벙어리, 언청이 → **언어 장애인**
귀머거리 → **청각 장애인**
앉은뱅이, 난쟁이, 절름발이 → **지체장애인**
정신병자 → **정신장애인**

심 봉사는 심청이가 떠나는 날에 비로소 딸이 공양미 삼백 석에 팔려간다는 사실을 알게 되었습니다. 그러나 이미 때는 늦어 심청이는 뱃사람들을 따라 배를 타고 떠나버렸습니다.

심청이가 탄 배가 인당수에 이르게 되자 바다는 거세졌습니다. 심청이는 '**풍덩**' 바닷속으로 뛰어들었습니다. 그러자 바다는 **거짓말처럼 잔잔해졌**습니다.

바닷속에 빠진 심청은 죽지 않았습니다. 심청이의 효심에 감동하여 바닷속 **용왕님**이 심청이를 살려준 것입니다. 그리고 용궁에서 용왕의 귀한 **대접을 받으며** 잘 살게 되었습니다. 또 용궁에서 어렸을 때 돌아가신 어머니를 만나 행복한 시간을 갖기도 했습니다.

한편 심 봉사는 심청이가 팔려간 뒤에 슬픔과 외로움 속에서 지냈습니다. 공양미 삼백 석을 부처님께 바쳤지만 눈도 뜨지 못했습니다. 또 뱃사람들이 평생 먹고 살 양식을 주고 갔지만, **마음씨 고약한 뺑덕 어미**가 심 봉사에게 접근해서 모두 다 써버리고 말았습니다.

심청이가 용궁에서 지낸 지 어느덧 삼 년이 되었습니다. 용왕은 늘 아버지 걱정만 하는 심청의 **효심**에 다시 한 번 **마음이 움직여** 큰 **연꽃** 속에 심청이를 태워 바다 위로 보내주었습니다.

연꽃은 **순식간에** 바다 위로 **두둥실 떠올랐습니다**. 때마침 장사를 마치고 지나가던 뱃사람들이 연꽃이 너무 크고 **신기해서** 건져 올렸습니다. 그리고 연꽃을 임금님께 바쳤습니다.

임금님은 연꽃 속에서 나온 심청을 왕비로 맞이했습니다. 심청이가 왕비가 된 후로 나라는 더욱 살기가 좋아졌습니다.

하지만 심청이는 언제나 아버지 심 봉사를 생각했습니다. 왕비의 **근심**을 알게 된 왕은 사람을 보내 심 봉사를 찾았지만 심 봉사는 이미 마을을 떠난 후였습니다.

고심 끝에 심청 왕비는 전국에 있는 **맹인**들을 위한 **잔치**를 열어 달라고 왕에게 부탁했습니다. 그러면 아버지를 찾을 수 있을 것이라 생각했습니다. 왕은 나라 안의 맹인은 한 명도 빠지지 말고 모두 참석하라는 **명령**을 내렸습니다. 전국의 맹인들이 모두 **궁궐**에 모여 며칠 동안 잔치를 즐겼습니다.

심 봉사도 **우여곡절 끝에** 맹인 잔치 마지막 날 궁궐에 들어왔습니다. 심청 왕비는 그 동안 참석한 맹인들의 이름에서 아버지 이름이 보이지 않아 실망하고 있었습니다. 그런데 마지막 날 아버지를 발견하고 소리쳤습니다.

"아버지 제가 바로 청이예요. 청이가 살아있어요"

심 봉사는 죽은 줄 알았던 딸이 살아있다는 사실에 너무 놀란 나머지 갑자기 눈을 떴습니다. **기적**이 일어난 것입니다. 심 봉사는 심청이를 안고 기쁨의 눈물을 흘렸습니다. 그 후 나라에 **태평성대**가 계속되었고, 심청이와 아버지는 오래오래 행복하게 잘 살았습니다.

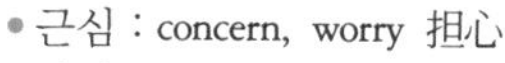

- 근심 : concern, worry 担心
- 맹인 : blind 盲人
- 잔치 : feast 宴会
- 명령 : order 命令
- 궁궐 : palace 宫殿
- 우여곡절 끝에 : after many complications 历经坎坷
- 기적 : miracle 奇迹
- 태평성대 : peaceful reign 太平盛世

여러분 나라에서 부모에게 효도하는 이야기를 소개해 보십시오. 그리고 심청이의 효도 방법이 좋은 방법인지 토론해 보십시오.

연습문제

■ 〈심청 이야기〉를 잘 읽고 질문에 답해 보십시오.

1. 심청이는 왜 뱃사람들에게 팔려가 인당수에 빠졌습니까?

   ____

2. 심청이는 뱃사람들에게 얼마에 팔려갔습니까?

   ____

3. 바다에 빠진 심청이는 무엇에서 다시 살아 나왔습니까?

   ____

4. 왕비가 된 심청이는 어떻게 해서 아버지를 만났습니까?

   ____

5. 심봉사는 어떻게 눈을 뜨게 되었습니까?

   ____

■ 적절한 의성어나 의태어를 찾아 쓰십시오.

1. 개천에 (　　　) 빠지다.
2. 한숨을 (　　　) 내쉬다.
3. 연꽃이 바다 위로 (　　　) 떠오르다.

(푹, 둥실, 풍덩)

■ 적절한 단어나 표현을 찾아 쓰십시오.

1. 심봉사는 어린 심청이를 젖을 (　　　　) 키웠습니다.
2. 바다는 (　　　　) 잠잠해졌습니다.
3. 심청이가 왕비가 된 후 나라는 살기가 좋아져 (　　　　)가 이어졌습니다.
4. 심봉사가 놀라 눈을 뜨게 된 것은 (　　　　)입니다.

(거짓말처럼, 기적, 동냥해서, 태평성대)

이야기하기

■ 심청이는 왜 뱃사람들의 제물이 되겠다고 했을까요? 스님을 만나고 돌아온 심봉사와 심청이가 이야기하는 장면을 창의적인 대화로 만들어 보십시오. (역할 : 스님, 심봉사, 심청이)

■ 위에서 만든 대화를 활용하여 〈심청 이야기〉를 구연(스토리텔링)해 보십시오. 동영상이나 사진, 그림 등을 활용해도 좋습니다.

04

바리데기 공주

옛날 옛날, 어떤 나라에 **오구대왕**이 살았습니다. 이 나라에 한 **점쟁이**는 왕이 1년 후에 결혼을 해야 아들을 낳고 잘산다는 **예언**을 했습니다. 그렇지 않으면 딸만 낳을 것이라고 했습니다. 그러나 왕은 이를 무시하고 결혼해 버렸습니다.

오구 대왕은 정말 점쟁이의 예언처럼 계속 딸만 여섯을 낳았습니다. 일곱 번째 임신을 했을 때 오구대왕은 굿을 하고 **신령님**께 **치성을 드려** 아들을 낳게 해달라고 기도했습니다. 그러나 이번에도 또 딸이었습니다. 대왕은 실망하고 화가 나서 아이를 내다 버리라고 명령했습니다. 왕비는 아기의 이름을 '바리데기'라고 짓고 아기를 **바구니**에 넣어 물 위에 **둥둥 띄워** 보냈습니다.

세월이 흐른 뒤, 오구대왕과

바리데기 공주
Baridegi Princess
巴里公主

★ '바리데기'는 **'버린다'**에서 온 이름으로 '버리데기'라고도 합니다. 이 이야기에 전해져 내려오는 바리공주는 한국 무당의 **조상**이라고 보는 견해가 있습니다. 죽은 사람을 저승으로 인도하는 **무속신(巫俗神)**의 조상입니다.

- 조상 : ancestor 祖先
- 무속신 : the God of shamanism 巫俗神
- 점쟁이 : fortune teller 相师
- 예언 : prophecy 预言
- 무시하다 : to ignore 无视
- 굿을 하다 : 跳大神
- 신령님 : a god 神灵
- 치성을 드리다 : to offer a devout prayer 诚心祈祷
- 바구니 : basket 篮子

남아선호사상

여자보다 남자아이들을 더 좋아하는 것을 남아선호사상이라고 합니다. 옛날에 한국에서 딸이 많은 가정에는 대부분 막내가 아들인 경우가 많았습니다. 아들을 낳기 위해 계속 아이를 낳았기 때문입니다.

왕비는 큰 병에 걸렸는데 아무도 고치지 못했습니다. 한 점쟁이가 그 병을 고치려면 서천 서역국에 가서 **약수**를 구해야 한다고 말했습니다. 그러나 서역국은 너무 멀고 험한데다가 무시무시한 **거인**이 지키고 있어 아무도 갈 사람이 없었습니다. 첫째 딸도 둘째 딸도, 딸 여섯 모두 약수를 구하러 가지 못했습니다.

한편, 버려진 바리데기는 물 위를 떠내려가다가 바닷가 근처에 살던 어느 노부부의 손에 구해져 죽지 않고 무사히 잘 컸습니다.

하루는 꿈 속에서 바리데기가 왕비인 엄마를 만났습니다. 바리데기는 눈물을 흘리는 엄마를 통해 아버지와 엄마 모두 **불치병**에 걸린 소식을 들었습니다. 꿈에서 깨어난 바리데기는 부모를 살리려 서역국에 약수를 구하러 길을 떠났습니다.

- 남아선호 : preference of son 重男轻女
- 약수 : mineral water 药水
- 거인 : giant 巨人
- 불치병 : incurable illness 不治

바리데기가 **우여곡절**을 다 겪으며 서천 서역국에 **당도**하니, 약수를 지키는 거인이 있었습니다. 거인은 바리데기에게 삼 년 동안 나무를 하고, 삼 년 동안 불을 피우고, 또 삼 년 동안 물을 길어오라고 했습니다. 그래야 약수를 줄 수 있다고 했습니다. 9년 동안 바리공주는 모든 일을 **불평하지** 않고 다 했습니다. 그러나 9년이 지나자 거인 장승은 바리데기에게 **청혼을 하며** 7명의 아들을 낳아 달라고 또다시 **요구했습니다**.

바리데기는 그와 결혼하여 아들 일곱을 낳았습니다. 그제서야 **비로소** 바리데기는 약수를 얻을 수 있었습니다. 바리데기는 가족과 함께 약수를 가지고 부모가 계신 곳으로 돌아왔습니다.

그러나 오구 대왕과 왕비는 이미 죽어 **장례**식을 치르고 있었습니다. 바리데기는 죽은 아버지와 어머니의 입에 약수를 흘려 넣었습니다. 그러자 죽었던 오구 대왕과 왕비가 거짓말처럼 눈을 뜨고 다시 살아났습니다.

살아난 임금은 바리데기에게 소원을 물었습니다. 바리데기는 소원이 없고, 단지 세상의 **구원자 노릇**을 하겠다고 말했습니다. 바리데기는 행복하게 오래오래 살다가, 죽은 사람을 **극락**으로 인도하는 **무당**이 되었다고 합니다.

- 우여곡절 : complications, vicissitudes 坎坷
- 당도하다 : to reach 到达
- 불평하다 : to complain 埋怨
- 청혼하다 : to propose for marriage 求婚
- 요구하다 : to demand 要求
- 장례식 : funeral 葬礼
- 구원자 : saviour, rescuer 拯救者
- 노릇 : to behave as 当
- 극락 : paradise, heaven 极乐
- 무당 : shaman 巫婆

여러분 나라에서는 사람이 죽으면 어떻게 장례의식을 합니까? 각 나라의 장례문화를 소개하고 이야기를 나누어 보십시오.

연습문제

■ 〈바리데기 공주〉를 잘 읽고 질문에 답해 보십시오.

1. 바리데기의 뜻은 무엇입니까?

____

2. 바리데기 공주는 태어나자마자 왜 버려졌습니까?

____

3. 점쟁이는 오구대왕과 왕비가 무엇을 먹어야 병이 낫는다고 했습니까?

____

4. 바리데기는 서역국에서 약수를 얻는 대신 몇 년 동안 일을 했습니까?

____

5. 바리데기는 부모님을 살리고 오래오래 살다가 무엇이 되었습니까?

____

■ 적절한 의성어나 의태어를 찾아 쓰십시오.

1. 바구니에 넣어 물 위에 (　　) 띄워 보내다.
2. 눈물을 (　　) 흘리다.

(둥둥, 펑펑)

■ 적절한 단어나 표현을 찾아 쓰십시오.

1. 오구대왕과 왕비는 아무도 고치지 못하는 (　　　)에 걸렸습니다.
2. 거인은 바리데기에게 결혼해 달라고 (　　　)을 했습니다.
3. 오구대왕과 왕비가 죽자 (　　　)이 치러졌습니다.

(불치병, 장례식, 청혼)

이야기하기

■ 바리데기는 부모님이 아프다는 것을 어떻게 알았을까요? 꿈 속에서 어머니를 만나 이야기하는 장면을 창의적인 대화로 만들어 보십시오. (역할 : 바리데기, 어머니)

____

____

■ 위에서 만든 대화를 활용하여 〈바리데기 공주〉를 구연해 보십시오. 동영상이나 사진, 그림 등을 활용해도 좋습니다.

한국의 종교

한국의 옛날이야기에는 한국의 종교를 반영하고 있는 이야기가 많습니다. 한국은 다양한 종교가 서로 평화롭게 공존하는 다종교 사회입니다. 현재 한국인의 대표적인 종교는 **불교**, **기독교**, **천주교**(가톨릭)입니다. 그러나 이 종교는 모두 외국에서 수입된 것이고 한국에서 가장 오래된 신앙은 **무속**(巫俗)과 같은 **민간신앙**이라고 할 수 있습니다. **불교**는 4세기 중반 삼국시대에 중국을 통해 한국으로 들어왔고, **기독교**는 18세기 후반에 **선교사**를 통해 들어왔습니다. 종교는 아니지만 **유교**도 4세기 후반에 들어와 조선시대 500년 통치사상이 되면서 오랫동안 한국인의 삶과 도덕에 큰 영향을 주었습니다. 이밖에도 한국의 무속신앙과 유교, 불교 등과 함께 결합되면서 발전해 온 **도교**가 있습니다.

한국의 옛날이야기에는 무속과 불교, 유교, 도교 등의 영향을 받은 이야기가 많고, 기독교는 한국에 들어온 역사가 짧아서 옛날이야기에는 거의 반영되어 있지 않습니다.

종교와 관련된 어휘와 표현을 익혀보시기 바랍니다.

- 종교 : religion 宗教
- 사상 : thought, idea 思想
- 불교 : Buddhism 佛教
- 기독교 : Christianity 基督教
- 천주교 : Catholic 天主教
- 무속 : Shamanism 巫俗
- 선교사 : a missionary 传教士
- 유교 : Confucianism 儒教
- 민간신앙 : folk religion 民间信仰
- 도덕 : ethics, morals 道德
- 도교 : Taoism 道教

불교 부처님(붓다, 시타르타)－불경－절－**법문**을 듣다－스님－설법

기독교　　　　하나님,　주님(예수님)－성경(신약성서)－교회－**예배**를 보다－목사님－설교

천주교(가톨릭)　하느님,　주님(천주님)－성경(구약성서)－성당－**미사**를 보다－신부님－강론

무속　　　　신령님－성황당(사당)－**굿**을 하다－무당

제주 설문대 할망굿

〈심청 이야기〉와 〈바리데기 공주〉 이야기에 들어있는 한국의 종교적 요소가 무엇인지 찾아 보십시오.

여러분 나라의 중심 종교와 사상은 어떤 것인지 이야기해 보십시오. 가까운 교회나 절에 가 보신 후 종교 의식이 어떻게 다른지 서로 비교해 보십시오.

유교　　　　공자님－**제사**를 지내다

05

소년과 어머니

옛날 옛날 어느 산골 마을에 **홀어머니**를 모시고 사는 소년이 살았습니다. 소년은 어머니와 단 둘이 살면서 어머니를 도와드리는 아주 착한 아이였습니다. 소년이 무럭무럭 자라 청년이 되었습니다.

그런데 그 나라에는 부모가 늙으면 깊은 산에 버리는 나쁜 **풍습**이 있었습니다. 청년은 어머니가 점점 늙게 되자 걱정이 되었습니다. '어머니도 산에 버릴 수밖에 없게 되면 어쩌나' 하고 늘 마음이 아팠습니다.

청년은 차마 어머니를 산에서 돌아가시게 할 수 없어서 아무도 모르게 산 속에 있는 **동굴**에 모셨습니다. 그리고 매일 몰래 음식을 가져다 드리고 하루 동안 있었던 일을 재미있게 모두 이야기해 드렸습니다.

그러던 어느 날, 청년은 장터에서 사람들이 모여 **웅성웅성거리고** 있는 것을 보았습니다.

"무슨 일이십니까?"

소년과 어머니
The Boy and the Mother
少年和妈妈

★ 늙고 쇠약한 부모를 산에다 버렸다고 하는 장례 풍습이 **고려장**이라고 합니다. 고려시대에 있었던 풍습인 것처럼 보이지만 그런 역사적 사실은 없었고 이야기로 전해져 내려옵니다.

- 장례 : funeral 葬礼
- 풍습 : custom 风俗
- 동굴 : cave 洞穴
- 웅성거리다 : to make fuss, to speak noisily 人声鼎沸

- 사신 : an envoy 使臣
- 구불구불 : meanderingly, curvy 弯弯曲曲

"중국에서 **사신**이 왔다는구나. 그런데 임금님께 세 가지 어려운 문제를 냈단다. 이 문제를 풀지 못하면 큰 일이 날 거라고 하는구나"

그래서 임금님께서는 문제를 풀 수 있는 사람을 찾아오라고 했다는 것입니다. 그날 저녁 청년은 걱정스런 얼굴로 음식을 들고 동굴에 계신 어머니를 찾아갔습니다.

어머니가 아들의 얼굴을 보고 무슨 일이냐고 물었습니다. 아들은 장터에서 들은 이야기를 하며 세 가지 어려운 문제를 말했습니다.

"첫 번째 문제는 **구불구불한** 구멍이 뚫린 구슬에 실을 꿰야 하는 것이고, 두 번째 문제는 굵기가 똑같은 나무의 위 아래를 밝혀야 하는 것입니다. 세 번째 문제는 크기가 같은 두 마리 암소를 누가 어미고 누가 새끼인지 구별해야 하는 것입니다"

그러자 어머니가 **빙긋이 웃으며** 방법을 아들에게 설명해 주었습니다. 청년은 아침이 되자마자 궁궐로 달려갔습니다.

"임금님, 제가 그 문제를 풀겠습니다" 임금님은 청년에게 말해 보라고 했습니다.

- 빙긋 웃다 : to smile 微微一笑
- 개미 : an ant 蚂蚁

"첫 번째 문제의 답은 이렇습니다. 구슬 한 쪽에 꿀을 바르고 허리에 실을 묶은 **개미**를 반대편 구멍에서 출발시키면 쉽게 실을 꿸 수 있습니다."

"두 번째 문제의 답은 나무를 물 위에 띄워보면 알 수 있습니다. 가라앉는 쪽이 아래입니다."

"마지막 문제의 답은 두 암소 앞에 먹이를 놓았을 때 나중에 먹는 소가 어미입니다. 짐승도 새끼를 생각하는 마음은 사람과 똑같기 때문입니다."

• 얼굴이 빨개지다 : to blush 脸红
• 효성이 지극하다 : to be very considerate to one's parents 对父母很孝顺

청년이 문제를 풀자 중국 사신은 **얼굴이 빨개져** 돌아갔습니다. 임금님은 크게 기뻐하며 청년에게 물었습니다.

"효성이 지극한 청년이구나. 네 소원이 무엇이냐? 말해보아라. 모두 들어주겠다."

그러자 청년은 이렇게 말했습니다.

"문제를 푼 사람은 제가 아니라, 제 늙으신 어머니입니다. 어머니를 버리지 않고 함께 살 수 있도록 허락해 주십시오. 제 소원입니다."

그리하여 청년은 늙은 어머니와 함께 행복하게 살 수 있게 되었습니다. 이때부터 사람들은 부모님이 늙어도 산에 버리지 않고 함께 잘 살 수 있게 되었다고 합니다.

내리사랑과 치사랑

부모가 자식을 무조건 사랑하고 보호하는 것을 '내리사랑'이라고 합니다. 반대로 자식이 부모를 사랑하는 '효'를 '치사랑'이라고도 말합니다. 한국 속담에 **'내리 사랑은 있어도 치사랑은 없다'**고 하는 말이 있습니다.

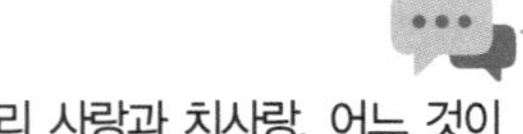

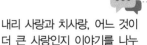

내리 사랑과 치사랑, 어느 것이 더 큰 사랑인지 이야기를 나누어 보십시오.

연습문제

■ 〈소년과 어머니〉를 잘 읽고 질문에 답해 보십시오.

1. 늙고 쇠약한 부모를 산에 버리는 풍습을 무엇이라고 합니까?

____

2. 청년은 구슬에 실을 어떻게 꿰었습니까?

____

3. 굵기가 똑같은 나무의 위 아래를 어떻게 알아 맞추었습니까?

____

4. 크기가 같은 두 마리 암소에게 먹이를 놓았을 때 누가 어미 소입니까?

____

5. 청년의 소원은 무엇이었습니까?

____

■ 적절한 의성어나 의태어를 찾아 쓰십시오.

1. 사람들이 모여 (　　　)거린다.
2. (　　　)한 구멍이 뚫린 구슬에 실을 꿰다.

(구불구불, 웅성웅성)

■ 적절한 단어나 표현을 찾아 쓰십시오.

1. 어머니가 (　　　) 웃으며 말했습니다.
2. 사신은 얼굴이 (　　　) 돌아갔습니다.
3. 청년이 문제를 (　　　).

(빨개져, 빙긋이, 풀었습니다)

이야기하기

■ 청년은 어떻게 문제를 맞추었을까요? 청년이 사신을 만나 답을 맞추는 장면을 창의적인 대화로 만들어 보십시오. (역할 : 소년, 사신)

____

____

____

■ 위에서 만든 대화를 활용하여 〈소년과 어머니〉를 구연해 보십시오. 동영상이나 사진, 그림 등을 활용해도 좋습니다.

06
효성깊은 호랑이

효성깊은 호랑이
The Devoted Tiger
孝行的老虎

- 효성 : filial love 孝爱
- 반찬 : side dishes 小菜
- 지게 : Korean A-frame carrier 背架
- 자빠지다 : to tumble over 摔倒
- 호랑이에게 물려가도 정신만 차리면 된다 : One can survive even when taken by a tiger if one stays alert 即使被老虎咬走只要打起精神就行
- 큰 절 : deep bow 磕头
- 고생 : hardship 辛苦
- 시치미를 떼다 : to put on a pokerface 装模作样

옛날 옛날에 한 나무꾼이 홀어머니와 단둘이 살고 있었습니다. 나무꾼은 가난했지만 어머니에 대한 **효성**이 깊었습니다. 나무꾼은 어머니가 좋아하시는 고기 **반찬**을 못 해드리는 것이 가슴이 아팠습니다.

그러던 어느 날 나무꾼은 **지게**를 지고 산 속으로 나무를 하러 갔습니다. 나무를 베는데 갑자기 어디서 호랑이 한 마리가 불쑥 나타났습니다. 깜짝 놀란 나무꾼은 뒤로 **자빠질** 뻔했습니다. 그러나 정신을 바짝 차리고 '**호랑이에게 물려가도 정신만 차리면 된다**'는 속담을 생각을 하고 호랑이에게 큰 절을 했습니다.

"이게 누구세요? 호랑이 형님 아니십니까. 이 산 속에서 얼마나 고생이 많으십니까?"

그러자 호랑이가 놀라서 "아니, 왜 나보고 형님이라고 하느냐. 나는 너를 잡아먹을 호랑이다" 했습니다.

나무꾼은 호랑이 앞으로 다가가서 **시치미를 뚝 떼고** 말했습니다.

"형님, 그런 소리 마십시오. 어머니께서 늘 제게 이런 말씀을 하셨습니다. 일찍이 제게 형님이 하나 있었는데 산에 나무하러 갔다가 돌아오질 않아서 산 속에서 죽은 줄만 알고 있었다고요. 그런데 언젠가 어머니 꿈 속에 형님이 나타나서 호랑이로 변해서 집으로 돌아가지 못했다고 하면서 슬프게 울더랍니다. 그 후로 어머니는 산에서 호랑이를 만나거든 형님이라 부르고 소식을 전해주라고 하셨습니다."

"뭐라고?, 내가 네 형이라고? 그럼, 내가 사람이었다는 말이냐?"

"네 그렇습니다. 오늘 이렇게 형님을 만나서 얼마나 반가운지 모르겠습니다."

"그렇다면 어머니는 지금 어디 계시냐. 살아계신 것이냐."

"네 그럼요. 살아 계십니다. 하지만 형님 생각에 날마다 눈물로 지내고 계십니다. 어서 저와 함께 어머니를 뵈러 갑시다."

"아니다. 그럴 수 없다. 당장 어머니를 뵙고 싶지만 내 모습을 보고 어머니께서 놀라실 것이다."

호랑이는 고개를 숙이고 가버렸습니다.

목숨을 구한 나무꾼은 간신히 살아서 집으로 돌아왔습니다. 그런데 그 다음 날 집 마당에는 누가 산돼지 한 마리를 두고 갔습니다. 나무꾼은 '호랑이가 정말 자기가 내 형님인 줄 알고 어머니께 드린 게 틀림없어'하고 생각했습니다. 나무꾼은 산돼지를 맛있게 요리하여 어머니께 드리고 남은 고기는 **장에 내다 팔았습니다**. 계속해서 호랑이는 나무꾼의 집에 **노루**를 가져다 놓기도 하고 산토

- 산돼지 : wild boar 野猪
- 요리하다 : to cook 做菜
- 장에 팔다 : take things to the market 在集市卖东西
- 노루 : roe deer 獐子

- 효성이 지극하다 : to be dutiful to one's parents 孝行至诚
- 끼니 : meal 顿
- 천 : fabric 布
- 정성껏 : with one's utmost sincerity 尽心地
- 바느질을 하다 : to sew 针线活
- 상을 차리다 : to set the table 摆桌
- 새벽 : dawn 凌晨
- 기침 : dough 咳嗽
- 산삼 : wild ginseng 山参

끼를 놓고 가기도 했습니다.

늙은 어머니는 아들의 이야기를 듣고 "호랑이가 참 마음이 착하고 **효성이 지극하구나**. 호랑이한테 거짓말을 해서 미안하구나."

"네, 어머니 정말 그 호랑이가 제 형님인 것 같아요. 거짓말을 한 것은 미안하지만 이렇게 어머니께 맛있는 음식을 드릴 수 있어 기뻐요."

"우리가 호랑이 덕분에 **끼니** 걱정을 안 하고 사는구나. 날이 추워질텐데……" 어머니는 커다란 **천**을 꺼내 호랑이 옷을 만들기 시작했습니다.

그리고 밤새 **정성껏 바느질**을 하고 맛있는 음식도 한 상 차렸습니다. 나무꾼은 어머니께서 만든 호랑이 옷과 밥상을 마당에 두고 들어왔습니다. **새벽**이 되자 마당에서 자신의 옷과 밥상을 발견한 호랑이는 어머니를 생각하면서 눈물을 흘렸습니다.

그 때 방안에서 주무시던 어머니의 기침소리가 콜록콜록 들렸습니다.

"어머니, 괜찮으세요? 기침이 점점 심하시네요. **산삼**을 구해 드시면 금방 나으실텐데……"

"아니다. 나는 괜찮다. 이렇게 추운데 산삼을 어디서 구할 수 있겠니. 나는 괜찮으니 어서 걱정 말고 자거라."

한국의 인삼

한국인이 즐겨 먹는 대표적인 장수 식품으로 김치, 된장 등의 발효식품이 있습니다. 한국의 인삼도 중요한 건강식품 중의 하나입니다. 고려인삼은 옛날부터 최고의 효능을 자랑하는 세계적인 건강식품입니다. 산삼은 인삼보다 더 귀하고 효능이 뛰어납니다. 산삼을 캐는 사람을 '심마니'라고 하는데 산에서 산삼을 발견하면 "심봤다"라고 크게 외칩니다. 산삼은 가격이 비싸서 일반인이 쉽게 먹을 수 있는 것은 아닙니다.

호랑이는 이 소리를 듣고 바로 산으로 갔습니다. 산삼을 구하러 쉬지 않고 깊은 산을 헤매고 다녔습니다.

어느 날 **눈이 펑펑 내려** 세상을 하얗게 뒤덮은 날 아침이었습니다. 방문을 열던 나무꾼은 깜짝 놀랐습니다. **마당**에 커다란 눈 더미가 생긴 것이었습니다. 자세히 보니 산삼을 가슴에 품은 호랑이가 쓰러져 있었습니다. 그 호랑이는 바로 어머니가 만들어 주신 옷을 입고 있었습니다.

나무꾼과 어머니는 호랑이의 효성에 감동해서 눈물을 흘리며 호랑이를 **양지바른 곳**에 묻어주었습니다. 호랑이가 가져 온 산삼을 드신 어머니는 아들과 함께 오래오래 건강하게 살았습니다.

• 마당 : yard 院子

★ '질'이 들어간 한국말의 공통점을 찾아보세요.

바느질 sewing 针线活
걸레질 mopping 抹。擦
손가락질 point a finger at 指。指点
망치질 hammering 抡大锤
부채질 fan 扇扇子。扇风

한국의 장수 식품에는 어떤 것이 있는지 알아보시고 직접 그 효능을 체험해 보시기 바랍니다.

연/습/문/제

■ 〈효성깊은 호랑이〉를 잘 읽고 질문에 답해 보십시오.

1. 산 속에서 호랑이를 만난 나무꾼은 호랑이에게 무엇이라고 불렀습니까?

2. 나무꾼이 호랑이를 만났을 때 생각한 속담은 무엇입니까?

3. 어머니는 호랑이에게 무엇을 만들어 주었습니까?

4. 어머니가 기침을 하자 호랑이는 산에서 무엇을 가지고 왔습니까?

■ 적절한 의성어나 의태어를 찾아 쓰십시오.

1. 어머니의 기침 소리가 (　　　) 들리다.
2. 밤새 눈이 (　　　) 내려 세상이 하얗게 되었다.

(콜록콜록, 펑펑)

■ 적절한 단어나 표현을 찾아 쓰십시오.

1. 나무꾼은 호랑이에게 다가가서 (　　　　　) 말했습니다.
2. 호랑이 (　　　　　) 나무꾼과 어머니는 끼니 걱정을 안 하고 살았습니다.
3. 나무꾼과 어머니는 호랑이를 (　　　　　) 곳에 묻어주었습니다.

(시치미를 떼고, 덕분에, 양지바른)

이야기하기

■ 산에서 호랑이를 만난 나무꾼은 어떻게 살 수 있었을까요? 나무꾼이 호랑이에게 거짓말하는 장면을 창의적인 대화로 만들어 보십시오. (역할 : 나무꾼, 호랑이)

■ 위에서 만든 대화를 활용하여 〈효성깊은 호랑이〉를 구연해 보십시오. 동영상이나 사진, 그림 등을 활용해도 좋습니다.

07

청개구리 이야기

옛날 옛날에 시냇물이 졸졸 **흐르는** 시냇가에 **말썽꾸러기** 청개구리가 살았습니다. 청개구리는 엄마 개구리와 단둘이 살았는데, 엄마 개구리의 **말을 너무 안 들었습니다.**

엄마 개구리가

"냇가에 가서 놀아라" 하면,

"싫어! 나는 바다에 가서 놀테야" 했습니다.

"엄마 좀 도와줘라" 하면,

"싫어. 나는 밖에 나가 놀테야" 했습니다.

"얘야, 개굴개굴 울어라"

"싫어. 나는 굴개굴개 울테야"

이렇게 말을 안 듣고 늘 **반대로**만 하는 청개구리 때문에 엄마 개구리는 **자나깨나** 늘 걱정이었습니다. 그러다 엄마 개구리는 그만 병이 들어 **자리에 눕게** 되었습니다.

청개구리 이야기
The Green Frog Story
青蛙的故事

★ 한국에서 '청개구리'라는 말은 어른 말을 안 듣고 반대로만 하는 아이를 비유해서 흔히 사용합니다. 이 옛날이야기는 부모말을 안 듣는 청개구리가 되지 않도록 아이들에게 교훈을 주는 슬픈 이야기입니다.

- 말썽꾸러기 : troublemaker 惹事生非的人
- 말을 안 듣다 : to act up 不听话
- 반대로 : the opposite 反而
- 자리에 눕다 : to lie in one's sickness 病倒

'저 **녀석**은 무슨 일이든 언제나 **반대로 한단** 말이야. 이렇게 아프다가 내가 죽으면 어쩌지' 이런 생각이 든 엄마 개구리는 숨을 거두면서 청개구리에게 반대로 말했습니다.

"아들아, 내가 죽으면 **산**에 묻지 말고 꼭 **시냇가**에 묻어라"

엄마 개구리는 시냇가에 묻으라고 말하면 청개구리가 산에 묻을 줄 알고 그렇게 말한 것입니다. 청개구리는 언제나 **반대로 했기** 때문입니다.

청개구리 엄마는 마지막 말을 남기고 세상을 떠났습니다. 그런데 청개구리는 엄마 개구리가 죽자,

"개굴개굴, 나는 그동안 왜 엄마 말을 안 들었을까……"

- 녀석 : guy 小伙子
- 거꾸로 : backwards 颠倒
- 산 : mountain 山
- 시냇가 : banks of stream 溪边

하며 엉엉 **울었습니다**. 엄마 가슴을 아프게 한 것이 너무 **후회스러웠습니다**. 항상 말을 안 듣던 청개구리는 이번에는 '엄마의 마지막 **소원**이니 꼭 지켜 드려야지' 생각하며 엄마 개구리가 한 말대로 엄마를 시냇가에 묻었습니다.

그런데 며칠 후 **장맛비**가 **주룩주룩** 내렸습니다.

"아이고, 큰일났다. 개굴개굴. 우리 엄마 **무덤**이 떠내려 가겠구나. 어쩌면 좋지. 개굴개굴"

청개구리는 엄마의 무덤이 비에 떠내려 갈까봐 걱정을 하며 울어댔습니다. 그래서 지금도 비가 많이 오면 개구리가 엄마를 생각하며 **한없이** 운다고 합니다.

- 후회스럽다 : regretful 后悔
- 소원 : wish 愿望
- 무덤 : grave 坟墓
- 한없이 : endlessly 无限

심청이나 바리데기가 '효녀'라면 엄마 말을 안 듣는 청개구리는 '불효자'입니다. 여러분은 부모님께 어떤 자식입니까. 부모에게 어떻게 하는 것이 '효(孝)'이고 어떤 것이 '불효(不孝)'인지 이야기를 나누어 보십시오.

연습문제

■ **〈청개구리 이야기〉를 잘 읽고 질문에 답해 보십시오.**

1. 어른 말을 안 듣고 반대로만 하는 아이를 무엇이라고 합니까?

   ____

2. 엄마 개구리는 죽으면서 왜 시냇가에 묻어달라고 했습니까?

   ____

3. 청개구리는 왜 엄마 개구리를 시냇가에 묻었습니까?

   ____

4. 비가 많이 오면 청개구리는 왜 울까요?

   ____

■ **적절한 의성어나 의태어를 찾아 쓰십시오.**

1. 청개구리는 시냇물이 (　　) 흐르는 시냇가에 살았다.
2. 장맛비가 (　　) 내렸다.
3. 청개구리는 비가 오면 시냇가에서 (　　) 울었다.

(주룩주룩, 졸졸, 개굴개굴)

■ **적절한 단어나 표현을 찾아 쓰십시오.**

1. 엄마 개구리는 병이 들어 (　　　　) 되었습니다.
2. 청개구리는 엄마 말을 안 (　　　　)
3. 엄마 개구리는 (　　　　) 아들 걱정이었습니다.
4. 엄마 개구리는 마지막 말을 남기고 (　　　　) 떠났습니다.

(자나 깨나, 세상을, 자리에 눕게, 들었습니다)

이야기하기

■ **비만 오면 청개구리는 왜 슬피 울까요? 엄마 개구리가 죽을 때 청개구리에게 유언을 남기는 장면을 창의적인 대화로 만들어 보십시오. (역할 : 엄마 개구리, 청개구리)**

____

____

■ **위에서 만든 대화를 활용하여 〈청개구리 이야기〉를 구연해 보십시오. 동영상이나 사진, 그림 등을 활용해도 좋습니다.**

08

흥부와 놀부

흥부와 놀부
Heungbu and Nolbu
兴夫和玩夫

옛날 어느 마을에 '흥부'와 '놀부'라는 형제가 살았습니다. 동생 흥부는 마음이 착하고 욕심이 없었습니다. 형 놀부는 **욕심**이 많아서 **부모님으로부터 물려받은 재산**을 동생에게 하나도 주지 않고 모두 **독차지**했습니다. 그리고 흥부네 가족을 내쫓았습니다.

★ 흥부와 놀부는 <**흥부전**>이라는 고전소설 혹은 판소리 <**흥보가**>로도 유명합니다. 한국에서는 착한 사람의 대명사로 '흥부'를, 악한 사람의 대명사로 '놀부'를 이야기합니다.

추운 겨울에 쫓겨난 흥부네 가족은 낡고 **허름한 집**에서 살게 되었습니다. 더구나 자식을 많이 낳아 열 명이 넘는 식구가 **단칸 방**에서 지내기에는 너무 힘들었습니다. 어느 날 흥부네는 먹을 것이 없어 놀부네 집에 도움을 청하러 찾아갔습니다.

욕심쟁이 놀부는 모르는 척 거절했고, 부엌에서 **밥을 푸던** 놀부의 아내는 나와서 **주걱**으로 흥부의 **뺨을 때리기까지 했습니다**. 그래도 흥부는 형 놀부와 **형수님**을 **원망**하지 않았습니다.

어느덧 겨울이 지나고 봄이 돌아왔습니다. 흥부네 **초가집** 처마에 제비들이 집을 짓고 알을 낳았습니다.

그러던 어느날, 커다란 **구렁이** 한 마리가 **알에서 깨어난** 새끼 제

- 욕심 : greed 贪心
- 부모님으로부터 물려받은 재산 : inherited money from parents 父母留给的遗产
- 독차지하다 : to monopolize 独吞
- 허름한 집 : a shabby house 破旧的房子
- 단칸 방 : a single room 单间房
- 밥을 푸다 : to scoop rice 盛饭
- 주걱 : rice paddle 饭勺
- 뺨을 때리기까지 하다 : to slap across one's face 连嘴巴也打
- 형수님 : one's elder brother's wife 嫂子
- 원망하다 : to blame 埋怨
- 초가집 : thatched house 草房
- 구렁이 : a Rat snake (a big snake) 大蟒
- 알에서 깨어나다 : to hatch from an egg 从卵里孵出来

비들을 잡아먹으려 하고 있었습니다. 이것을 발견한 흥부는 얼른 막대기를 가져와 구렁이를 내쫓았습니다. 그러나 이미 새끼 한 마리가 **둥지**에서 떨어져 다리가 **부러지게** 되었습니다. 흥부는 아내와 함께 새끼 제비의 다리를 **정성껏 치료**해 주어 제비는 **힘차게 날** 수 있었습니다.

가을이 되자 제비 가족은 따뜻한 남쪽 나라로 떠났습니다. 흥부네 가족은 제비들이 떠나는 것을 **배웅했습니다**.

"제비들아, 잘 가거라. 내년 봄에 다시 오너라"

"지지배배, 지지배배" 제비들은 흥부네 가족에게 대답하고 남쪽 나라로 떠났습니다.

그리고 다시 봄이 되자 그 제비들이 흥부네 초가집 처마에 다시 찾아와 **박씨** 한 개를 흥부 앞에 떨어뜨렸습니다. 흥부는 박씨를 주워 **양지바른 곳**에 잘 심었습니다. 박씨는 **쑥쑥 잘 자라** 큰 박이 주렁주렁 **열렸습니다**.

흥부는 아내와 함께 박을 따서 **톱**으로 **박을 타기** 시작했습니다. 첫 번째 박이 '쩍' 갈라지자 박 속에는 **금은보화**와 **비단**이 가득 들어 있었습니다.

- 둥지 : nest 巢
- 부러지다 : to break 断
- 정성껏 치료하다 : to give treatment with utmost sincerity 精心治疗
- 힘차게 날다 : to fly powerfully 用力的飞翔
- 배웅하다 : to see someone out 送行
- 지지배배 : sound of a swallow twittering 唧唧喳喳
- 남쪽 나라 : southern country 南边国家
- 박씨 : a seed of gourd 葫芦籽
- 양지바른 곳 : a sunny place 阳光充足的地方
- 쑥쑥 자라다 : to shoot up, to grow very quickly 迅速生长
- 주렁주렁 열리다 : to grow in big clusters 果实累累
- 톱 : saw 锯子
- 박을 타다 : to cut a gourd in two 切开葫芦
- 금은보화 : treasure 金银财宝
- 비단 : silk 绸缎

두 번째 박을 타보니 쌀과 콩이 든 **곡식**이 잔뜩 나왔습니다. 그리고 세 번째 박을 타니 박 속에서 **목수**들이 나와 **뚝딱뚝딱** 큰 **기와집**을 **한 채** 지어놓고 사라졌습니다.

이렇게 흥부는 큰 부자가 되어 편히 살게 되었습니다. 이 소문을 들은 놀부는 **배가 아파 죽을 지경**이었습니다.

놀부는 다리가 부러진 제비를 찾아보았지만 한 마리도 보이지 않았습니다. 놀부는 **기와집** 처마 밑에 있는 제비집에서 새끼 제비 한 마리를 꺼내 일부러 다리를 부러뜨리고 **치료해** 주었습니다.

더운 여름이 가고 선선한 가을이 되자 제비들은 남쪽 나라로 훨훨 날아갔습니다. 놀부는 "제비들아, 박씨 하나만 가져오너라!"하고 소리쳤습니다.

새 봄이 오자, 제비가 나타나 놀부에게도 박씨 한 개를 떨어뜨렸습니다. 박씨는 쑥쑥 자라서 커다란 박이 세 개 열렸습니다.

놀부와 놀부 아내는 노래를 부르며 박을 타기 시작했습니다. 그

- 곡식 : grain 庄稼
- 목수 : a carpenter 木匠
- 뚝딱뚝딱 : to build in a blink of an eye 利落地
- 집 한 채 : a house 一栋房子
- 배가 아프다 : to be jealous 肚子疼
- 기와집 : a tile-roofed house 瓦房
- 일부러 : purposedly 故意
- 치료하다 : to treat, to cure 治疗

- 벌을 받아 마땅하다 : to deserve a punishment 应该受罚
- 도둑 : a thief 小偷
- 살림살이 : household establishment 家具。家庭用品
- 기와집 : tile-roofed house 瓦房
- 부숴버리다 : to smash, to destroy 砸碎
- 알거지가 되다 : to be broke 成了穷光蛋
- 잘못을 뉘우치다 : to regret one's mistake 悔过
- 용서를 빌다 : to bag for forgiveness 求饶

런데 잠시 후 박이 열리면서 도깨비들이 나타나 "너는 큰 **벌을 받아 마땅하다**"고 하면서 놀부와 놀부 아내를 때리고 사라졌습니다.

두 번째 박을 타자 이번에는 **도둑**들이 나타나 **살림살이**를 모두 다 가져가 버렸습니다. 그리고 세 번째 박에서는 힘 센 **장사**들이 나타나 놀부네 **기와집**을 모두 **부숴버리고** 갔습니다.

알거지가 된 놀부네는 그 동안의 **잘못을 뉘우쳤습니다**. 그리고 흥부에게 **용서를 빌었습니다**. 흥부는 모든 것을 용서하고 놀부네 가족을 따뜻하게 맞이하여 오순도순 사이좋게 잘 살았습니다.

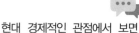

현대 경제적인 관점에서 보면 흥부보다 놀부를 더 사랑하는 사람이 많습니다. 놀부가 부자가 될 수 있었던 것은 '부자 경제학'의 논리 때문이었습니다. 흥부가 사는 방식과 놀부가 사는 방식을 비교하면서 어떻게 사는 것이 잘 사는 일인지 이야기해 보십시오.

연습문제

■ 〈흥부와 놀부〉를 잘 읽고 질문에 답해 보십시오.

1. 흥부가 도와준 새는 어떤 새입니까?

2. 흥부가 키운 첫 번째 박에서 무엇이 나왔습니까?

3. 놀부는 왜 제비의 다리를 부러뜨리고 치료해 주었습니까?

4. 놀부의 박에서는 무엇이 나왔습니까?

■ 적절한 의성어나 의태어를 찾아 쓰십시오.

1. 제비들이 ( ) 울면서 남쪽 나라로 떠났습니다.
2. 큰 박이 ( ) 열렸습니다.
3. 목수들이 나와서 ( ) 큰 기와집을 지었습니다.
4. 박씨는 ( ) 자라서 커다란 박이 세 개 열렸습니다.
5. 흥부네 가족과 놀부네 가족은 ( ) 사이좋게 잘 살았습니다.

(주렁주렁, 쑥쑥, 오순도순, 지지배배, 뚝딱뚝딱)

■ 적절한 단어나 표현을 찾아 쓰십시오.

1. 놀부는 제비 다리를 ( ) 부러뜨렸습니다.
2. 놀부는 흥부가 부자가 된 소문을 듣고 ( ) 죽을 지경이었습니다.
3. "놀부야, 너는 큰 벌을 받아 ( )"
4. 놀부는 잘못을 뉘우치고 ( )를 빌었습니다.

(마땅하다, 용서, 배가 아파, 일부러)

이야기하기

■ 흥부가 먹을 것이 없어 놀부네 집에 도움을 청하러 찾아간 장면을 창의적인 대화로 만들어 보십시오. (역할 : 놀부, 흥부, 놀부의 아내)

■ 위에서 만든 대화를 활용하여 〈흥부와 놀부〉를 구연해 보십시오. 동영상이나 사진, 그림 등을 활용해도 좋습니다.

의좋은 형제
A Devoted Brother
情深义厚的兄弟

★ <의좋은 형제> 이야기는 <흥부와 놀부> 이야기와는 달리 처음부터 사이좋은 형제가 등장합니다. 형제간의 우애가 무엇인지를 보여주는 감동적인 이야기입니다.

옛날 옛날 어느 마을에 의좋은 형과 아우가 함께 농사를 지으며 살았습니다. 형은 먼저 **장가를 들어** 아들이 하나 있었고, 아우도 **장가를 가서 살림을 차렸습니다.**

두 형제가 하루는 형의 **논을 갈았고,** 하루는 아우의 논을 갈면서 서로 도우면서 사이좋게 농사를 지었습니다.

마침내 가을이 되어 풍년이 들었습니다. 들판에는 벼가 누렇게 익어 황금물결을 이루었습니다. 형과 아우는 **누렇게 익은 벼**를 베어 풍성하게 **볏단**을 차곡차곡 **쌓아놓았습니다.** 형의 논에는 형의 볏단을, 아우의 논에는 아우의 볏단을 가득 쌓았습니다.

그러나 형은 아우의 볏단을 보고 걱정을 했습니다. '아우가 앞으로 아이도 낳고 살려면 저것으로 부족하겠는데, 내 것을 좀 아우에게 주어야겠다' 형은 아내와 의논했습니다. 아내도 흔쾌히 좋다고 대답했습니다.

밤이 되자 형은 몰래 나가서 자신의 볏단을 덜어 아우네 볏단에 옮겨 놓았습니다.

- 장가를 들다(가다) : to marry 娶媳妇
- 살림을 차리다 : to establish a housekeeping 过日子
- 논을 갈다 : to till a rice field 耕水田
- 누렇게 익다 : to ripe and golden 黄熟了
- 볏단 : rice-sheaf 稻捆

그런데 그날 밤 아우도 같은 생각을 했습니다. '형님댁엔 아이도 있어 식구가 많은데 볏단이 부족한 것 같아. 형님에게 더 드려야겠다' 아우는 아내와 의논했습니다. 아내도 좋다고 대답했습니다. 그날 밤 아우도 몰래 자기 볏단을 형님네 볏단에 더 쌓았습니다.

- 감격 : to be deeply moved 感激

날이 밝았습니다. 형은 자기네 볏단이 줄지 않고 그대로인 것을 보고 이상하게 생각했습니다.

'어, 이상하다. 분명 지난 밤에 내가 아우네 볏단에 옮겨두었는데, 왜 그대로지?'

아우도 그대로 있는 볏단을 보고 이상하게 생각했습니다.

그날 밤 또다시 형제는 어제보다 더 많은 볏단을 서로에게 옮겨놓았습니다. 다음날 아침에 보니 여전히 그대로였습니다.

형제는 밤이 되자 볏단을 또 옮기기 시작했습니다. 볏단을 옮기던 형제는 중간에서 그만 마주치고 말았습니다. 형과 아우는 그제서야 볏단이 왜 줄지 않았는지 알게 되어 **고개를 끄덕거렸습니다**. 형제는 서로 고마워서 **감격**의 눈물을 흘렸습니다.

이 형제는 항상 서로 도우며 행복하게 오래오래 살았습니다.

한국어의 특징 중의 하나는 형용사와 부사가 발달되어 있다는 것입니다. '누렇다'와 같이 색을 표현하는 말은 정확한 색의 기준을 말할 수 없을 만큼 매우 다양합니다. 다음 색이 어떤 색을 말하는지 적절한 표현으로 배워보시기 바랍니다.

노랗다.
노릇하다.
노르스름하다.
누렇다.
누르스름하다.
누르칙칙하다.
샛노랗다.
싯누렇다.

연/습/문/제

■ 〈의좋은 형제〉를 잘 읽고 질문에 답해 보십시오.

1. 형이 볏단을 아우에게 주었는데 형의 볏단이 왜 줄지 않았습니까?

____

2. 아우가 볏단을 형에게 주었는데 아우의 볏단이 왜 줄지 않았습니까?

____

■ 적절한 의성어나 의태어를 찾아 쓰십시오.

1. 볏단을 (   ) 쌓아놓았습니다.
2. 형과 아우는 사실을 알고 고개를 (   ) 거렸습니다.

(차곡차곡, 끄덕끄덕)

■ 적절한 단어나 표현을 찾아 쓰십시오.

1. 들판에 벼가 (   ) 익었습니다.
2. 가을이 되어 (   )이 들었습니다.
3. 형제는 고마워서 (   ) 눈물을 흘렸습니다.

(풍년, 감격의, 누렇게)

이야기하기

■ 형과 아우의 볏단은 왜 줄지 않았을까요? 형과 아우가 몰래 볏단을 옮기다 만나는 장면을 창의적인 대화로 만들어 보십시오. (역할 : 형, 아우)

____
____
____
____
____
____
____
____
____

■ 위에서 만든 대화를 활용하여 〈의좋은 형제〉를 구연해 보십시오. 동영상이나 사진, 그림 등을 활용해도 좋습니다.

10

콩쥐와 팥쥐

콩쥐와 팥쥐
Kongui and Potgui
黄豆鼠和红豆鼠

★ <콩쥐와 팥쥐>는 <흥부와 놀부>처럼 한국에서 가장 잘 알려진 자매 이야기입니다. 콩쥐는 '한국판 신데렐라'라고 할 정도로 신데렐라와 많이 비슷합니다.

옛날 옛날에 어느 마음씨 착한 부부가 살았습니다. 그런데 이 부부에게는 자식이 없었습니다. 부부는 매일 아이를 낳게 해 달라고 기도했습니다. 어느 날 예쁜 여자 아이가 태어났습니다. 이름을 '콩쥐'라고 지었습니다. 콩쥐는 아주 착한 아이였습니다. 그러나 **불행하게도** 콩쥐의 어머니는 병이 걸려 죽고 말았습니다.

아버지는 새엄마와 결혼을 했습니다. 콩쥐의 집에 들어온 새엄마는 '팥쥐'라는 딸을 낳았고, 마음씨 착한 콩쥐를 일만 시키고 **학대**했습니다. 팥쥐도 크면서 콩쥐를 괴롭혔습니다. 콩쥐는 돌아가신 어머니 생각에 늘 눈물을 흘리며 살았습니다.

하루는 새엄마가 콩쥐에게 **항아리**에 물을 가득 **길어오라고** 시켰습니다. 그러나 항아리 바닥에 **구멍이 뚫려** 있어 물을 부어도 항아리는 채워지지 않았습니다. 콩쥐의 눈에

- 불행하게도 : unfortunately 不幸
- 새엄마(계모) : stepmother 継母
- 학대 : abuse 虐待
- 항아리 : pot 坛子
- 물을 긷다 : to raise water 打水
- 구멍 : hole 洞

- 두꺼비 : toad 蟾蜍
- 호미 : hoe 锄头
- 밭을 갈다 : to plow a field 耕田
- 돌밭 : a field of rock 荒地
- 황소 : a bull 黄牛
- 벼를 찧다 : to pound rice 打稻子
- 베를 짜다 : to weave hemo cloth 织布
- 한숨을 쉬다 : 叹气
- 선녀 : Taoist fairy 仙女
- 비단 : silk 绸锻
- 꽃신 한 결레 : a pair of flower shoes 一双花鞋
- 배필 : marriage partner 天生一对
- 분하다 : to be angry, furious 气愤
- 배가 아프다 : to be jealous 肚子疼

눈물이 글썽글썽할 **때, 두꺼비** 한 마리가 나타나서 그 구멍을 막아 주었습니다.

또 새엄마는 콩쥐에게 나무로 만든 **호미**로 **밭을 갈라**고 시켰습니다. 그러나 그 밭이 **돌밭**이어서 나무 호미는 금방 부러져버렸습니다. 콩쥐가 또 훌쩍훌쩍 울기 시작하자 갑자기 어디서 검은 **황소** 한 마리가 나타나서 돌밭을 모두 갈아주었습니다.

어느 봄날 새엄마는 팥쥐만 데리고 큰 **잔치**에 가면서 콩쥐에게 하루종일 **벼를 찧고 베를 짜라**고 일을 시켰습니다.

"콩쥐야, 너는 벼를 다 찧고 베를 짠 후에 잔치에 오너라"

콩쥐가 **한숨을 쉬고** 있을 때 어디선가 많은 새들이 날아와 벼를 다 찧어주었습니다. 또 **선녀**가 나타나 베를 다 짜주고 **비단** 옷 한 벌과 예쁜 **꽃신 한 켤레**를 주면서 "콩쥐야, 너의 마음이 착해서 주는 것이니 어서 이 옷을 입고 잔치에 다녀오너라" 하고 사라졌습니다.

콩쥐는 **비단**옷을 입고 꽃신도 신었습니다. 그러나 잔치에 가는 길에 그만 **꽃신** 한 짝을 잃어버렸습니다. 잔치에 가던 원님이 길에서 그 한 짝의 꽃신을 발견했습니다. 원님은 그 꽃신의 주인이 바로 자신의 **배필**이 될 것이라고 생각했습니다.

"여봐라, 이 꽃신의 주인이 바로 내 아내가 될 사람이다. 어서 이 신발의 주인을 찾아오너라."

마침내 꽃신의 주인인 콩쥐를 찾은 원님은 콩쥐와 혼인을 하기로 했습니다.

새엄마와 팥쥐는 콩쥐가 결혼하는 것이 너무 **분하고 배가 아팠**

습니다. 혼인 전날 팥쥐와 새엄마는 콩쥐를 죽여 연못에 버렸습니다. 그리고 팥쥐가 콩쥐로 가장하여 결혼을 했습니다. 원님은 결혼한 후 콩쥐의 얼굴을 보고 깜짝 놀랐습니다. 콩쥐의 얼굴이 갑자기 너무 못생겨졌기 때문이었습니다. 어디선가 원님에게 "부인 바뀐 것도 모르십니까? 저 여자는 콩쥐가 아니고 팥쥐입니다"하는 소리가 들렸습니다. 원님은 아내가 콩쥐가 아니고 팥쥐임을 알게 되었습니다.

원님은 연못에 빠진 콩쥐의 **시체**를 찾아냈습니다. 그러자 갑자기 콩쥐가 되살아났습니다. 팥쥐와 **계모**는 큰 **벌을 받았고**, 콩쥐는 원님과 행복하게 오래오래 살았습니다.

- 시체 : a dead body 尸体
- 새엄마(계모) : stepmother 継母
- 벌을 받다 : to be punished 受罪

여러분 나라에도 '콩쥐'나 '신데렐라'와 같은 여성이 등장하는 이야기가 있나요? 콩쥐팥쥐와 신데렐라 이야기가 어떻게 다른지 비교해 보십시오. 드라마나 영화에 등장하는 현대판 콩쥐나 신데렐라 이야기도 나누어 보십시오. 그리고 '신데렐라 콤플렉스'가 무엇인지 이야기해 보십시오.

연습문제

■ **〈콩쥐와 팥쥐〉를 잘 읽고 질문에 답해 보십시오.**

1. 콩쥐가 항아리에 물을 채웠을 때 누가 구멍을 막아주었습니까?

____

2. 콩쥐가 벼를 찧고 있을 때 누가 콩쥐를 도와주었습니까?

____

3. 콩쥐가 잔치에 가는 길에 잃어버린 것은 무엇입니까?

____

4. 선녀가 콩쥐에게 주고 간 것은 무엇입니까?

____

5. 팥쥐와 그 엄마는 콩쥐를 죽여 어떻게 했습니까?

____

■ **적절한 의성어나 의태어를 찾아 쓰십시오.**

1. 콩쥐가 눈에 눈물이 (　　　　)해 질 때 두꺼비가 나타나 도와주었습니다.
2. 콩쥐가 (　　　　) 울자 황소가 나타나 도와주었습니다.

(훌쩍훌쩍, 글썽글썽)

■ **적절한 단어나 표현을 찾아 쓰십시오.**

1. 선녀는 콩쥐에게 비단 옷과 꽃신을 주고 (　　　　) 사라졌습니다.
2. 콩쥐는 꽃신 한 (　　　　)을 잃어버렸습니다.
3. 원님은 꽃신의 주인이 자신의 (　　　　)이 될 것이라고 생각했습니다.

(배필, 바람처럼, 짝)

이야기하기

■ **콩쥐가 잔치에 가다 잃어버린 꽃신 한 짝을 찾는 장면을 창의적인 대화로 만들어 보십시오. (역할 : 콩쥐, 원님, 신하, 새엄마, 팥쥐)**

____

____

____

■ **위에서 만든 대화를 활용하여 〈콩쥐와 팥쥐〉를 구연해 보십시오. 동영상이나 사진, 그림 등을 활용해도 좋습니다.**

11
토끼와 자라

토끼와 자라
The Rabbit and the Turtle
兔子和甲鱼

★ <토끼와 자라>는 한국에서 옛날부터 내려오던 고전소설 <토끼전>, 혹은 <별주부전>이라는 데서 온 이야기입니다. 한국의 판소리 <수궁가>도 바로 이 이야기입니다. 별주부는 바다에서 사는 자라입니다. 보통 거북이라고도 합니다. 한국의 옛날이야기에 등장하는 토끼는 머리가 좋은 영리한 동물로 자주 등장합니다. 자라는 느리지만 매우 충성스런 동물로 그려집니다.

옛날 옛날에 깊은 바닷속 **용궁**에 **용왕님**이 살았습니다. 어느 날 용왕님이 몸이 많이 아파 **자리에 눕고** 말았습니다. 문어, 상어, 꽃게 등 여러 신하들은 **걱정이 태산 같았습니다**.

"정말 큰 일입니다. 좋은 약을 다 써보고, **용하다**는 의원을 다 불러도 용왕님 병이 낫지 않습니다"

"그러게 말입니다. 이러다 **큰 일을 치르는** 거 아닌지 모르겠습니다"

모든 대신들이 걱정하고 있을 때 이 소식을 듣고 먼 바다에서 도미 의원이 찾아왔습니다. '용왕님의 병을 내가 고쳐드려야겠다. 그러면 큰 상을 받게 될 거야' 이렇게 생각한 도미 의원은 용왕님을 **진찰한** 후 한숨을 크게 쉬며 말했습니다.

"**아뢰옵기 황공하오나**, 마마의 병은 도저히 약으로 나을 수 있는 병이 아니옵니다"

"뭐라고? 대체 무슨 병이길래 약으로 나을 수 없다는 것이냐?"

도미 의원은 용왕님의 병이 너무 오래 살아서 생긴 **노환**이었으

- 용왕님 : the Dragon King 龙王
- 자리에 눕다 : to lie in one's sickness 病倒
- 걱정이 태산 같다 : to be full of anxiety 忧心忡忡
- 용하다 : skillful 有本事
- 의원 : doctor 大夫
- 큰 일을 치르다 : to have a major life event, die 操办大事
- 진찰하다 : to checkup 看病
- 아뢰옵기 황공하오나 : to be much obliged to tell 诉为臣一言
- 노환 : to die of old age 老病

- 뻔하다 : obvious 显而易见
- 마마 : Your Majesty 陛下
- 땅, 육지 : land 地
- 짐승 : animal, beast 野兽
- 간 : liver 肝
- 명령을 내리다 : to give an order 下命令
- 난감하다 : to be in a hopless, awkward situation 为难
- 엉금엉금 걷다 : to walk slowly, to crawl 慢吞吞地走

- 모셔오다 : to bring someone 接回

나 그대로 솔직히 말하면 쫓겨날 것이 **뻔했습니다**. 그래서 도미는 거짓말을 했습니다.

"마마, 이 바닷속에는 마마의 병을 고칠 약이 없습니다. 그러나 **육지**에는 있습니다"

"오, 그래? 대체 그것이 무엇이냐?"

"땅에 사는 토끼라는 **짐승**이 있는데, 그 토끼의 **간**을 먹으면 병이 모두 나을 것입니다"

"정말이냐? 그럼 당장 가서 그 토끼를 잡아오너라"

용왕님은 토끼를 잡아오라고 신하들에게 **명령을 내렸습니다**. 그러나 신하들은 한 번도 본 적이 없는 토끼를 어떻게 잡아올 지 **난감했습니다**.

이때 도미 의원이 말했습니다. "토끼는 두 귀가 길고, 두 눈이 빨갛고, **온 몸**에 흰 털이 있고, 네 발로 뛰어다니는 짐승입니다. 자라는 바다에서도 땅에서도 살 수 있으니 자라를 보내시면 토끼를 찾을 수 있을 것입니다."

자라는 용왕의 명령을 받아 땅으로 올라가게 되었습니다. 바다에서 나와 땅 위를 **엉금엉금 걷던** 자라는 드디어 귀가 길고 눈이 빨갛고 온 몸에 흰털이 난 짐승을 찾았습니다.

"안녕하세요? 토선생"

"누구십니까?"

"나는 저 바다 속 용궁에서 온 자라라고 합니다. 토선생의 이야기를 많이 들었는데, 이렇게 만나게 되어 반갑습니다. 바닷속 용왕님께서 토선생을 **모셔오라고** 초청을 하셨습니다"

토끼는 자라가 하는 말에 그만 **넘어가 버리고** 말았습니다. 그리고 자라의 등에 올라타고 용궁으로 갔습니다.

용궁에 도착하자 토끼는 여러 **무사**들에게 잡혀 **꼼짝 못하고** 용왕 앞에 끌려갔습니다. 용왕은 토끼에게 이렇게 말했습니다.

"내가 심한 병이 들었는데, 네 간을 먹어야 고칠 수 있다고 해서 너를 데려온 것이다. 네 간을 좀 주어야겠다."

신하들이 토끼의 **배를 가르려**고 하자 토끼는 아주 **침착하고 태연하게** 말했습니다.

"마마, 저같은 짐승의 간이 용왕님의 병을 고칠 수 있다니 정말 다행입니다. 그러나 어쩌면 좋지요? 저는 제 간을 달라는 짐승들이 너무 많아 **바위 틈**에 숨겨놓고 다닙니다. 자라가 진작 말을 했으면 가져왔을텐데 안타깝습니다"

- 넘어가 버리다, 속다 : to be fooled 被骗
- 무사 : warrior 武士
- 꼼짝 못하다 : to be stuck and helpless 动弹不得
- 끌려가다 : to be dragged 被拉走
- 벼슬 : a government position 官职
- 배를 가르다 : to cut one's belly open 剖腹
- 침착하다 : to be calm 沉着
- 태연하다 : to be collected, to be calm 从容镇定
- 바위 틈 : rock crack 岩石缝

- 등을 타다. 업히다 : to ride on one's back 被背
- 안도의 숨을 내쉬다 : to give a sigh of relief 松了口气
- 멍충이 : fool 笨蛋
- 넣었다 뺐다 : to take something in and out (反复) 放进去再拿出来
- 비웃다 : to laugh at 嘲笑
- 주저앉다 : to drop down 跌坐
- 신령님 : a god, a divine spirit 神灵
- 충성스런 : loyal, faithful 忠诚

그러자 용왕은 다시 토끼를 육지로 보내 간을 가져오라고 말했습니다. 토끼는 다시 자라 **등을 타고** 육지로 나왔습니다. 땅에 도착하자마자 토끼는 **안도의 숨을 내쉬며**, 깡충깡충 뛰어 멀리 가면서 자라에게 이렇게 말했습니다.

"이 바보, **멍충이**, 자라야. 간을 두고 다니는 짐승이 세상에 어디 있느냐."

토끼는 자라를 **비웃으며** 깡충깡충 뛰어 멀리 도망가 버렸습니다.

자라는 토끼를 쫓아가지 못하고 엉금엉금 기어가다 그만 자리에 **주저앉아**버렸습니다. 그 때 어디선가 **신령님**이 나타나 **충성스런** 자라에게 용왕의 병을 낫게 하는 약을 주었습니다. 용왕은 토끼의 간 대신 자라가 가져온 약을 먹고 병이 모두 나았습니다. 용왕의 병을 낫게 한 자라는 큰 상을 받고 오래오래 행복하게 살았습니다.

여러분은 위기의 상황을 어떻게 해결하십니까? 지혜롭게 위기를 벗어날 수 있었던 이야기를 서로 나누어 보십시오.

연습문제

■ 〈토끼와 자라〉를 잘 읽고 질문에 답해 보십시오.

1. 용왕님은 무슨 병이 걸렸습니까?

2. 도미는 용왕이 나으려면 무엇을 먹어야 한다고 말했습니까?

3. 토끼를 잡으러 간 신하는 누구입니까?

4. 토끼는 용왕님께 무엇이라고 말하고 육지로 나왔습니까?

5. 용왕의 병을 낫게 하는 약은 누가 주었습니까?

■ 적절한 의성어나 의태어를 찾아 쓰십시오.

1. 자라는 땅 위를 (　　　) 기어가 토끼를 찾았습니다.
2. 토끼는 (　　　) 뛰어 멀리 도망가 버렸습니다.

(깡충깡충, 엉금엉금)

■ 적절한 단어나 표현을 찾아 쓰십시오.

1. 용왕은 몸이 아파 (　　　)에 눕고 말았습니다.
2. 용왕의 병을 낫게 하기 위해 (　　　)는 의원을 다 불렀습니다.
3. 용왕이 병이 걸리자 신하들은 걱정이 (　　　) 같았습니다.

(태산, 용하다, 자리)

■ 토끼는 용궁에서 어떻게 빠져나올 수 있었을까요? 토끼가 용왕님과 대화하는 장면을 창의적으로 만들어 보십시오. (역할 : 용왕, 자라, 토끼, 신하)

■ 위에서 만든 대화를 활용하여 〈토끼와 자라〉를 구연해 보십시오. 동영상이나 사진, 그림 등을 활용해도 좋습니다.

- 무형문화유산 : Intangible Cultural Heritage of Humanity 非物质文化遗产
- 마당 : yard, episode 院子

<토끼와 자라> 이야기는 한국의 판소리에서 <수궁가>로 알려져 있습니다. **'판소리'**는 한국식 오페라로 2003년 유네스코(UNESCO)가 **세계무형문화유산**으로 지정한 한국의 대표적인 문화예술입니다.

하나의 독립된 이야기를 **'마당'**이라고 하는데, 예전에는 판소리가 열 두 마당이 있었지만 지금까지 전해져 내려오는 것은 다섯 마당뿐입니다.

판소리 다섯 마당은 이미 앞에서 배운 **〈심청가〉**, **〈흥보가〉**, **〈수궁가〉**, 그리고 **〈춘향가〉**, **〈적벽가〉**가 있습니다. <춘향가>와 <적벽가>는 어른들의 이야기라 아이들을 위한 이야기에서는 거의 다루지 않습니다.

판소리 공연

판소리의 영향으로 소설이 된 것을 판소리계 소설이라고 합니다. 한국의 고전소설에 나오는 **〈심청전〉**, **〈흥부전〉**, **〈토끼전〉**, **〈춘향전〉** 등이 바로 그것입니다.

판소리를 잘하는 사람을 **'명창'**이라고 합니다. 판소리는 여러 사람이 모인 곳, 즉 **'판'**에서 **소리꾼**이 노래를 하는 것인데 서민들의 이야기를 재미있게 표현해주고 있습니다. 판소리는 청중이 적극적으로 참여할 수 있고 소리꾼이 이야기를 덧붙일 수 있어 세계 **공연예술**에서도 인정받고 있습니다.

- 명창 : master singer 著名歌手
- 소리꾼 : singer 说唱艺人
- 청중 : audience 听众
- 공연예술 : performing arts 艺术表演

판소리 공연

국립극장이나 국립국악원에서 한국의 판소리를 들어보십시오. 동영상을 찾아 판소리를 감상해 보셔도 좋습니다. 또 영화 〈서편제〉를 보시면 한국의 판소리 명창들의 삶이 어떤지 알 수 있습니다. 판소리나 영화를 감상해 보고 이야기를 나누어 보십시오.

12

혹부리 영감님

혹부리 영감님
The Lumpy Old Man
肿疙瘩老大爷

- 볼 : cheek 脸颊
- 혹 : lump 瘤子
- 혹부리 영감 : an old man with a lump 肿疙瘩老大爷
- 놀리다 : to tease 戏弄
- 아랑곳하지 않다 : to give no attention to 不在乎
- 나무를 하다 : to cut wood 砍柴火
- 천둥소리 : the roll of thunder 雷声
- 빗줄기 : rain streak 雨势
- 텅빈 집 : empty house 空房子
- 비가 그치다 : the rain stopped 雨停了
- 흥얼흥얼대다 : humming 哼哼
- 덩실덩실 춤을 추다 : to dance joyfully 盼盼起舞

옛날 어느 마을에 착한 할아버지가 살았습니다. 그 할아버지 **볼**에는 큰 혹이 달려 있었습니다. 그래서 마을 사람들은 그 할아버지를 **'혹부리 영감님'**이라고 불렀습니다. 혹부리 영감님은 커다란 혹이 불편했지만 열심히 살았습니다. 아이들이 **놀려도** 할아버지는 **아랑곳하지 않고** 늘 즐겁게 살았습니다.

그러던 어느 날 혹부리 영감님은 산에 **나무를 하러** 갔습니다. 갑자기 우르르 쾅하고 **천둥소리**가 나고 빗방울이 후두둑 떨어지기 시작했습니다. 빗방울은 어느새 **굵은 빗줄기**가 되어 내렸습니다.

혹부리 영감님은 비를 피해 이리저리 주위를 둘러보다 마침 **텅 빈 집**을 하나 발견했습니다. 할아버지는 빈집으로 뛰어가서 **비가 그치기**를 기다렸습니다.

어느새 **날이 저물고** 밤이 되고 말았습니다. 혹부리 영감님은 무섭기도 하고 심심하기도 해서 노래를 부르기 시작했습니다. 흥얼흥얼 대던 노래는 점점 큰 소리가 되었고 영감님은 덩실덩실 **춤도 추기** 시작했습니다.

그러자 어디선가 갑자기 도깨비들이 나타났습니다.

"할아버지, 할아버지 노랫소리가 참 좋아, 어떻게 부르는 거야?"

도깨비들은 영감님에게 계속 노래를 불러 달라고 **졸랐습니다**. 영감님은 도깨비들이 겁이 났지만 계속 노래를 불러주었습니다. 도깨비들은 노랫소리에 맞춰 빙글빙글 돌며 춤을 추었습니다. 영감님도 어느새 도깨비들과 친해져서 밤새도록 노래하고 춤을 추며 놀았습니다.

날이 밝자 **새벽닭**이 '꼬끼오' 울었습니다. 도깨비들이 돌아가면서 영감님에게 물었습니다.

"할아버지, 어떻게 하면 그렇게 노래를 잘해? 혹시 그 볼에 붙은 것은 뭐야? 그것이 노래 **주머니**인가?"

도깨비

한국의 옛날이야기에 도깨비가 자주 등장합니다. 동물이나 사람의 모양을 한 귀신을 말합니다. 그런데 사람이 죽은 후에 생기는 귀신과는 달리 도깨비는 자연물이나 일상생활 물건에서 생겼다고 합니다. 한국의 도깨비는 사람을 해하는 일만 하는 것이 아니고 귀여운 이미지를 가지고 있습니다. 장난이 심하여 사람과 놀기도 잘합니다. 또 신기한 초인적인 힘을 가지고 있어 마술처럼 놀라운 일을 많이 합니다.
요즘 세계적인 한국의 축구 응원 마스코트가 된 '붉은 악마'도 도깨비에서 온 것입니다. 한국의 옛 건축과 기와에도 많이 조각되어 있습니다.

붉은 악마 Red Devils 红魔

- 조르다 : to nag, to pester 缠
- 빙글빙글 : to twirl around 滴溜滴溜
- 새벽닭 : a cock proclaiming the dawn 晨鸡
- 꼬끼오 : cock-a-doodle-doo 喔喔
- 주머니 : pocket 口袋

- 도깨비 방망이 : magic bat 取棒子
- 감쪽같이 사라지다 : to vanish completely 不知不觉地消失
- 성가시다 : to be annoying 麻烦
- 금상첨화 : icing on the cake 锦上添花
- 마술을 부리다 : to use magic 变魔术
- 금은보화 : treasure 金银珠宝

"하하하, 노래는 목에서 나오는 것이지 이것은 노래 주머니가 아니고 혹이야"

"에이, 할아버지, 그러지 말고 그 노래 주머니 우리한테 줘"

"이건 혹이라니까. 주고 싶어도 붙어있어서 떼어줄 수가 없어"

"그럼, 우리가 아프지 않게 떼어갈게"

그러자 도깨비들은 순식간에 영감님의 혹을 떼어냈습니다. 혹을 가져가면서 도깨비들은 영감님에게 고맙다고 **도깨비 방망이**를 하나 주고 사라졌습니다.

집에 와서 보니 영감님의 혹은 **감쪽같이 사라지고** 없어졌습니다. 영감님은 **성가시던** 혹도 떼고, 도깨비 방망이도 얻어 **금상첨화**였습니다. 도깨비가 준 방망이는 마술 방망이였기 때문입니다. 영감님은 도깨비 방망이로 **마술을 부려 금은보화**를 얻어 부자가 되었습니다.

이 소문을 듣고 옆 마을 혹부리 할아버지가 찾아왔습니다. 착한 혹부리 영감님은 도깨비를 만났던 이야기를 모두 들려주었습니다. 이야기를 들은 옆 마을 할아버지는 자기도 혹을 떼고 도깨비 방망이도 가지고 싶었습니다.

그래서 그날 밤, 빈 집으로 가서 노래를 불렀습니다. 그러자 이번에도 도깨비들이 나왔습니다. 도깨비들은 혹부리 할아버지에게 계속 노래를 불러달라고 졸랐습니다. 그리고 어디서 노래가 나오는지 물었습니다.

옆 마을 혹부리 할아버지는 "이 노래는 혹에서 나오는 것이란다."

도깨비들은 혹부리 할아버지의 얼굴을 **빤히 쳐다보았습니다.**

"할아버지, 정말로 노래가 이 혹에서 나와?"

"그럼, 당연하지!"

"흥, 거짓말이야. 누가 또 속을 줄 알고, 지난 번에도 혹에서 노래가 나오는 줄 알고 떼어갔는데, 아무 소리도 안 났어. 정말 혹에서 노래가 나온다면 이 혹도 가져 가!"

도깨비들은 지난 번에 떼어갔던 혹을 할아버지 얼굴에 하나 더 붙여주고 사라져버렸습니다.

마음씨 나쁜 옆 마을 혹부리 할아버지는 **혹을 떼려다가 혹을 하나 더 붙이고** 집으로 돌아오고 말았습니다.

- 빤히 쳐다보다 : to stare at 盯着看
- 혹 떼려다가 혹을 하나 더 붙이다 : to get out the frying pan into the fire 偷鸡不成蚀把米

뿔이 하나고 원시인 방망이를 들고 있는 도깨비는 일본의 '오니'를 많이 닮아 있습니다. 도깨비가 들고 다니는 방망이를 요술방망이라고 합니다.
여러분 나라에 마술 혹은 요술을 부리는 도깨비나 물건이 무엇인지 서로 비교하면서 이야기를 나누어 보십시오.

한국 드라마 <도깨비>를 보고 이야기를 나누어 보세요.

■ 〈혹부리 영감님〉을 잘 읽고 질문에 답해 보십시오.

1. 혹부리 영감님은 왜 노래를 부르고 춤을 추었습니까?

____

2. 도깨비들은 언제 사라졌습니까?

____

3. 도깨비들은 영감님의 혹을 떼어 가고 대신 무엇을 주었습니까?

____

4. 옆 마을 혹부리 할아버지의 혹은 어떻게 되었습니까?

____

5. 옆 마을 혹부리 할아버지같은 일이 있을 때 어떤 속담을 씁니까?

____

■ 적절한 의성어나 의태어를 찾아 쓰십시오.

1. 갑자기 천둥 소리가 (   ) 하고 났습니다.
2. 혹부리 영감님은 (   ) 노래를 했습니다.
3. 혹부리 영감님은 (   ) 춤도 추었습니다.
4. 새벽닭이 (   ) 하고 울었습니다.

(꼬끼오, 우르르 꽝, 덩실덩실, 흥얼흥얼)

■ 적절한 단어나 표현을 찾아 쓰십시오.

1. 아이들이 놀려도 혹부리 영감님은 (   ) 하지 않고 즐겁게 살았습니다.
2. 도깨비들은 영감님에게 노래를 불러 달라고 (   ).
3. 영감님의 혹은 (   )같이 사라지고 없어졌습니다.
4. 영감님은 혹도 떼고, 방망이도 얻어 (   )였습니다.

(감쪽, 졸랐습니다, 아랑곳, 금상첨화)

이야기하기

■ 영감님은 혹을 어떻게 떼었을까요? 영감님이 도깨비와 이야기하는 장면을 창의적인 대화로 만들어 보십시오. (역할 : 영감님, 도깨비1, 도깨비2)

■ 위에서 만든 대화를 활용하여 〈혹부리 영감님〉을 구연해 보십시오. 동영상이나 사진, 그림 등을 활용하면 더욱 좋습니다.

옛날에 어느 마을에 **가파른 고개**가 하나 있었습니다. 사람들은 이곳에서 넘어지면 삼 년밖에 살 수가 없다고 해서 이 고개를 '삼년 고개'라 불렀습니다. 마을 사람들은 이 고개 넘는 것을 아주 싫어했고, 가게 되더라도 넘어지지 않게 조심조심했습니다.

그런데 어느 날, 한 할아버지가 장에 갔다 오다 삼년 고개에서 **넘어지게** 되었습니다. 할아버지는 **땅을 치며** 엉엉 울다가 집으로 돌아왔습니다.

"할멈, 나는 이제 죽었소. 삼년 고개에서 넘어졌단 말이오." 할아버지 이야기를 듣고 할머니도 **울상이 되었습니다.**

할아버지는 그 날 이후부터 병이 나서 시름시름 **자리에 눕고** 말았습니다. 할머니가 할아버지에게 **죽**이라도 드시라고 했습니다. 그러나 할아버지는 삼년밖에 살지 못하는데 먹어서 무엇하냐고 죽도 잘 먹지 않았습니다. 할아버지의 병은 날이 갈수록 깊어졌습니다.

삼년 고개
The Three Years Hill
三年是个坎

★ <삼년 고개>에는 수학적 논리와 유머가 들어있습니다. 할아버지가 세 번이 아니라, 네 번, 다섯 번 넘어졌다면 어떻게 되었을까요.

- 가파르다 : steep 陡
- 고개를 넘다 : to climb over the hill 越岭
- 넘어지다 : to trip over 摔倒
- 땅을 치다 : to pound the ground 呼天抢地
- 울상이 되다 : to laugh on the wrong side of one's face 哭丧着脸
- 자리에 눕다 : to lie in one's sickbed 病倒
- 죽 : porridge 粥

그런데 하루는 옆 집 사는 **소년**이 **끙끙** 앓고 있는 할아버지를 찾아와 이렇게 말했습니다.

"할아버지, 아주 오래 오래 사실 방법이 있습니다."

"그게 무엇이냐"

"할아버지, 다시 삼년 고개로 가세요. 그리고 가서 자꾸 넘어지세요."

"뭐라고? 이놈아, 또 넘어지면 어쩌란 말이냐!"

"할아버지, 한 번 넘어지면 3년을 살 수 있지요? 그러면 두 번 넘어지면 몇 년을 살 수 있나요? 6년을 살 수 있어요. 그리고 세 번 넘어지면 9년은 살게 되지 않겠어요?"

"듣고 보니 네 말이 맞구나. 당장 가서 넘어져야겠구나."

할아버지는 좋아서 싱글벙글 웃으며 당장 삼년고개로 달려가 **데굴데굴** 굴렀습니다.

집에 돌아온 할아버지는 **예전처럼** 아주 건강하게 잘 살았습니다.

삼년 후 할아버지는 장에 다녀오다 또 삼년고개에서 넘어지고 말았습니다. 그러나 이번에 할아버지는 걱정하지 않았습니다.

"허허허, 오늘까지 삼년 고개에서 넘어진 것이 50번째이니, 앞으로 150년은 더 살겠구나"하고 웃으면서 삼년고개를 내려왔습니다. 그 후, 할아버지는 할머니와 함께 오래오래 행복하게 살았습니다.

- 데굴데굴 구르다 : to roll over and over 骨碌骨碌滚
- 예전처럼 : just like the old times 像以前一样

셈하기

+ 더하기, 덧셈
− 빼기, 뺄셈
× 곱하기, 곱셈
÷ 나누기, 나눗셈

주판과 계산기

지금은 전자계산기로 간단히 셈을 하지만 이전에는 주판으로 셈을 하였습니다. 한국에서는 '구구단'이라고 해서 곱셈을 다 외우는 암산(暗算)을 어렸을 때부터 연습합니다. 여러분 나라에서도 주판이나 전자계산기를 사용하지 않고 셈을 빨리 하는 방식이 있으면 이야기를 나누어 보세요. 그리고 한국어로 구구단을 외워보십시오.

연습문제

■ 〈삼년 고개〉를 잘 읽고 질문에 답해 보십시오.

1. 할아버지는 삼년 고개에서 넘어지고 왜 병이 났습니까?

   ____

2. 소년은 할아버지에게 왜 삼년 고개에서 자꾸 넘어지라고 했습니까?

   ____

3. 소년의 셈으로 한다면 할아버지가 스무 번 넘어지면 몇 년을 살까요?

   ____

■ 적절한 의성어나 의태어를 찾아 쓰십시오.

1. 할아버지는 삼년 고개에서 넘어져 (　　　) 울다가 집으로 돌아왔습니다.
2. 할아버지는 병이 나서 (　　　) 앓았습니다.
3. 할아버지는 삼년 고개로 달려가 (　　　) 굴렀습니다.
4. 할아버지는 좋아서 (　　　) 웃었습니다.

(데굴데굴, 끙끙, 엉엉, 싱글벙글)

■ 적절한 단어나 표현을 찾아 쓰십시오.

1. 할머니는 할아버지 이야기를 듣고 (　　　)이 되었습니다.
2. 삼년 고개에서 넘어진 할아버지는 (　　　)을 치며 울었습니다.

(땅, 울상)

이야기하기

■ 할아버지와 소년이 이야기하는 장면을 창의적인 대화로 만들어 보십시오. (역할 : 할아버지, 소년)

____

____

____

____

____

____

■ 위에서 만든 대화를 활용하여 〈삼년 고개〉를 구연해 보십시오. 동영상이나 사진, 그림 등을 활용하면 더욱 좋습니다.

14

젊어지는 샘물

옛날 아주 옛날, 어느 산골 마을에 마음씨 착한 할아버지와 할머니가 살았습니다. 노부부는 가난했지만 늘 남을 도와가며 아주 착하고 부지런하게 살았습니다. 그러나 이 **금슬 좋은** 노부부에게는 자식이 없었습니다.

어느 날 할아버지는 깊은 산 속으로 나무를 하러 가게 되었습니다. 그런데 어디선가 맑고 고운 새 소리가 들렸습니다. 아주 작은 **파랑새** 한 마리가 할아버지 앞에서 낮게 날고 있었습니다.

"**난생 처음 보는** 새로구나. 정말 아름답구나!" 그런데 바로 앞에서 뱀 한 마리가 새를 잡아먹으려는 것이었습니다. 할아버지는 막대기로 쳐서 뱀을 쫓았습니다. 뱀은 숲속으로 사라져 버렸습니다.

할아버지는 새가 어디 갔는지 보고 싶어 **살금살금** 다가갔습니다. 새는 어디론지 날아가 버렸고, 그 자리에는 작은 샘이 하나 있었습니다.

할아버지는 집으로 돌아가려다가 **목이 말랐습니다**. 할아버지는 작은 샘으로 가서 두 손으로 샘물을 떠서 마셨습니다.

젊어지는 샘물
Spring Water of Youth
返老还童泉水

- 젊어지다 : to restore youth, to get younger 返老还童
- 샘물 : spring water 泉水
- 금슬 좋다 : to live in conjugal harmony 恩爱
- 파랑새 : bluebird 三包鸟
- 난생 처음 보는 : to never have seen before 生平第一次看
- 살금살금 : quietly, secretly 悄悄地
- 목이 마르다 : to be thirsty 口渴

- 잠이 쏟아지다 : to feel drowsy, to be terribly sleepy 犯困
- 서둘러 : hurriedly 赶忙
- 발걸음 : step, pace 脚步
- 산비탈 : mountain slope 山坡
- 터벅터벅 : to plod, to trudge 有气无力
- 닮다 : to look similarly 像

할아버지는 물을 마시자마자 갑자기 **잠이 쏟아지기** 시작해서 그 자리에서 쿨쿨 잠이 들고 말았습니다. 깨어나보니 날은 어두워져 있었습니다. 할아버지는 **서둘러** 산을 내려갔습니다. 그런데 이상하게도 할아버지의 **발걸음**이 아주 가벼웠습니다.

한편 할아버지가 돌아오지 않자, 집에서 기다리던 할머니는 할아버지를 찾으러 산으로 올라갔습니다. 그런데 웬 젊은이가 **산비탈**을 터벅터벅 내려오고 있었습니다. 할머니는 젊은이를 보고 깜짝 놀랐습니다. 그 젊은이의 모습이 할아버지 젊었을 때와 너무나 똑같이 **닮았기** 때문이었습니다.

게다가 그 젊은이는 할머니에게 "여보, 할멈, 나요. 왜 여기까지 나왔소"하는 것이었습니다. 할머니는 **영문을 몰랐습니다**. 할아버지도 집에 와서 거울을 보니 거울 속에는 삼십 년쯤 젊어 보이는 사람이 있었습니다. 할아버지는 할머니에게 산에서 있었던 일을 자세히 이야기해 주었습니다.

- 영문을 모르다 : do not know the reason 莫名其妙
- 소문이 퍼지다 : a rumor spreads 传闻传开
- 한밤중 : midnight 深夜
- 갓난아이 : an infant, a baby 婴儿
- 응애응애 : a baby crying 哇哇
- 품에 안다 : to hold (a baby) in one's bosom 抱在怀里
- 소원 : a wish, hope 愿望

그리고 다음 날 할머니를 데리고 자신이 마셨던 샘이 있는 곳으로 가서 할머니도 그 샘물을 떠 마시게 했습니다. 할머니도 그 물을 벌컥벌컥 마신 후 30년이나 젊어지게 되었습니다.

이 노부부가 젊어졌다는 **소문**이 곧 동네방네 **퍼졌습니다**. 한 욕심쟁이 할아버지가 그 소문을 듣고 할아버지를 찾아와 샘이 있는 곳을 물었습니다. 할아버지는 자세히 그 샘물이 있는 곳을 말해주었습니다. 욕심쟁이 할아버지는 그 샘을 찾아가서 그 샘물을 계속 떠 마셨습니다.

그런데 이상하게도 **한밤중**이 되어도 욕심쟁이 할아버지는 산에서 내려오지 않았습니다. 할아버지와 할머니는 산으로 간 욕심쟁이 할아버지가 궁금해서 샘이 있는 곳을 가보았습니다. 할아버지는 보이지 않고 어린 **갓난아이**만 '응애응애' 울고 있었습니다.

젊어진 할아버지 할머니 부부는 그 갓난아이를 **품에 안고** 집으로 돌아왔습니다. 그리고 그토록 **소원**이었던 아이를 키우면서, 행복하게 오래오래 잘 살았습니다.

늙은 사람이 다시 젊어지면 '회춘(回春)'했다고 합니다. 얼굴이 어려보이면 '동안(童顔)'이라고 합니다. 회춘이나 동안의 비결이 무엇일까요. 이야기를 나누어 보십시오.

연/습/문/제

■ 〈젊어지는 샘물〉을 잘 읽고 질문에 답해 보십시오.

1. 할아버지는 깊은 산 속에서 무엇을 따라 갔습니까?

____

2. 젊은이를 보고 할머니는 왜 놀랐습니까?

____

3. 욕심쟁이 할아버지는 왜 산에서 내려오지 않았습니까?

____

4. 갓난아이는 누구입니까?

____

■ 적절한 의성어나 의태어를 찾아 쓰십시오.

1. 할아버지는 (　　　　) 파랑새에게 다가갔습니다.
2. 할아버지는 물을 마시고 그 자리에서 (　　　　) 잠이 들었습니다.
3. 젊은이는 산비탈을 (　　　　) 내려오고 있었습니다.

(쿨쿨, 터벅터벅, 살금살금)

■ 적절한 단어나 표현을 찾아 쓰십시오.

1. (　　　　) 처음 보는 새로구나.
2. 갑자기 잠이 (　　　　) 시작했습니다.
3. 할머니는 어떻게 된 일인지 도무지 (　　　　)을 몰랐습니다.

(영문, 쏟아지기, 난생)

■ 왜 할아버지가 갑자기 젊어졌을까요? 할아버지가 할머니에게 산에서 있었던 일을 이야기하는 장면을 창의적인 대화로 만들어 보십시오. (역할 : 할아버지, 할머니)

____

____

____

■ 위에서 만든 대화를 활용하여 〈젊어지는 샘물〉을 구연해 보십시오. 동영상이나 사진, 그림 등을 활용해도 좋습니다.

15
임금님 귀는 당나귀 귀

옛날 옛날에 백성을 무척 사랑하는 임금님이 있었습니다. 하루는 혼자서 거울을 보다가 자신의 모습을 보고 깜짝 놀라 소리쳤습니다.

"아니, 내 귀가 왜 이러지? **당나귀** 귀 같구나"

임금님은 신하를 불렀습니다.

"어서 이 귀를 감추어서 아무도 모르게 하여라. 어느 누구에게도 말하면 안 된다. 소문을 내어서는 절대로 안 된다."

신하는 임금님이 시키는 대로 **비밀을 지켰습니다**. 임금님의 귀가 당나귀 같다는 말을 하고 싶어도 꼭 참고 또 참았습니다. 평생토록 임금님의 귀에 대해서 누구에게도 말하지 않았습니다.

그러다가 신하는 그것이 마음의 병이 되어 그 **자리에 눕고** 말았

임금님 귀는 당나귀 귀
The King was Donkey's Ears
皇帝的耳朵是驴耳朵

- 당나귀 : donkey 驴
- 소문 : rumour 传言
- 비밀을 지키다 : to keep a secret 保密
- 평생토록 : for a lifetime 终身
- 병이 나다 : to be sick 生病

습니다.

'속 시원하게 말을 좀 하였으면……'

신하는 더 이상 견딜 수가 없었습니다. 그래서 대나무 숲 속에 사람이 없는 곳으로 들어갔습니다. 신하는 큰 소리로 외쳤습니다.

"우리 임금님 귀는 당나귀 귀!"

"우리 임금님 귀는 당나귀 귀!"

이렇게 몇 번 소리를 지르고 나니 신하는 **속이 후련해졌습니다**. 앓던 병도 다 나았습니다. 그런데 이상한 일이 일어났습니다.

그 후로는 바람이 불기만 하면 대나무 숲에서 "우리 임금님 귀는 당나귀 귀" 하는 소리가 나는 것이었습니다. 얼마 안가서 이 말을 들은 사람들이 늘면서 소문은 **삽시간에** 나라 안에 널리 퍼졌습니다. 사람들이 모여 **웅성웅성**거리고 **키득키득** 웃었습니다. 마침내 소문은 왕의 귀에까지 들어갔습니다.

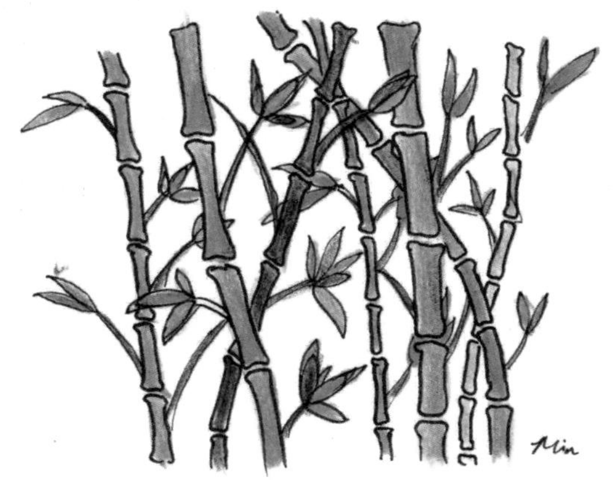

임금님은 화가 나서 대나무를 모두 **베어버리라**고 명령했습니다. 그 뒤부터는 바람이 불면 이렇게 소리가 났습니다.

"우리 임금님 귀는 길기도 하다"

- 속 시원하게 말하다 : to let it out, to spit it out 坦率地说
- 대나무 : bamboo 竹子
- 속이 후련해지다 : to feel better 心情舒畅
- 소문이 퍼지다 : a rumour spreads 传闻传开了
- 삽시간에 : in an instant 瞬间
- 베어버리다 : to cut down 割除

임금님은 너무 괴로워서 그만 병이 나 끙끙 앓기 시작했습니다. 훌륭한 의원도 좋은 약도 아무 소용이 없었습니다.

하루는 이 소문을 들은 농부 한 사람이 와서 임금님께 말했습니다.

- 농부 : farmer 农夫
- 흉 : fault, flaw 缺点

"임금님의 귀가 당나귀 귀같이 큰 것은 결코 **흉**이 아닙니다. 크고 멋진 귀는 자랑스러운 것이니 귀를 감추지 마십시오. 임금님께서는 백성을 너무 사랑하시기 때문에 귀가 그렇게 커진 것입니다. 귀가 커야 백성들이 말하는 것을 모두 들을 수 있지 않습니까"

"오, 듣고 보니 과연 네 말이 그럴 듯하구나"

농부의 이야기를 들은 임금님은 너무 기뻐서 껄껄 웃었습니다. 병도 씻은 듯이 싹 나았습니다. 임금님은 농부에게 큰 상을 내리고 그 동안 감추었던 귀를 내놓고 다녔습니다.

그 뒤부터 임금님은 백성들의 말을 더욱 귀담아 들으며 나라를 잘 다스리는 훌륭한 임금님이 되었습니다. 백성들도 행복하게 오래오래 잘 살았다고 합니다.

얼굴과 관상

눈, 코, 귀, 입 등 얼굴의 생김새를 보고 사람의 성격이나 인생을 짐작하는 것을 관상이라고 합니다. 눈이 크면 흔히 겁이 많다고 말합니다. 코가 동그랗고 통통하면 복이 들어오는 복코라고 합니다. 귀는 귓불이 부처님같이 넓으면 잘 산다고 하고, 귓구멍이 작으면 남의 소리를 잘 안 듣는다고 합니다.

얼굴에 있는 점의 위치나 크기, 색깔 등으로도 관상을 보면서 복점을 말하기도 합니다.

여러분은 어떤 얼굴을 좋아하십니까? 서로 관상을 봐 주십시오. 그리고 복점이 어디에 있는지 미인들의 점이 어디에 있는지 찾아보세요.

연/습/문/제

■ 〈임금님 귀는 당나귀 귀〉를 잘 읽고 질문에 답해 보십시오.

1. 임금님은 거울을 보다가 왜 깜짝 놀랐습니까?

____

2. 신하는 왜 병이 났습니까?

____

3. 신하는 어디에 가서 임금님의 비밀을 말했습니까?

____

4. 농부가 와서 임금님의 귀가 왜 커졌다고 말했습니까?

____

5. 농부는 임금님의 귀가 크면 무엇이 좋다고 말했습니까?

____

■ 적절한 의성어나 의태어를 찾아 쓰십시오.

1. 사람들이 모여 (   )거리고 키득키득 웃었습니다.
2. 임금님은 말도 못하고 (   ) 앓기 시작했습니다.
3. 임금님은 (   ) 웃으면서 아주 기뻐했습니다.

(끙끙, 웅성웅성, 껄껄)

■ 적절한 단어나 표현을 찾아 쓰십시오.

1. 신하는 임금님의 (   )을 지키지 못했습니다.
2. 소문은 (   ) 나라 안에 널리 퍼졌습니다.

(삽시간에, 비밀)

이야기하기

■ 임금님의 병은 어떻게 나았을까요? 임금님과 농부가 이야기하는 장면을 창의적인 대화로 만들어 보십시오. (역할 : 임금님, 농부)

____

____

____

■ 위에서 만든 대화를 활용하여 〈임금님 귀는 당나귀 귀〉를 구연해 보십시오. 동영상이나 사진, 그림 등을 활용해도 좋습니다.

16
호랑이와 곶감

옛날 옛날에 산에 살던 호랑이 한 마리가 배가 고파 마을로 내려왔습니다. 호랑이는 어느 집 **외양간**에 소를 잡아먹으려고 들어왔습니다.

호랑이와 곶감
A Tiger and a Persimmon
老虎和柿饼

★ 이 이야기는 '범보다 무서운 곶감'으로도 알려져 있습니다. '범'은 '호랑이'의 다른 이름입니다.

이 때 집 안에서 아기의 울음소리가 '응애응애' 크게 들렸습니다. 엄마는 아기에게 "뚝, 뚝 **그쳐**! 울면 **귀신** 나온다."고 하면서 **아기를 달랬습니다**. 그래도 아기는 울음을 그치지 않았습니다.

이번에는 엄마가 "더 울면 호랑이가 와서 잡아간다"라고 했습니다. 그래도 아기는 울음을 그치지 않았습니다.

이번에는 엄마가 "여기 **곶감** 있다. 곶감 줄게, 아가야, 울지 마라."고 말했습니다. 그러자 아이가 울음을 뚝 그쳤습니다.

이 말을 듣고 있던 호랑이는 덜컥 겁이 났습니다. '곶감이 얼마나 무서우면, 아기가 울음을 그쳤을까? 세상에서 내가 제일 무서운 줄 알았더니 나보다 더 무서운 것이 있단 말인가?' 하고 생각했습니다.

- 곶감 : dried persimmon 柿饼
- 감 : persimmon 柿子
- 외양간 : a barn, a stable 牛圈
- 울음을 뚝 그치다 : to stop crying 止住哭声
- 귀신 : a ghost 鬼
- 아이를 달래다 : to soothe a crying child 哄孩子

- 소도둑 : a cattle thief 偷牛贼
- 죽을 힘을 다하다 : 竭尽全力
- 먼동이 트다 : a dawn is breaking 东方泛白
- 고목나무 : an old tree 古木
- 가지 : branch 枝子
- 구멍 : hole 坑
- 마주 오다 : oncoming 迎面而来

때마침 그 집에 **소도둑**이 들어왔습니다. **외양간**에서 소를 훔치려고 들어왔다가 그만 호랑이를 소로 착각하고 호랑이 등에 올라타 버렸습니다. 깜짝 놀란 호랑이는 자기의 등에 탄 놈이 분명히 곶감일 것이라고 생각하고 **죽을 힘을 다하여** 달아났습니다.

얼마만큼 도망 왔을 때, **먼동이 트기** 시작했습니다. 그제야 소도둑은 자기가 호랑이 등에 탄 걸 알아차렸습니다. 마침 커다란 **고목나무** 아래를 달릴 때 **가지**를 붙잡아 호랑이 등에서 벗어났습니다.

★ '곶감'은 '감'의 껍질을 벗겨 말린 과일입니다.

감

곶감

고목나무에 커다란 **구멍**이 뚫려있었기 때문에 소도둑은 그 안으로 들어가 숨었습니다.

호랑이는 계속 달리다가 등에 있던 곶감이 사라진 것을 알게 되었습니다. 그리고 **마주 오는** 곰을 만났습니다.

"왜 그렇게 도망가고 있어?"

"무서운 곶감이 내 등에 올라타 죽는 줄만 알았어."

"곶감이라고? 아니야, 네 등에 탄 것은 사람이었어. 우리 그거 잡아서 먹읍시다."

호랑이는 어떻게 잡아먹겠느냐고 물었습니다.

"그 사람이 구멍 뚫린 저 고목나무 속으로 들어갔는데 내가 그 위에서 방귀를 '뿡'하고 뀔 테니 사람이 나오면 그 때 잡아 먹자."

곰이 나무 위로 올라가 구멍 위에 걸터앉아 방귀를 뀌었습니다. 그러나 도둑은 호주머니에서 노끈 하나를 찾아 곰의 다리에 **올가미를 씌워** 당겼습니다. 곰은 너무 아파서 고목나무에서 떨어졌습니다. 호랑이는 곰에게 말했습니다.

"그것 봐. 곶감이 얼마나 무서운지 알겠지?"

호랑이는 **슬금슬금** 피해서 **대밭**으로 들어갔습니다. 마침 **장날**이어서 사람들이 지나가면서 말하는 소리가 들렸습니다.

"오늘 장에, 곶감 값이 비싸네." 호랑이는 또 곶감 소리에 겁이 나 그대로 도망가 버렸습니다.

- 올가미를 씌우다 : to lay a trap 设圈套
- 슬금슬금 : sneakily 悄悄地
- 대밭 : a bamboo grove 竹园
- 장날 : market day 赶集日

호랑이는 한국을 상징하는 대표적인 동물입니다. 옛날에는 서울 남산에서도 호랑이가 살았다고 합니다. 옛날부터 어린 아이들에게 호랑이는 무서운 동물의 대명사로 알려져 있습니다. '호랑이 아빠', '호랑이 선생님' 등 무서운 사람 앞에 호랑이라는 말을 많이 씁니다. 여러분 나라에서는 가장 무서운 동물로 무엇을 말하는지 이야기해 보십시오.

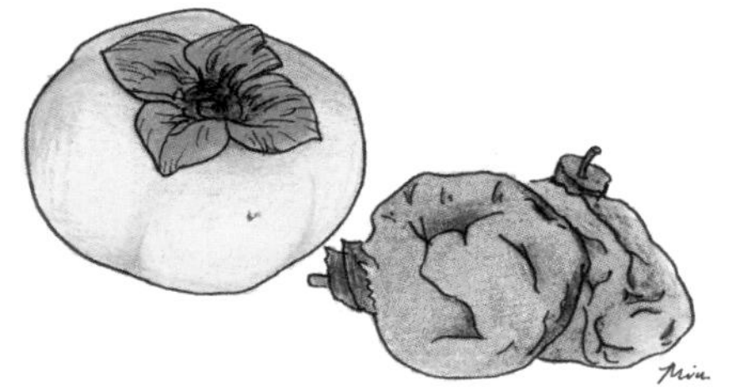

연/습/문/제

■ 〈호랑이와 곶감〉을 잘 읽고 질문에 답해 보십시오.

1. 계속 울던 아기는 '귀신'도, '호랑이'도 아닌 어떤 소리를 듣고 울음을 그쳤습니다까?

____

2. 호랑이가 제일 무서운 것으로 생각한 것은 무엇입니까?

____

3. 소도둑이 소로 착각하고 누구의 등에 올라탔습니까?

____

4. 소도둑이 다시 숨은 곳은 어디입니까?

____

■ 적절한 의성어나 의태어를 찾아 쓰십시오.

1. 엄마는 우는 아기에게 "(   ), 그쳐"라고 말했습니다.
2. 호랑이는 (   ) 겁이 났습니다.
3. 호랑이는 (   ) 피해서 대밭으로 들어갔습니다.

(슬금슬금, 덜컥, 뚝)

■ 적절한 단어나 표현을 찾아 쓰십시오.

1. 호랑이는 엄마가 하는 소리를 밖에서 몰래 (   ) 놀랐습니다.
2. 호랑이는 (   )을 다하여 달아났습니다.
3. 소도둑은 호랑이를 소로 (   )하고 호랑이 등에 올라탔습니다.

(죽을 힘, 엿듣고, 착각)

이야기하기

■ **우는 아기를 엄마는 어떻게 달랬을까요? 아기에게 말하는 엄마와 이를 엿들은 호랑이가 말하는 장면을 창의적인 대화로 만들어 보십시오. (역할 : 어머니, 아기, 호랑이)**

____

____

■ **위에서 만든 대화를 활용하여 〈호랑이와 곶감〉을 구연해 보십시오. 동영상이나 사진, 그림 등을 활용해도 좋습니다.**

17
방귀쟁이 며느리

옛날 옛날 어느 마을에 한 **처녀**가 살았습니다. 집이 가난했지만 마음씨는 착했습니다. 그 처녀는 **방귀**를 **'뿡' 뀔** 때 소리가 너무 커서 온 마을이 울릴 정도였습니다.

그런데 옆 마을에도 **방귀를 크게 뀌는** 큰 사내가 살고 있었습니다. 두 마을 사람들은 서로 자기 마을 사람의 방귀소리가 크다고 **자랑을 했습니다**.

그러던 어느 날, 이웃에 사는 방귀쟁이 사내가 이 처녀에게 **대결**을 하자고 청했습니다. 처녀는 부끄러워 싫다고 했지만, 오기가 생긴 사내는 처녀의 **빚을 다 갚아주고**, **텃밭**까지 주겠다며 방귀 **시합**을 청했습니다.

드디어 두 마을 사람들의 관심 속에서 두 사람의 방귀시합이 벌어졌습니다. 두 사람의 방귀 소리는 정말 모두가 놀랄 정도로 컸습니다.

결국 승리는 솥뚜껑과 솥까지 날려버린 처녀에게 돌아갔습니다. 시합에서 이긴 처녀는 빚도 다 갚고 가난을 벗어나게 되었습니다.

방귀쟁이 며느리
Farting Daughter in Law
爱放屁的媳妇

- 처녀 : virgin 姑娘
- 방귀를 뀌다 : to fart 放屁
- 방귀소리 : farting noise 屁声
- 자랑을 하다 : to brag, to show off 夸耀
- 시합(대결) : match 比赛
- 빚을 갚다 : to clear off the debt 还债
- 텃밭 : vegetable garden 菜园
- 솥뚜껑 : caldron lid 锅盖
- 솥 : caldron 锅

- 총각 : unmarried man, single man 小伙子
- 시부모를 공경하다 : to respect one's parents-in-law 孝敬公婆
- 사랑을 듬뿍 : to be showered with love 受宠
- 이상하게 여기다 : wondering 觉得很怪
- 고백하다 : to confess 表白
- 사양하다 : to refuse 推辞
- 앓던 이가 빠지다 : to feel a sudden relief 蛀牙掉了
- 후련하다 : to feel relieved 舒畅
- 친정집 : married woman's parents' home 娘家

그러나 그 마을에서 그녀와 결혼하겠다고 나서는 **총각**은 아무도 없었습니다.

처녀의 아버지는 처녀의 소문을 모르는 아주 먼 마을로 처녀를 시집보냈습니다. 시집보내면서 딸에게 "시집에 가거든 제발 방귀를 뀌지 말아라. 잘못하면 쫓겨난다"하고 당부했습니다.

먼 마을로 시집을 간 방귀쟁이 처녀는 시부모를 **공경하고** 살림도 아주 잘해 남편과 시부모에게 **사랑을 듬뿍** 받고 살았습니다.

하지만 방귀를 뀌지 못하고 오래 참아서, 갈수록 얼굴이 야위어졌습니다. 이를 **이상하게 여긴** 시아버지가 이유를 물었지만, 며느리는 부끄러워 대답을 할 수가 없었습니다. 하지만 날이 갈수록 방귀쟁이 며느리의 얼굴은 더욱 나빠졌고, 시부모는 며느리에게 무슨 큰 병이 있는 것이 아닌가 의심하기에 이르렀습니다.

며느리는 더 이상 숨길 수가 없었습니다. 실은 방귀를 뀌지 못해 그러는 것이라고 **고백했습니다**. 이 대답을 들은 시부모는 웃으면서,

"아가야, 부끄러워말고 마음껏 방귀를 뀌거라"하고 말했습니다.

처음에는 **사양하던** 며느리가 이제 더 이상 참지 못하고 방귀를 뀌었습니다.

오래 참았던 방귀가 나오자 마치 집이 떠나갈 듯했습니다. 며느리는 **앓던 이가 빠진 것처럼 후련했습니다**. 며느리의 방귀에 너무 놀란 시아버지는 몰래 며느리를 **친정집**에 버려 놓고 올 계획을

세웠습니다.

친정집에 나들이 가는 줄로만 알고 기뻐하던 며느리는 시아버지를 모시고 길을 떠났습니다. 한참을 가던 중에 길 언덕에 큰 **배나무 한 그루**를 발견했습니다. 배가 탐스럽게 달려있었습니다. 시아버지는 목이 마르다며 배를 먹고 싶다고 말했습니다. 그러자 며느리가 배나무 앞에서 방귀를 '뽕' 뀌었습니다. 배나무가 흔들리더니 배가 후두둑 **떨어졌습니다**. 시아버지는 배를 맛있게 먹으며 생각했습니다.

'우리 며느리 방귀가 아주 **쓸모가 있구나**.' 혼자 중얼중얼거리던 시아버지는 가던 길을 돌려 며느리와 함께 다시 집으로 왔습니다. 그 후로 해마다 이 가족은 며느리 방귀로 배를 쉽게 따서 모두 즐겁고 행복하게 잘 살았습니다.

- 배나무 : pear tree 梨树
- 쓸모가 있다 : to be useful 有用
- 한 그루 : a single tree 一棵树

장이와 쟁이

'장이'는 그것과 관련된 기술을 가진 사람을 뜻합니다. 양복장이, 옹기장이, 칠장이, 미장이 등은 모두 기술을 가진 전문적인 사람입니다. 그러나 '쟁이'는 그냥 그것을 잘해서 낮추어 부르는 말입니다. 그래서 방귀를 잘 뀌는 며느리는 방귀쟁이입니다. 멋쟁이, 개구쟁이, 심술쟁이, 허풍쟁이, 깍쟁이, 겁쟁이, 욕심쟁이 등이 바로 그런 말입니다.

양복장이 : a tailor 做西服的人
옹기장이 : a potter 陶瓷匠
칠장이 : a lacquerer 油漆工
미장이 : a plasterer 泥瓦匠
멋쟁이 : a stylish dresser 潮人
개구쟁이 : mischievous 捣蛋鬼
심술쟁이 : a nasty person 心眼多的人
허풍쟁이 : a bluffer 吹牛大王
깍쟁이 : a minx 小气鬼
겁쟁이 : a coward 胆小鬼
욕심쟁이 : a greedy person 贪心鬼

며느리를 부를 때 '아가', '새아가' 혹은 아이가 생기면 'OO엄마'라고 합니다. 장인, 장모가 사위를 부를 때는 '김서방', '이서방' 등이라고 합니다. 누가 누구에게 어떻게 부르는지 한국어 호칭(呼稱)에 대해 더 많은 것을 조사해 보십시오.

연/습/문/제

■ 〈방귀쟁이 며느리〉를 잘 읽고 질문에 답해 보십시오.

1. 방귀쟁이 처녀가 방귀 시합에서 이겼을 때 날려버린 것은 무엇입니까?

____

2. 시집을 간 방귀쟁이 처녀는 왜 얼굴이 나빠졌습니까?

____

3. 방귀쟁이 며느리가 친정 가는 길에 방귀로 떨어뜨린 것은 무엇입니까?

____

4. 시아버지가 방귀쟁이 며느리를 왜 다시 집으로 데려왔습니까?

____

■ 적절한 의성어나 의태어를 찾아 쓰십시오.

1. 처녀는 방귀를 (   ) 뀔 때마다 소리가 너무 커서 마을이 울렸습니다.
2. 방귀를 뀌자 배가 (   ) 떨어졌습니다.
3. 시아버지는 혼자서 (   ) 거렸습니다.

(중얼중얼, 후두둑, 뿡)

■ 적절한 단어나 표현을 찾아 쓰십시오.

1. 시집 간 처녀는 시부모를 (   )하고 살림도 아주 잘했습니다.
2. 오래 참았던 방귀를 뀌자 며느리는 (   ) 이가 빠진 것처럼 후련했습니다.

(앓던, 공경)

이야기하기

■ 방귀를 참던 며느리와 시부모님이 대화하는 장면을 창의적으로 만들어 보십시오. (역할 : 며느리, 시아버지, 시어머니)

____

____

____

____

■ 위에서 만든 대화를 활용하여 〈방귀쟁이 며느리〉를 구연해 보십시오. 동영상이나 사진, 그림 등을 활용해도 좋습니다.

18

팥죽 할멈과 호랑이

옛날 옛날 어느 산골에 할머니가 혼자 살고 있었습니다. 사람들은 할머니가 **팥죽**을 맛있게 잘 **쑤기** 때문에 '팥죽할멈'이라고 불렀습니다.

어느 날 팥죽 할멈의 집에 호랑이가 나타났습니다.

"어흥, 배가 고프다. 할멈을 잡아먹어야겠다!"

할머니는 너무 무서워 방 안에 숨어 이렇게 말했습니다. "호랑이야, 내가 팥죽을 맛있게 쑤어 줄 테니 그걸 먹고난 후에 날 잡아 먹어라!"

"그거 좋겠다. 어서 팥죽을 가져 오너라."

"그런데 지금은 팥이 없구나. 밭에 심은 팥이 다 자라면 그것으로 쑤어 줄 테니 그 때까지 기다려 다오."

"좋다. 그러면 팥죽도 먹고, 할멈도 잡아 먹고, **일석이조**구나." 하면서 호랑이는 다시 산으로 올라갔습니다.

"휴, 죽을 뻔했다. 그런데, 어쩌면 좋지, 가을이 되면 호랑이가 다시 찾아올 텐데 걱정이네."

팥죽 할멈과 호랑이
The Red Bean Porridge Old Woman and the Tiger
红豆粥奶奶和老虎

- 할멈(할머니를 낮추는 말) : granny 老大娘
- 팥죽을 쑤다 : to cook red bean soup 熬红豆粥
- 일석이조(一石二鸟) : to kill two birds with one stone 一举两得

- 알밤 : chestnut 栗仁仁
- 자라 : turtle 甲鱼
- 개똥 : dog poo 狗屎
- 송곳 : awl 锥子
- 절구 : large mortar 臼
- 멍석 : straw mat 草席
- 지게 : Korean A-frame carrier 背架
- 아궁이 : fireplace 灶火坑
- 물독 : water jar 水缸
- 부엌 : kitchen 厨房

시간은 점점 흘러 어느 새 가을이 되었습니다. 밭에 심은 팥도 쑥쑥 자라 모두 붉게 잘 자랐습니다. 할머니는 팥을 거둬들였습니다. 그리고 호랑이와 약속한 대로 팥죽을 쑤기 시작했습니다.

그 때 **알밤**, **자라**, **개똥**, **송곳**, **절구**, **멍석**, **지게**가 차례차례 나타나 말했습니다.

"할멈, 팥죽 한 그릇을 주면 호랑이가 할멈을 못 잡아먹게 해 드릴게요."

"그래? 어서들 많이 먹어라."

할머니는 팥죽을 그릇에 듬뿍 담아 모두 잘 먹을 수 있게 주었습니다. 팥죽을 먹고 난 후 알밤은 **아궁이**에, 자라는 **물독** 속에, 개똥은 물독 옆에, 송곳은 **부엌** 바닥에, 절구는 지붕 위에, 멍석은 앞

마당에, 그리고 지게는 문 앞에 자리를 잡았습니다. 드디어 호랑이가 나타났습니다.

"에고, 호랑이님이 오셨군요. 팥죽이 식었는데 덥혀 드릴테니 아궁이에서 불씨 좀 가져다 주십시오."

"알았다. 맛좋은 팥죽을 먹는데 그것쯤은 할 수 있지."

호랑이는 아궁이를 들여다 보았습니다. 그 때 아궁이에서 알밤이 톡 **튀어나와** 호랑이의 눈을 딱 **때렸습니다**.

"아이쿠, 눈이야. 따가워. 물, 물!"

호랑이는 눈을 씻으려고 물독을 찾았습니다. 그 때 물 독에 있던 자라가 호랑이 다리를 콱 깨물었습니다. 그러자 호랑이는 물독 옆의 개똥을 밟아 미끄러졌고 부엌 바닥에 있던 송곳에 엉덩이를 찔렸습니다. 호랑이는 허둥지둥 부엌에서 나가려는데 절구가 지붕에서 툭 떨어졌습니다.

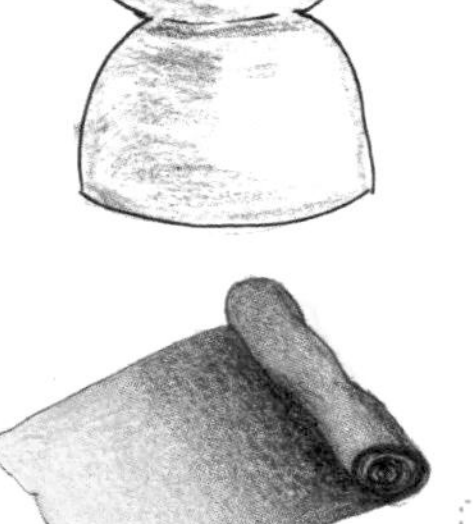

절구에 맞은 호랑이는 비틀비틀 걷다가 쓰러졌습니다. 그런데 호랑이가 쓰러진 곳은 바로 **멍석** 위였습니다. 멍석은 호랑이를 머리부터 발끝까지 돌돌 **말았습니다**. 지게는 얼른 호랑이를 지고 강으로 달려가 던져버렸습니다.

호랑이는 강에 첨벙 **빠졌고** 그 뒤로 팥죽 할멈은 아무 걱정 없이 행복하게 잘 살았습니다.

- 불씨 : fire-ball 火种
- 톡 튀어나오다 : to bulge out 突出来
- 딱 때리다 : to slap 打了一下
- 콱 깨물다 : to clench 使劲咬
- 허둥지둥 : hurriedly 慌慌张张
- 비틀거리다 : to stumble 晃悠
- 돌돌 말다 : to roll up 哗啦哗啦卷起来
- 첨벙 빠지다 : to plunge into 扑通落下

한국에서 죽을 드셔본 적이 있습니까? 아이들이 이유식을 할 때나 병원에서 환자들이 회복할 때 죽을 먹습니다. 팥죽, 호박죽, 흑임자죽, 소고기죽 등 여러 가지가 있습니다. 한국의 죽을 드셔보시고 맛이 어떤지 이야기를 나누어 보십시오.

연습문제

■ **〈팥죽 할멈과 호랑이〉를 잘 읽고 질문에 답해 보십시오.**

1. 사람들은 왜 할머니를 팥죽 할멈이라고 부릅니까?

2. 호랑이가 할머니를 잡아먹지 않고 기다린 이유는 무엇입니까?

3. 아궁이에서 튀어나와 호랑이 눈을 때린 것은 무엇입니까?

4. 호랑이를 강에 던진 것은 무엇입니까?

■ **적절한 의성어나 의태어를 찾아 쓰십시오.**

1. 알밤이 아궁이에서 (　　　) 튀어 나왔습니다.
2. 호랑이의 눈을 (　　　) 때렸습니다.
3. 송곳에 찔린 호랑이는 부엌에서 (　　　) 나갔습니다.
4. 멍석은 호랑이를 (　　　) 말았습니다.
5. 호랑이는 강에 (　　　) 빠졌습니다.

(첨벙, 딱, 톡, 허둥지둥, 돌돌)

■ **적절한 단어나 표현을 찾아 쓰십시오.**

1. 팥죽도 먹고, 할멈도 잡아 먹고 (　　　)구나
2. 사람들은 할머니를 팥죽을 맛있게 잘 쑤어서 팥죽 (　　　)이라고 불렀습니다.

(할멈, 일석이조)

이야기하기

■ **호랑이는 어떻게 해서 할머니를 잡아먹지 않고 기다렸을까요? 호랑이와 할머니가 이야기하는 장면을 창의적인 대화로 만들어 보십시오. (역할 : 호랑이, 할머니)**

■ **위에서 만든 대화를 활용하여 〈팥죽 할멈과 호랑이〉를 구연해 보십시오. 동영상이나 사진, 그림 등을 활용해도 좋습니다.**

팥죽과 동지

동지(冬至)는 일 년 중 밤이 가장 길고 낮이 가장 짧은 날로 24절기 중의 하나를 말합니다. 양력으로 12월 22일이나 23일 무렵이 동지가 됩니다. 양력으로 동지가 음력 동짓달 초순에 들면 애동지, 중순에 들면 중동지, 그믐 무렵에 들면 노동지(老冬至)라고 했습니다.

옛날 사람들은 동지를 '작은 설'이라고 하여 중요하게 생각했습니다. 그리고 이날 팥죽을 쑤어 먹으며 '동지 팥죽을 먹어야 진짜 나이를 한 살 더 먹는다'고 했습니다. 동짓날 눈이 많이 오고 추우면 풍년이 든다는 말도 있습니다.

동지에 팥죽을 먹는 또 다른 이유는 팥의 붉은 색이 귀신을 쫓는데 효과가 있다고 믿었기 때문입니다. 귀신은 붉은 색을 무서워해서 붉은 팥죽을 쑤어서 대문이나 벽에 뿌려 귀신을 물리친다고 생각한 것입니다.

팥죽

곡물

한국 사람들의 주식은 쌀과 같은 곡물입니다. 옛날에는 쌀이 귀해서 부자나 양반들이 흰쌀밥을 주로 먹었고 서민들은 잡곡을 먹었습니다.
음력 1월 15일을 가장 큰 둥근달이 뜨는 **'정월 대보름'**이라고 합니다. 이날 한국사람들은 다섯 가지 중요한 곡물, 즉 쌀, 보리, 조, 콩, 기장 등으로 '오곡밥'을 지어 먹었고 호두, 땅콩, 잣, 밤 등 부럼(견과류를 먹는 것)을 까서 먹으며 피부병을 예방했습니다.

쌀 : rice 米
보리 : barley 大麦
콩 : bean 豆子
조 : millet 粟
기장 : proso 小米
팥 : red bean 红豆
찹쌀 : sticky rice 糯米
메밀 : buckwheat 荞麦
현미 : brown rice 玄米
땅콩 : peanut 花生
호두 : walnut 核桃
잣 : pine nut 松子
밤 : chestnut 栗子

한국 사람들은 팥죽뿐만 아니라 팥으로 만든 팥밥, 팥떡, 팥빵 등을 자주 해먹습니다. 또 여름에는 얼음을 갈아서 먹는 **팥빙수**가 인기가 있습니다.

동지 이외에도 각 계절을 알리는 **입춘**, 입하, 입추, 입동이 있습니다. 개구리가 깬다는 경칩(驚蟄), 여름 중 해가 가장 긴 하지(夏至), 가장 덥다는 대서(大暑), 눈이 온다는 소설(小雪)과 대설(大雪), 그리고 겨울 중 가장 춥다는 소한(小寒), 대한(大寒) 등 아직도 뉴스나 일기예보에서 24절기 이야기를 하면서 계절의 변화를 알리고 있습니다. ☞ 152쪽 한국의 명절

팥빙수

입춘대길

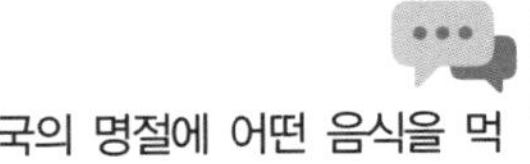

한국의 명절에 어떤 음식을 먹는지 알아보십시오. 그리고 여러분 나라의 명절 음식과 비교해 이야기를 나누어 보십시오.

19
금도끼와 은도끼

옛날 옛날 어느 마을에 나무꾼이 살고 있었습니다. 하루는 산에서 나무를 하다가 그만 잘못하여 도끼를 연못 속에 풍덩 빠뜨리고 말았습니다. 도끼는 나무꾼이 매우 아끼는 소중한 물건이었습니다. 나무꾼이 울고 있을 때 어디선가 머리가 하얀 **산신령**이 나타나 금도끼를 한 손에 들고 물었습니다.

금도끼와 은도끼
The Gold Ax and the Silver Ax
金斧头银斧头

- 도끼 : an ax 斧子
- 산신령 : a mountain god 山神

- 손을 젓다 : to wave one's hand 摆手
- 고개를 젓다 : to shake one's head 摇头
- 낡다 : old, shabby 旧
- 고개를 끄덕이다 : to nod one's head 点头
- 큰 절 : a deep bow 磕头

"이 금도끼가 네 도끼냐?"

"아닙니다."

나무꾼은 **손을 저으며** 아니라고 말했습니다.

그러자 산신령이 이번에는 다시 연못 속으로 들어갔다가 은도끼를 들고 나와서 다시 물었습니다.

"이 도끼가 네 도끼냐?"

그러나 이번에도 나무꾼은 **고개를** 설레설레 **저으며** 자신의 도끼가 아니라고 말했습니다.

"아닙니다. 제 도끼는 은도끼도 아닙니다. 제 도끼는 **쇠도끼**입니다."

그러자 다음에 산신령은 **낡은** 쇠도끼를 들고 나타나 물었습니다.

"이 도끼가 네 도끼냐?"

"네, 맞습니다. 그 쇠도끼가 바로 제 것입니다."

쇠도끼를 보고 나무꾼은 **고개를 끄덕였습니다. 도끼를 찾아준** 산신령에게 나무꾼은 **큰 절**을 하며 감사의 인사를 했습니다. 산신령은 이 착하고 정직한 나무꾼에게 쇠도끼는 물론 금도끼와 은도끼까지 모두 선물로 주고 사라져 버렸습니다. 집에 돌아온 나무꾼은 금도끼와 은도끼를 팔아 부자가 되었습니다.

그런데 이 소식을 들은 한 게으른 나무꾼이 심술이 났습니다. 착한 나무꾼이 했던 것처럼 똑 같은 곳에 쇠도끼를 들고 산으로 가서 나무를 했습니다. 그리고 연못에 쇠도끼를 일부러 풍덩 빠뜨렸습니다.

광물과 보석

금 : gold 金
은 : silver 银
쇠(철) : iron 铁
구리(동) : copper 铜
돌 : stone 石
옥 : jade 玉
수정 : crystal 水晶

잠시 후 머리가 하얀 산신령이 이번에도 똑같이 나타났습니다. 그리고 한 손에 금도끼를 들고 말했습니다.

"나무꾼아, 이 도끼가 네 도끼냐?" 그러자 욕심쟁이 나무꾼은 "네, 맞습니다. 그것은 제 도끼입니다. 그리고 제 은도끼도 못 보셨나요?"

산신령은 은도끼를 들고 "이 은도끼가 바로 네 도끼냐?"하고 물었습니다.

"네 맞습니다. 그 은도끼도 제 도끼입니다."

산신령은 이 말을 듣고 매우 화가 났습니다.

"네 이놈, 너는 정말 욕심이 많구나."

산신령은 게으른 나무꾼의 머리를 세게 내리치고 연못 속으로 사라졌습니다. 그리고 다시 나타나지 않았습니다.

게으른 나무꾼은 금도끼와 은도끼는**커녕** 자신의 쇠도끼마저 잃어버리고 집으로 돌아오고 말았습니다.

한국의 인사법은 '절'입니다. 절은 상대방에게 공경을 나타내는 행동 예절입니다. 큰 절은 두 무릎을 모두 꿇고 하는데 높은 어른께 인사를 드릴 때나 혼례 등에 합니다. 큰 절을 어떻게 하는지 배워보시기 바랍니다. 그리고 여러분 나라의 인사법이 무엇인지 소개해 보십시오.

큰 절

연습문제

■ **〈금도끼와 은도끼〉를 잘 읽고 질문에 답해 보십시오.**

1. 나무꾼은 산에서 연못에 무엇을 빠뜨렸습니까?

   ____

2. 산신령이 나타나 처음 보여준 도끼는 무슨 도끼입니까?

   ____

3. 나무꾼이 산에서 가져온 도끼는 몇 개입니까?

   ____

4. 게으른 나무꾼은 연못에 빠뜨린 도끼를 찾았습니까?

   ____

■ **적절한 의성어나 의태어를 찾아 쓰십시오.**

1. 나무꾼은 도끼를 연못에 (   ) 빠뜨렸습니다.

(덜컥, 풍덩)

■ **적절한 단어나 표현을 찾아 쓰십시오.**

1. 나무꾼은 자기 도끼가 아니라고 고개를 (   ).
2. 나무꾼은 자기 도끼가 맞다고 고개를 (   ).
3. 게으른 나무꾼은 연못에 쇠도끼를 (   ) 빠뜨렸습니다.
4. 게으른 나무꾼은 금도끼와 은도끼는(   ) 자신의 쇠도끼도 잃어버렸습니다.

(커녕, 저었습니다, 끄덕였습니다, 일부러)

이야기하기

■ **나무꾼이 신령님과 만나는 장면을 창의적인 대화로 만들어 보십시오. (역할 : 나무꾼, 신령님)**

____

____

____

____

■ **위에서 만든 대화를 활용하여 〈금도끼와 은도끼〉를 구연해 보십시오. 동영상이나 사진, 그림 등을 활용하면 더욱 좋습니다.**

20

소가 된 게으름뱅이

옛날 옛날 어느 마을에 **게으름뱅이**가 살았습니다. 그는 항상 밥 먹고 놀기만 했습니다.

"난 일하기 싫어, 싫단 말야!"

아내가 그 **꼴**을 보다 못해 **바가지를 긁었습니다.**

"당신처럼 일하기 싫어하면 어떻게 밥을 먹고 살겠어요! 빨리 나가 **부지런히** 일을 좀 하세요!"

게으름뱅이는 아내의 **잔소리**가 듣기 싫었습니다.

"저 잔소리를 들으며 사느니 집을 나가버리고 말겠어!"

마침내 게으름뱅이는 집을 나와 버렸습니다.

길을 가다 한 노인이 나무를 깎아 탈을 만들고 있는 것을 보았습니다.

"할아버지, 대체 뭘 만드십니까?"

"보면 모르오? 소머리 **탈**을 만들고 있소. 일하기 싫어하는 사람이 이걸 쓰면 좋은 수가 생길 것이오. 그러나 탈을 쓴 후에는 절대

소가 된 게으름뱅이
The Lazy Man that Became a Cow
成为牛的懒汉

- 게으름뱅이 : lazybone 懒鬼
- 꼴 : state 模样
- 바가지를 긁다 : to henpeck 唠叨
- 부지런히 일하다 : to work hard 勤奋的劳动
- 잔소리 : nitpicking 唠叨
- 탈 : mask 面具

무를 먹지 마시오. 무를 먹으면 죽을 것이오"

"그게 정말입니까? 그럼 제가 한 번 써 보겠습니다."

게으름뱅이는 노인이 만든 소머리 탈을 머리에 썼습니다.

탈을 쓴 게으름뱅이는 머리가 답답해서 소리를 질렀습니다. 그런데 그 소리는 모두 '음메, 음메'하는 소울음 소리로 바뀌었습니다. 게으름뱅이는 갑자기 소가 되어버린 것입니다.

"이랴, 이랴, 이놈의 소야. 어서 일하러 가자."

노인은 소의 **궁둥이**를 **철썩철썩 때리며**, **밭**으로 소를 몰고 갔습니다. 게으름뱅이는 더 크게 소리쳤습니다.

"이보세요, 할아버지, 저는 소가 아니고 사람입니다. 제발 살려주십시오."

하지만 그의 입에서는 계속 '음메, 음메' **소울음 소리**가 날 뿐이었습니다. 게으름뱅이는 날마다 무거운 **쟁기**를 끌며 논밭을 갈았습니다. 무거운 짐도 날랐습니다. 게으름뱅이는 소가 되어 일만하느라 땀을 뻘뻘 흘리며 **고생을 했습니다**..

- 이랴 : haw 驾
- 궁둥이 : bottom 屁股
- 철썩철썩 때리다 : to spank 啪啪打
- 밭 : field 田
- 음메음메 : moo 哞哞
- 쟁기 : plow, plough 犁耙
- 고생을 하다 : toundergo hardship 吃苦

'아이고, 내가 **벌을 받는가보다**. 왜 내가 집에서 일을 안 하고 놀기만 했을까?'

소가 된 게으름뱅이는 지난 일을 **후회**하면서 **눈물을 뚝뚝 흘렸습니다**. 힘든 일이 계속되자 게으름뱅이는 차라리 죽는 것이 낫겠다고 생각했습니다. 그리고 **무**를 먹으면 죽는다고 했던 노인의 말이 떠올라, 소는 무밭으로 달려가 무를 **뜯어 먹었습니다**.

그러자 갑자기 게으름뱅이는 다시 사람으로 변했습니다. 집으로 돌아온 게으름뱅이는 다시는 **게으름을 피우지 않고** 부지런한 사람이 되어 아내와 함께 오래오래 행복하게 살았습니다.

- 벌을 받다 : to receive a punishment 受罚
- 후회하다 : to regret 后悔
- 눈물을 뚝뚝 흘리다 : to shed big drops of tears 流眼泪, 泪水滚滚而下
- 무 : white radish 萝卜
- 뜯어먹다 : to graze 啃
- 게으름을 피우다 : to be lazy 偷懒

한국 사람들은 옛날부터 부지런한 민족으로 알려져 있습니다. 그래서 일하지 않는 게으름뱅이를 싫어합니다. 소는 열심히 일하는 동물입니다. 여러분 나라에서 가장 열심히 일하는 동물로 어떤 동물을 말하는지 이야기해 보십시오.

연습문제

■ 〈소가 된 게으름뱅이〉를 잘 읽고 질문에 답해 보십시오.

1. 게으름뱅이는 집을 나와 길을 가다 누구를 만났습니까?

____

2. 노인이 만들고 있었던 것은 무엇입니까?

____

3. 게으름뱅이가 탈을 쓰자 무엇이 되었습니까?

____

4. 게으름뱅이는 무엇을 먹고 다시 사람으로 변했습니까?

____

■ 적절한 의성어나 의태어를 찾아 쓰십시오.

1. 탈을 쓴 게으름뱅이 소리는 (   ) 하는 소울음 소리였습니다.
2. 노인은 소의 궁둥이를 (   ) 때렸습니다.
3. 게으름뱅이는 지난 일을 후회하며 눈물을 (   ) 흘렸습니다.

(뚝뚝, 철썩철썩, 음메음메)

■ 적절한 단어나 표현을 찾아 쓰십시오.

1. 게으름뱅이 아내는 남편에게 (   )를 긁었습니다.
2. 게으름뱅이는 아내의 (   )가 듣기 싫었습니다.
3. 게으름뱅이는 소가 되느니 (   ) 죽는 게 낫겠다고 생각했습니다.

(차라리, 바가지, 잔소리)

이야기하기

■ 게으름뱅이는 왜 집을 나갔을까요? 게으름뱅이와 아내가 이야기하는 장면을 창의적인 대화로 만들어 보십시오. (역할 : 게으름뱅이, 아내)

____

____

____

____

■ 위에서 만든 대화를 활용하여 〈소가 된 게으름뱅이〉를 구연해 보십시오. 동영상이나 사진, 그림 등을 활용해도 좋습니다.

안동 하회탈과 허도령 이야기

안동에 있는 하회마을은 풍산 류씨들이 모여 마을을 이루고 있는 곳입니다. 류씨가 이 마을에 정착하기 전에는 허씨가 살았다고 합니다. 마을에는 허도령이라는 총각이 살았는데 손재주가 아주 뛰어난 사람이었습니다. 허도령은 꿈에 신이 나타나서 정성을 다해 탈을 만들라고 하는 소리를 들었습니다. 허도령은 집에 **금줄**을 두르고 누구도 접근을 하지 못하도록 했습니다. 그리고 열심히 탈을 만들기 시작했습니다. 백정, 할매, 초랭이 등 석 달 가량 혼신의 노력으로 열두 개의 탈을 거의 다 만들어가고 있었습니다.

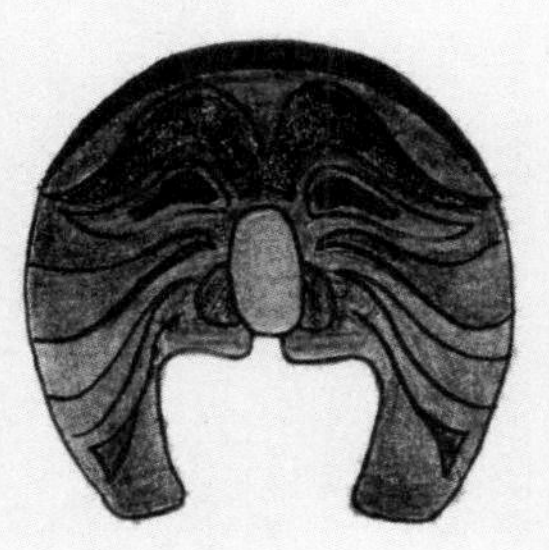

그런데 그 무렵 허도령을 몹시 사모하는 처녀가 허도령 집에 몰래 들어가 허도령이 무엇을 하는지 궁금해서 살그머니 들여다 보았습니다. 그 순간 갑자기 번개와 천둥이 요란하게 치고 허도령은 피를 토하고 그 자리에서 쓰러져 죽고 말았습니다. 이 때문에 마지막 **이매탈**은 턱이 완성되지 못한 것이라고 합니다. 하회탈은 모두 열두 개였으나 일제 시대 일본인이 세 개를 훔쳐가서 지금은 양반탈, 각시탈, 선비탈, 부네탈, 백정탈, 중탈, 이매탈, 할미탈, 초랭이탈 아홉 개만 남아 국립 박물관에 국보 21호로 전시되어 있습니다.

금줄

'금줄'은 부정한 것을 막기 위해 신성한 물건 앞에 매는 새끼줄을 말합니다. 옛날부터 아이를 낳으면 그 집에서는 대문에 금줄을 쳤습니다. 사내아이는 숯과 빨간 고추를 꽂고, 여자아이는 숯과 작은 솔가지를 꽂았습니다. 금줄이 있는 곳은 가족 외에 들어갈 수 없었던 것입니다. 금줄은 간장 독에 치기도 하고 고목나무나 큰 바위에 치기도 합니다.

금줄

한국에서 가장 유명하고 오래된 탈은 하회탈입니다. 이 탈을 쓰고 하는 탈춤이 '하회별신굿탈놀이'입니다.

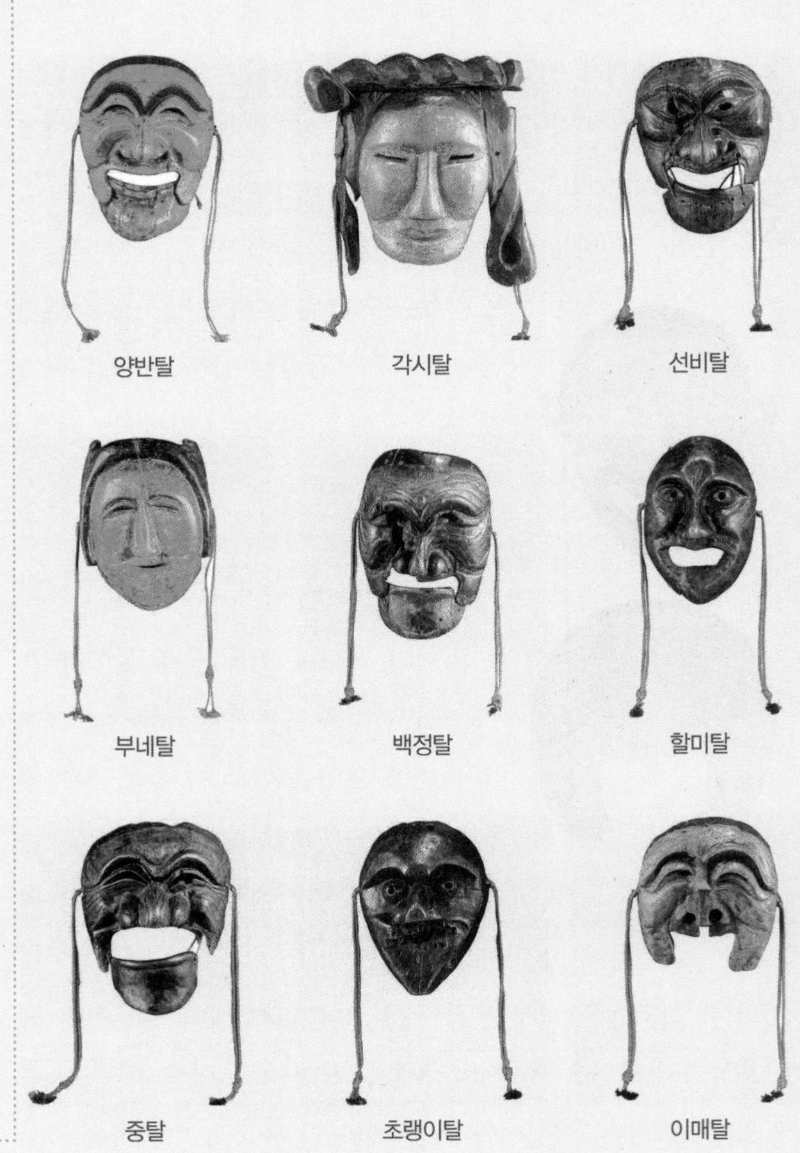

양반탈 각시탈 선비탈

부네탈 백정탈 할미탈

중탈 초랭이탈 이매탈

여러분 나라의 재미있는 탈이나 탈춤이 있으면 소개해 보십시오.

21
빨간 부채 파란 부채

빨간 부채 파란 부채
The Red Fan and the Blue Pan
红扇子蓝扇子

옛날 옛날 어느 마을에 일하기 싫어하고 잠만 자는 게으름뱅이 나무꾼이 살았습니다. 나무꾼은 일할 생각은 하지 않고 **엉뚱한 생각**만 했습니다.

'나무를 안 하고 편하게 살 수 있는 방법은 없을까? **도깨비 방망이**라도 있었으면 좋을텐데……'

하루는 나무꾼이 또 이런 생각을 하며 시원한 **나무 그늘** 아래 누워서 **꾸벅꾸벅** 졸았습니다.

그런데 그 때 나뭇가지 사이로 빨갛고 파란 무언가가 보였습니다. 나무꾼은 일어나 그 나뭇가지에 걸린 것을 자세히 보았습니다. 그것은 바로 부채였습니다. 나무꾼은 나무 위로 올라가 그 부채를 잡았습니다. 하나는 빨간 부채였고, 또 다른 하나는 파란 부채였습니다.

나무꾼은 마침 날씨가 더워 빨간 부채를 펴서 **부채질**을 했습니다. 그런데 부채를 부칠수록 나무꾼의 코가 갑자기 빨개지더니 길어지기 시작했습니다.

- 부채 : hand fan 扇子
- 게으름뱅이 : a lazybone 懒鬼
- 엉뚱한 생각을 하다 : to have a bold idea 出乎意料的想法
- 도깨비 방망이 : magic club, magic bat 妖怪的狼牙棒
- 나무 그늘 : shade of a tree 树阴

한국의 부채

옛날에는 에어컨도 선풍기도 없어서 더운 여름에 손으로 바람을 일게 하는 부채를 사용했습니다.
부채에는 둥그렇게 생긴 **방구부채**와 접은 **접부채**가 있습니다. 중앙에 태극 문양이 있는 부채를 **'태극선'**이라고 합니다.

태극선

어느새 나무꾼의 코는 **방망이**만큼 길어져 **휘어져** 버렸고, 코가 뜨거워 **견딜 수가 없었**습니다. 나무꾼은 길게 휘어진 코를 잡고 허둥댔습니다.

그러다가 다른 손에 들고 있던 파란 부채가 생각나, 파란 부채로 부채질을 했습니다. 그러자 코가 점점 작아지고 **화끈거리던** 코도 시원해지기 시작했습니다.

나무꾼은 신기한 **요술** 부채를 보며 이렇게 생각했습니다. '내가 도깨비 방망이를 갖고 싶다고 했더니 **산신령**이 드디어 요술 부채를 주신거야. 신령님, 고맙습니다.'

나무꾼은 집에 돌아와서 아내에게 요술 부채를 보여주며 있었던

- 휘어지다 : to bend 弯
- 견딜 수가 없다 : to be unbearable 受不了
- 화끈거리다 : to burn(feeling sore as if it's burning) 面红耳赤
- 요술 : magic 妖术
- 산신령 : a mountain god 山神

이야기를 했습니다. 그리고 아내 앞에서 빨간 부채를 부쳤습니다. 그러자 아내의 코가 길게 늘어났습니다. 그리고 다시 파란 부채를 부쳤더니 다시 작아졌습니다.

나무꾼은 아내에게 "여보, 이제 우리는 일을 하지 않아도 부자가 될 수 있소."라고 말했습니다.

어느 날 동네에 사는 부자 영감님이 동네 사람들을 모두 **잔치에 초대했습니다**. 나무꾼은 빨간 부채를 가지고 영감님의 잔치에 갔습니다.

"영감님, 오래오래 사십시오. 땀을 많이 흘리시네요. 제가 부채질을 해 드리겠습니다"

나무꾼은 빨간 부채로 영감님의 얼굴에 부채질을 했습니다. 아무것도 모르는 영감님은 **덩실덩실 춤을 추었**습니다. 하지만 부자 영감님의 코가 점점 커지기 시작하자 영감님은 **울상이 되어** 소리쳤습니다.

"내 코가 왜 이러지? 아 뜨거워. 왜 이러는 거지?"

동네 사람들은 영감님에게 갑자기 병이 생긴 것으로 알고 모두 집으로 돌아갔습니다.

그날부터 부자 영감님은 **시름시름 앓기** 시작했습니다. 용하다는 의원을 불러서 약을 써 보았지만 소용이 없었습니다. 그래서 영감님은 자신의 병을 낫게 해 주면 재산의 반을 주겠다고 사람들에게 알렸습니다.

나무꾼은 그 소식을 듣고 영감님을 찾아갔습니다. 그리고 영감님 눈을 감게 하고 파란 부채를 부쳤습니다. 영감의 코는 **신기하게도** 다시 작아졌습니다. 부자 영감님은 약속대로 재산의 반을 나

- 잔치에 초대하다 : to invite to a party 邀请宴会
- 덩실덩실 춤을 추다 : to dance joyfully 盼盼起舞
- 울상이 되다 : to laugh on the wrong side of one's face, to be about to cry 哭丧着脸
- 시름시름 앓다 : to have a long drawn-out illness 缠绵病榻

- 원님 : a county magistrate 守令 (地方行政官)
- 죄 : crime 罪
- 곤장을 맞다 : to be smacked with a stick (for criminals) 挨棍子
- 재산 : property 财产

무꾼에게 주었습니다.

부자가 된 나무꾼은 날마다 먹고 자고 놀기만 했습니다.

그러던 어느 날 나무꾼이 낮잠을 자고 있을 때, 영감님의 고양이가 나무꾼의 부채를 모두 물고 달아났습니다. 이 부채가 요술부채라는 것을 알고 있었던 고양이는 부채를 주인 영감님에게 가져다 드렸습니다.

영감님은 빨간 부채를 부쳐 코가 길어졌다가 다시 파란 부채로 코를 되돌렸습니다. 요술 부채의 비밀을 알게 된 부자 영감님은 당장 나무꾼을 원님에게 고발했습니다.

나무꾼은 영감님을 속인 **죄**로 **곤장을 맞았습니다**. 부자 영감님의 **재산**도 모두 되돌려 주고 이후부터는 놀지 않고 열심히 일해서 행복하게 살았습니다.

곤장과 형벌

옛날 한국에서 서민들이 죄를 지으면 받았던 대표적인 형벌이 곤장입니다. 곤장은 나무로 만든 봉으로 죄인의 볼기와 허벅다리를 치는 기구입니다.

조선시대에는 형벌을 사형(死刑), 유형(流刑), 도형(徒刑), 장형(杖刑), 태형(笞刑) 등이 있었습니다. 사형은 죽이는 것이고, 유형은 멀리 보내거나 혼자 고독하게 살게 하는 벌이고, 도형은 힘든 일을 하게 하는 노동형이고, 장형은 큰 곤장으로 60-100도씩, 태형은 작은 곤장으로 10-50도씩 볼기를 치는 형벌입니다. 최대의 극형을 **'능지처참(陵遲處斬)'**이라고 합니다.

이보다 더 잔인한 것은 부관참시(剖棺斬屍) 즉 죽은 사람의 관에서 시체를 꺼내 목을 베는 형벌이었다고 합니다.

여러분 나라에서는 죄를 지으면 어떠한 벌을 받습니까. 형벌의 방법에 대해 이야기를 나누어 보십시오.

■ 〈빨간 부채 파란 부채〉를 잘 읽고 질문에 답해 보십시오.

1. 게으름뱅이 나무꾼이 가지고 싶었던 것은 무엇입니까?

   ____

2. 빨간 부채로 부채질을 했더니 나무꾼 코가 어떻게 되었습니까?

   ____

3. 나무꾼의 부채가 요술부채인 것을 알고 있었던 것은 누구입니까?

   ____

4. 나무꾼이 영감님을 속인 죄로 어떤 벌을 받았습니까?

   ____

■ 적절한 의성어나 의태어를 찾아 쓰십시오.

1. 나무꾼은 시원한 나무 그늘 아래 누워서 (   ) 졸았습니다.
2. 영감님은 (   ) 춤을 추었습니다.
3. 부자 영감님은 (   ) 앓기 시작했습니다.

(꾸벅꾸벅, 덩실덩실, 시름시름)

■ 적절한 단어나 표현을 찾아 쓰십시오.

1. 부자 영감님은 (   )는 의원을 불러보았지만 소용이 없었습니다.
2. 나무꾼은 더워서 (   )을 했습니다.
3. 동네 사람들은 모두 그에게 (   )을 했습니다.
4. 부자 영감님은 나무꾼을 원님에게 (   )했습니다.

(고발, 용하다, 부채질, 손가락질)

■ 나무꾼이 벌을 받는 마지막 장면을 창의적으로 만들어 보십시오. (역할 : 나무꾼, 원님, 영감님)

____

____

____

■ 위에서 만든 대화를 활용하여 〈빨간 부채 파란 부채〉를 구연해 보십시오. 동영상이나 사진, 그림 등을 활용해도 좋습니다.

22
은혜갚은 호랑이

은혜갚은 호랑이
Debt to Pay a Tiger
报恩的老虎

★ 빚을 지면 빚을 갚듯이, 은혜를 입으면 은혜를 갚습니다. 은혜를 갚는 것을 '보은(報恩)'이라고 합니다. 한국 옛날이야기에는 여러 가지 동물들의 보은담(報恩譚)이 많습니다.

옛날 옛날 깊은 산골에 가난한 나무꾼이 홀어머니를 모시고 살았습니다.

어느 날 나무꾼이 나무를 하러 산에 갔다가 호랑이를 만났습니다. 나무꾼은 호랑이가 무서워서 덜덜 떨었습니다.

호랑이는 **목에 뼈가 걸려** 아주 **고통스러워하고** 있었습니다. 나무꾼은 꾹 참고 살며시 호랑이에게 다가가서 목에 손을 넣었었습니다. 호랑이는 나무꾼이 하는 대로 가만히 있었습니다.

- 보은 : in return for one's kindness 报恩
- 은혜를 갚다 : to reply on one's kindness 报恩
- 목에 뼈가 걸리다: to choke on a bone 喉咙里卡了骨头
- 고통스러워하다 : to suffer in agony 痛苦

나무꾼이 호랑이의 목에 있는 뼈를 빼주자 호랑이는 꾸벅 인사를 하고 어디론가 사라졌습니다.

그런데 그 다음날부터 나무꾼의 집에 **신기한 일**이 벌어지기 시작했습니다.

나무꾼이 "내일은 나무를 하러 가야겠다. 그동안 나무를 많이 하지 못 했어" 하고 혼자 말하면 호랑이가 어느새 나무꾼의 집에 나무를 해 놓고 가버린 것이었습니다.

또 어느 날은 "어서 나도 장가를 들어야 할 텐데. 색시가 없어 걱정이네" 했더니 호랑이가 **예쁜 색시**도 데려다 주었습니다. 나무꾼은 호랑이 덕분에 결혼도 하고 아이도 낳고 아주 잘 살게 되었습니다.

나무꾼은 아내가 **한양**에서 살고 싶다고 해서 온 가족이 모두 한양으로 이사를 가게 되었습니다. 한양에는 호랑이가 나타났다는 소문이 들렸습니다. 한양 사람들은 호랑이가 무서워 밖에 나갈 수가 없게 되었습니다. 나라에서는 호랑이를 잡는 사람에게 높은 **벼슬**과 큰 **상금**을 주겠다고 했지만 아무도 호랑이를 잡는 사람은 없었습니다.

그런데 어느 날 밤 나무꾼의 집에 호랑이가 찾아왔습니다. 나무꾼은 그 호랑이가 바로 그가 구해준 호랑이라는 것을 알았습니다.

"호랑이야. 그동안 나를 도와줘서 고마웠단다. 오늘은 어떻게 **한양**까지 온 것이냐. 혹시 네가 한양 사람들이 무서워하는 그 호랑이냐?"

"네 그렇습니다. 저는 이제 늙어 죽을 때가 되었습니다. 내일 저를 보시거든 **화살로 저를 쏘십시오.**"하고 사라졌습니다.

- 신기한 일 : a wonder 奇怪的事
- 한양(서울의 옛이름) : Hanyang 汉阳
- 활을 쏘다 : to shoot an arrow 放箭

• 양지바른 곳에 묻다 : to bury at a sunny place 埋葬在一个阳光灿烂的地方

다음 날 정말로 나무꾼은 길에서 어슬렁거리는 호랑이를 만나게 되었습니다. 사람들은 모두 무서워서 도망쳤습니다. 나무꾼은 차마 호랑이를 죽일 수 없었습니다. 그러나 사람들이 무서워서 벌벌 떠는 것을 보자 호랑이 말대로 **화살로 호랑이를 쏘았습니다**.

나무꾼은 호랑이를 **양지바른 곳**에 잘 묻어 주었습니다. 호랑이를 잡게 된 나무꾼은 높은 벼슬과 큰 상금을 받아 가족과 함께 오래오래 행복하게 살았습니다.

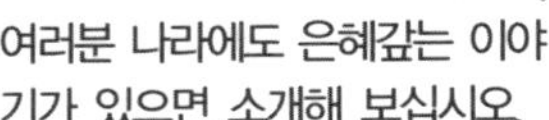

여러분 나라에도 은혜갚는 이야기가 있으면 소개해 보십시오.

연습문제

■ 〈은혜갚은 호랑이〉를 잘 읽고 질문에 답해 보십시오.

1. 호랑이는 왜 고통스러워하고 있었습니까?

____

2. 나라에서 호랑이를 잡는 사람에게 무엇을 주겠다고 했습니까?

____

3. 나무꾼은 무엇으로 호랑이를 죽였습니까?

____

4. 나무꾼은 호랑이를 죽인 후 어떻게 했습니까?

____

■ 적절한 의성어나 의태어를 찾아 쓰십시오.

1. 나무꾼이 뼈를 빼주자 호랑이는 (　　　　) 인사를 하고 사라졌습니다.
2. 나무꾼은 길에서 (　　　　) 호랑이를 만나게 되었습니다.
3. 사람들이 무서워서 (　　　　) 떠는 것을 보았습니다.

(벌벌, 어슬렁거리는, 꾸벅)

■ 적절한 단어나 표현을 찾아 쓰십시오.

1. 나무꾼은 호랑이 (　　) 결혼도 하고 아이도 낳고 잘 살게 되었습니다.
2. 나무꾼은 (　　) 호랑이를 죽일 수 없었습니다.
3. 나무꾼은 (　　) 참고 살며시 호랑이에게 다가갔습니다.

(차마, 꾹, 덕분에)

■ 호랑이가 마지막에 나무꾼에게 찾아와 이야기하는 장면을 창의적인 대화로 만들어 보십시오. (역할 : 나무꾼, 호랑이)

____

____

____

____

■ 위에서 만든 대화를 활용하여 〈은혜갚은 호랑이〉를 구연해 보십시오. 동영상이나 사진, 그림 등을 활용해도 좋습니다.

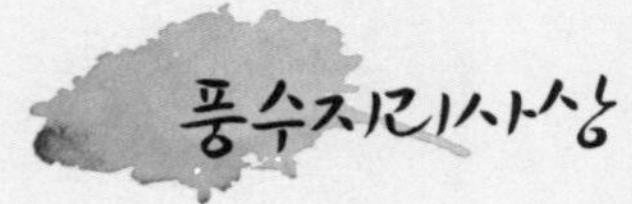

풍수지리사상
theory of divination based on topography
风水地理思想

- 민간신앙 : popular belief 民间信仰
- 지리학 : geography 地理学
- 명당 : ideal spot, good place 风水宝地

한국의 옛날이야기에는 사람이나 동물이 죽으면 **양지바른 곳**에 묻어주었다는 말이 많이 나옵니다. 죽어서도 해가 잘 드는 땅에 묻히면 좋은 세상에 가고 그 기(氣)가 복을 부른다고 믿기 때문입니다.

이처럼 장소나 방향 등이 인간의 행복에 깊은 관계가 있다고 믿는 것을 **풍수지리사상**이라고 합니다. 무속이나 점을 보는 것과 같은 한국 **민간신앙** 중의 하나입니다.

'풍수(風水)'는 글자 그대로 '바람'과 '물'이지만 '풍'은 기후와 풍토를, '수'는 '물'에 관한 것을 말합니다. 풍수지리사상은 한국 사람들의 의식 깊숙이 자리잡은 민간신앙이지만 현대 **지리학**의 관심과 다를 것이 없습니다.

현대에도 풍수지리를 고려해 건물을 짓고 **묘(무덤)**자리를 보는 경우가 많습니다. 아주 좋은 땅이나 장소를 **'명당'**이라고 합니다. 산을 뒤로 하고 앞으로 물을 바라보는 지형을 **배산임수**(背山臨水)라고 하는데 명당은 대부분 배산임수를 기본으로 하고 있습니다.

풍수지리 사상은 오랜 전부터 **불교** 문화의 영향을 많이 받았습니다. **스님**들이 풍수의 대가들이어서 한국의 **사찰**(절)은 대부분 **명당** 자리에 있습니다.

- 사찰 : Buddhist temple 寺庙
- 터 : site 地基

세계문화유산으로 등록된 하회마을과 양동마을도 아주 좋은 명당 자리로 유명한데 그 경관이 아름답습니다. 하회(河回)라는 이름은 낙동강이 'S'자 모양으로 마을을 감싸안고 흐르는 데서 유래되었다고 합니다.

이처럼 풍수지리는 집이나 건물의 **터**를 고르는 이상적 기준이지만 자연과 조화를 이루어 살고자 하는 한국 사람들의 생각이라고 할 수 있습니다.

현대 일상 생활 속에서도 풍수지리를 이용한 인테리어가 인기를 얻고 있습니다. 가구를 배치하는 것만으로도 집안에 좋은 기운을 만들 수 있다고 합니다.

안동, 하회마을

여러분 나라에도 풍수지리설이 있습니까? 있다면 구체적으로 풍수지리에 관한 정보를 나누어 보십시오. 서울에서 명당 자리가 어딘지 찾아가서 한 번 느껴보십시오. 풍수지리를 믿지 않는 사람들은 풍수지리를 미신(迷信)으로 여기겠지요. 그렇다면 미신에는 어떤 것이 있는지 이야기를 나누어 보십시오.

23

은혜갚은 까치

은혜갚은 까치
Debt to Pay a Magpie
报恩的喜鹊

- 선비정신 : the spirit of a classical scholar 书生精神
- 영리하다 : to be smart 机灵
- 선비 : classical scholar 书生
- 과거시험 : state examination 科举考试
- 활과 화살 : bow and arrow 弓和弓箭
- 둥지 : nest 巢
- 까치 : magpie 喜鹊

선비정신

<은혜갚은 까치>는 착한 선비가 까치의 보은을 받는다는 이야기입니다. '선비'란 보통 책을 읽고 공부만 하는 착한 지식인들을 말합니다. 그러나 학문도 중요하게 생각하고 도덕적 실천도 잘하는 선비정신이 한국 지식인의 역사에 살아있습니다.

옛날 옛날 어느 시골 마을에 **영리한** 젊은 **선비**가 살고 있었습니다. 이 선비는 공부도 열심히 했지만 화살도 잘 쏘았습니다. 마침내 선비가 **과거시험**을 보는 날이 다가왔습니다. 선비는 과거시험을 보러 한양으로 떠났습니다. 한양으로 하면서 길에서 혹시라도 짐승을 만나게 될까봐 **활과 화살**을 가지고 갔습니다.

한양으로 가는 길은 아주 멀었습니다. 선비는 하루 종일 걷고 또 걸었습니다. 산길을 걷다가 어느새 날이 어두워졌습니다.

어디서 갑자기 "까악 까악!"하는 소리가 들려왔습니다. 나무 위에 있는 까치 **둥지**에 구렁이가 **올라가자** 이를 본 어미 **까치**가 둥지 근처에서 크게 울고 있었던 것이었습니다.

선비는 급히 활을 꺼내 둥지에 올라가던 구렁이를 쏘았습니다. 구렁이는 화살을 맞고 꿈틀꿈틀거리다 사라져버렸습니다. 선비 **덕택에** 새끼 까치들은 무사히 살 수 있었습니다.

선비는 다시 가던 길을 걷기 시작했습니다. 날이 너무 어두워지자 하룻밤 쉬고 싶은 곳을 찾았습니다. 주막이 보이자 선비는 그곳에서 밥을 먹고 잠을 청했습니다.

그런데 선비는 점점 몸이 **갑갑해서** 견딜 수가 없었습니다. 깨어 보니 한 마리 구렁이가 자신의 몸을 조이고 있었던 것이었습니다. 선비는 구렁이에게 살려달라고 했습니다.

• 갑갑하다 : to suffocate 闷得慌

구렁이는 "네가 낮에 화살로 쏜 구렁이가 바로 내 남편이다. 남편이 죽었으니 너를 죽여 그 원수를 갚아야겠다."

선비는 "어린 까치가 불쌍해서 그런 것입니다. 살려주십시오."하고 간절히 말했습니다.

- 자정 : midnight 深夜
- 절 : a Buddhist temple 寺院
- 탑 : the tower pagoda 塔
- 종 : bell 钟
- 꼭대기 : top 顶部

구렁이는 "그렇다면 **자정**까지 저 **절**에 있는 **탑** 위에 **종**을 세 번 울려라. 종이 울려야 내가 용이 될 수 있다. 그러면 너를 살려주겠다."라고 말하며 풀어주었습니다.

선비는 종이 있는 절로 갔습니다. 그러나 종은 높은 **꼭대기** 탑 위에 매달려 있어서 종을 칠 수가 없었습니다.

자정이 거의 되자 다시 구렁이가 다가와 말했습니다. "**죽을 각오를 해라**, 이제 너는 죽을 시간이 되었다."고 하면서 선비의 몸을 감기 시작했습니다.

그런데 바로 그 때 어디서 종소리가 '뎅'하고 들렸습니다. 종은 세 번 울렸습니다. 구렁이는 종소리를 듣더니 어둠 속으로 사라져 버렸습니다.

다음 날 아침 선비는 '종이 어떻게 울렸을까?' 궁금해서 종이 있는 탑으로 가보았습니다. 그런데 탑 아래 한 마리의 까치가 죽어 있는 것을 보았습니다.

그 까치는 바로 선비가 구해 준 어린 까치의 어미였습니다. 까치는 종을 울리기 위해 커다란 종에 머리를 부딪쳐 종을 울리고 죽었던 것입니다.

선비는 눈물을 흘리며 까치를 **양지바른 곳에 묻어주**었습니다.

선비는 까치 **덕분에** 무사히 **한양**에 도착할 수 있었습니다. 과거 시험을 잘 본 선비는 **장원급제**해서 고향으로 돌아와 행복하게 오래오래 살았습니다.

- 덕분에 : by favour 多亏
- 한양 : old name of Seoul 汉阳
- 과거에 합격하다 : to pass the state examination 科举考试合格
- 과거제도 : state examination 科举制度
- 장원급제 : to win the first place in a state exam 状元及第

과거 제도

옛날에는 나라의 관리를 선발하던 국가시험이 있었습니다. 고려시대부터 조선시대까지 있었던 과거시험은 천민이 아니면 누구나 볼 수 있었습니다. 1등 수석으로 합격하는 것을 '장원급제'라고 합니다. <춘향전>에서 이 도령이 춘향에게 돌아갈 수 있었던 것도 '장원급제'했기 때문입니다.

수능과 국가고시

대학에 가기 위해 보는 가장 중요한 시험을 '수능(수학능력시험)'이라고 합니다. 대학에 가기 위해서는 수능 이외에도 대학별로 논술 시험, 면접 등을 봅니다.
대학을 졸업하고 의사나 변호사, 공무원, 교사 등이 되기 위해서는 국가에서 시행하는 여러 가지 시험을 보게 됩니다. 운전면허시험도 국가고시입니다.

한국어능력시험을 보신 적이 있으십니까? 자격증이나 면허를 얻기 위해 보아야 하는 가장 어려운 시험이 무엇인지 그리고 시험 준비는 어떻게 하는지 이야기를 나누어 보십시오. 그리고 시험에 합격하라고 전하는 말이나 선물에 어떤 것이 있는지 알아보십시오.

연습문제

■ 〈은혜갚은 까치〉를 잘 읽고 질문에 답해 보십시오.

1. 선비는 왜 한양으로 갔습니까?

____

2. 선비가 화살로 쏜 것은 무엇입니까?

____

3. 구렁이는 탑 위에 종이 세 번 울리면 무엇이 될 수 있다고 했습니까?

____

4. 종을 친 것은 누구입니까?

____

■ 적절한 의성어나 의태어를 찾아 쓰십시오.

1. 구렁이는 화살을 맞고 (　　　　) 사라져버렸습니다.
2. 탑 위에서 종소리가 (　　　　) 하고 들렸습니다.

(꿈틀꿈틀거리다, 뎅)

■ 적절한 단어나 표현을 찾아 쓰십시오.

1. 과거 시험을 잘 본 선비는 (　　　　)해서 고향으로 돌아왔습니다.
2. 네가 내 남편을 죽였으니 너를 죽여 그 (　　　　)를 갚아야겠다.

(원수, 장원급제)

■ 선비는 어떻게 살았을까요? 선비와 구렁이가 이야기하는 장면을 창의적인 대화로 만들어 보십시오. (역할 : 선비, 구렁이)

____

____

____

____

____

____

■ 위에서 만든 대화를 활용하여 〈은혜갚은 까치〉를 구연해 보십시오. 동영상이나 사진, 그림 등을 활용해도 좋습니다.

24
토끼의 재판

옛날 옛날에 나무꾼이 숲 속을 걸어가고 있었습니다. 나무꾼은 그 날 나무를 모두 다 팔아서 기분이 아주 좋았습니다.

그런데 갑자기 어디서 끙끙거리는 이상한 소리가 들렸습니다. 소리가 나는 곳으로 가보니 커다란 **구덩이** 속에 호랑이가 빠져 **버둥거리고** 있었습니다.

호랑이는 나무꾼에게 **애원했습니다**. "살려 주세요. 제발 저를 좀 여기서 꺼내 주세요."

"그럴 수는 없다. 너를 꺼내주면 나를 잡아먹을 텐데, 어떻게 너를 구해줄 수 있겠니, 안 된다 안 돼!"

"아닙니다. 저를 살려 주신 분을 어떻게 잡아먹겠습니까? 제발 저를 꺼내 주십시오. **은혜를 잊지 않겠습니다.**"

호랑이가 눈물을 흘리며 간절히 부탁하자, 나무꾼은 마음이 약해졌습니다. 나무꾼은 숲 속에서 굵고 긴 **나뭇가지**를 가져왔습니다.

"자, 이걸 꼭 잡고 올라오거라."

토끼의 재판
Trial of the Rabbit
兔子的裁决

- 끙끙거리다 : groan 哼哼
- 구덩이 : hole 坑
- 버둥거리다 : struggle 挣扎
- 애원하다 : entreat 苦求
- 은혜를 잊지 않다 : remember one's favor or kindess 忘不了恩惠
- 나뭇가지 : tree branch 树枝

• 함정을 파다 : dig a trap 布设陷阱
• 이빨 : teeth 牙齿
• 으르렁거리다 : growl 低吼

호랑이는 나무꾼이 준 나뭇가지를 잡고 낑낑대며 그 구덩이에서 빠져나왔습니다. 그런데 나오자마자 호랑이는 나무꾼에게 달려들었습니다.

"어흥, 너를 잡아먹어야겠다."

"뭐라고? 은혜를 잊지 않겠다더니, 거짓말을 했구나."

"나를 잡으려고 **함정**을 파놓은 사람을 살려 둘 수는 없다." 호랑이는 **이빨**을 드러내며 으르렁거렸습니다.

나무꾼은 겁이 났지만 정신을 바짝 차리고 말했습니다.

"잠깐만, 우리 저기 가서 한 번 물어보자. 누가 옳은지 들어보고 그런 다음에 나를 잡아먹어라."

나무꾼은 호랑이를 데리고 나무에게 가서 말했습니다.

"나무야, 나무야, 내가 구덩이에 빠진 호랑이를 구해주었단다. 그런데 은혜도 모르고 나를 잡아먹겠다고 하는구나, 누가 옳은 것이냐?"

호랑이도 나무에게 말했습니다. "구덩이를 만들어서 우리를 **괴롭히는** 사람들을 어떻게 살려주겠니?"

그러자 나무는 "호랑이님 말이 맞아요. 나무들을 보세요. 사람들에게 시원한 그늘도 만들어 주고 맛있는 열매도 줍니다. 그런데 사람들은 나뭇가지를 부러뜨리고 **함부로 베어버립니다**. 은혜를 모르는 것은 사람들입니다."

호랑이는 나무의 말이 끝나자 바로 나무꾼을 잡아먹으려고 달려들었습니다.

"잠깐, 호랑이야. 원래 **재판**은 세 번 하는 거란다. 두 번 더 물어보자." 호랑이는 어차피 잡아먹을 테니 나무꾼 말을 들어주기로 했습니다.

나무꾼과 호랑이는 지나가는 황소에게 다가갔습니다. 황소는 "은혜를 모르는 것은 바로 사람입니다. 사람들은 소에게 일만 시키고 나중에 잡아먹어버립니다. 사람이 은혜를 모릅니다."

나무꾼은 앞이 캄캄했습니다. 그래도 끝까지 정신을 차려 지나가던 토끼를 불렀습니다.

"토끼야, 내말을 듣고 재판을 잘 해야 한다. 알겠니?"

나무꾼은 그동안 있었던 일을 모두 토끼에게 말했습니다. 호랑이도 지지 않고 열심히 설명했습니다. 그러자 토끼는 이렇게 말했습니다.

- 괴롭히다 : harass 欺负
- 그늘 : shade 阴影
- 함부로 : thoughtlessly 随便
- 베어버리다 : cut off 割除
- 재판 : trial 裁决

조선시대 재판

재판

옛날에는 국가의 기능이 입법, 사법, 행정으로 분리되지 않았기 때문에 최고의 재판을 하는 판사는 왕이었습니다. <춘향전>에 나오는 '변사또'는 바로 그 지방의 군수로서 춘향이를 묶어 놓고 재판을 할 수 있었습니다.
현재 한국에서 법의 재판이 이루어지는 곳이 법원이고 가장 큰 법원을 '대법원'이라고 합니다. 원고와 피고 이외에도 변호를 해주는 사람을 변호사, 범죄를 수사하고 판단하는 검사, 그리고 일반 국민들이 참여하는 배심원 등이 있습니다.

입법 : legislation 立法
사법 : jurisdiction 司法
행정 : administration 行政
대법원 : Supreme Court 最高法院
원고 : plaintiff 原告
피고 : defendant 被告
변호사 : plaintiff's attorney 律师
검사 : defendant's attorney 检察员
배심원 : juror 陪审员

- 빙그레 웃다 : smile 笑眯眯
- 펄쩍펄쩍 뛰다 : jump up and down, bounce with anger 暴跳如雷

"글쎄, 저는 잘 모르겠는데요. 두 분이 말씀하시는 것만 듣고서는 잘 모르겠어요. 어떻게 된 일인지 제 앞에서 보여주실 수 없나요?"

호랑이는 답답해서 할 수 없이 구덩이가 있는 곳으로 왔습니다. 그리고 구덩이 속으로 들어가더니 "바로 이 구덩이란다. 내가 이렇게 하루 종일 사람이 파 놓은 구덩이에 빠져 있었는데 저 나무꾼이 날 꺼내 준 거란다. 이제 좀 알겠니?"

토끼는 그 때서야 **빙그레** 웃으면서 나무꾼에게 말했습니다.

"아, 그렇게 된 일이군요. 이제 알겠습니다. 재판은 이제 끝났습니다. 나무꾼님은 호랑이를 살려주고도 목숨을 잃을 뻔했네요. 은혜를 모르는 호랑이를 다시 구덩이에 넣었으니 이제 가십시오."

호랑이는 구덩이 속에서 펄쩍펄쩍 뛰었습니다.

"날 꺼내 줘! 날 살려줘. 구덩이를 판 것은 사람이란다. 다시는 안 그럴게! 살려줘."

그러나 나무꾼과 토끼는 호랑이 소리를 듣지 않고 휑하고 가버렸습니다. 은혜를 모르는 호랑이는 다시 구덩이에 갇히고 말았습니다.

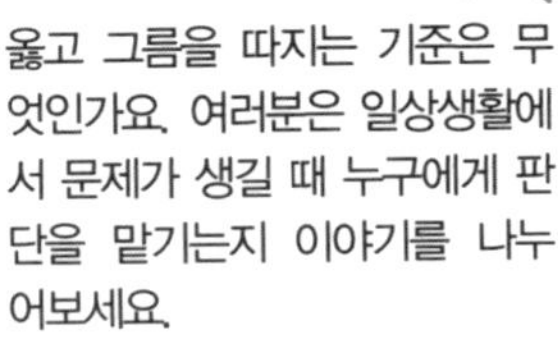

옳고 그름을 따지는 기준은 무엇인가요. 여러분은 일상생활에서 문제가 생길 때 누구에게 판단을 맡기는지 이야기를 나누어보세요.

■ 〈토끼의 재판〉을 잘 읽고 질문에 답해 보십시오.

1. 호랑이가 빠진 곳은 어디입니까?

____

2. 호랑이를 구해준 것은 누구입니까?

____

3. 나무꾼은 재판을 몇 번 하는 것이라고 말했습니까?

____

4. 토끼는 누구 편이었습니까?

____

5. 황소는 왜 사람들이 은혜를 모른다고 했습니까?

____

■ 적절한 의성어나 의태어를 찾아 쓰십시오.

1. 호랑이는 나뭇가지를 잡고 (　　　)대며 그 구덩이에서 빠져나왔습니다.
2. 호랑이는 이빨을 드러내며 (　　　)거렸습니다.
3. 토끼는 (　　　) 웃으면서 나무꾼에게 말했습니다.
4. 호랑이는 구덩이 속에서 (　　　) 뛰었습니다.

(펄쩍펄쩍, 빙그레, 낑낑, 으르렁)

■ 적절한 단어나 표현을 찾아 쓰십시오.

1. (　　　)를 모르는 것은 사람들입니다.
2. 원래 (　　　)은 세 번 하는 거란다.
3. 은혜를 (　　　)로 갚은 호랑이는 다시 구덩이에 갇히고 말았습니다.

(원수, 재판, 은혜)

■ 토끼가 나무꾼과 호랑이를 두고 재판하는 장면을 창의적인 대화로 만들어 보십시오. (역할 : 토끼, 나무꾼, 호랑이)

■ 위에서 만든 대화를 활용하여 〈토끼의 재판〉을 구연해 보십시오. 동영상이나 사진, 그림 등을 활용해도 좋습니다.

25

나무꾼과 선녀

나무꾼과 선녀
The Woodcutter and the Fairy
樵夫和仙女

- 나무꾼 : a woodcutter, a lumberjack 樵夫
- 헐레벌떡 뛰다 : to run hurriedly 气喘吁吁地跑
- 사냥꾼 : a hunter 猎人
- 은혜를 갚다 : to repay one's kindness 报恩
- 소원을 말하다 : to tell a wish 说愿望
- 장가를 들다 : to get married 娶媳妇
- 보름달 : full moon 满月
- 연못 : pond 莲池
- 선녀 : Taoist fairy (a beautiful angel) 仙女

옛날 옛날에 어느 **나무꾼**이 산에서 나무를 하고 있었습니다. 갑자기 어디서 '빵' 소리가 난 후, 사슴 한 마리가 **헐레벌떡 뛰어왔**습니다.

"나무꾼님, 저를 **숨겨 주세요**! **사냥꾼**이 저를 쫓아와요."

마음씨 착한 나무꾼은 얼른 사슴을 나무짐에 숨겨 주었습니다. 잠시 후 사냥꾼들이 찾아와 사슴을 못 보았냐고 물었지만 모른다고 했습니다.

사냥꾼들이 멀리 사라지자 사슴이 나와서 말했습니다.

"나무꾼님! 고맙습니다. 이 은혜를 꼭 갚고 싶습니다."

"네가 무슨 **은혜를 갚는다**고 그러냐?"

"아니예요. **소원을 말해**보십시오."

"소원? 허허, 소원이 있다면 내가 **장가를 드는** 것이다. 아직까지 장가를 못 갔구나."

"오늘밤 **보름달**이 뜨면 저 숲속에 있는 **연못**에 가 보세요. 하늘나라 **선녀**들이 목욕하러 내려옵니다. 선녀들이 목욕할 때 옷 하나를 감추면 좋은 일이 생길 것입니다. 그런데 아이 셋을 낳을 때까지는 절대 옷을 주시면 안됩니다. **명심하십시오**."

* 명심하다 : to bear in mind 牢记
* 오두막집 : a hut, a shanty 茅屋

밤이 되자 나무꾼은 연못에 가 보았습니다. 선녀들이 정말 목욕을 하고 있었습니다.

'와, 아름다운 선녀들이다!'

나무꾼은 선녀들의 옷 중에서 하나를 감추었습니다. 목욕을 끝낸 선녀들은 하나씩 옷을 입고 다시 하늘로 올라갔습니다. 그런데 옷을 찾지 못한 선녀 하나가 울면서 그대로 남았습니다.

나무꾼은 그 선녀를 자신의 **오두막집**에 데리고 갔습니다. 그리고 선녀와 혼인을 해서 잘 살았습니다. 마침내 아이를 둘이나 낳

- 발을 동동 구르다 : to stamp one's feet 跺脚
- 소용이 없다 : to be no good, 没有用
- 두레박 : a well bucket 吊桶

았습니다. 그런데 선녀는 가끔씩 하늘 나라가 그리웠습니다. 하늘 나라에 가지 못하는 선녀는 남편에게 말했습니다.

"여보, 제 선녀 옷을 한 번 보여주세요. 한 번 입어 보고 싶어요."

선녀가 조르자 나무꾼은 사슴이 남긴 말을 잊어버리고 **무심코** 옷을 내주었습니다. 선녀가 옷을 입자 몸이 뜨기 시작했습니다. 선녀는 얼른 아이를 양 손에 안고 하늘로 올라가기 시작했습니다. 나무꾼이 **발을 동동 굴렀지만** 이미 **소용이 없었습니다.** 선녀와 아이들은 하늘나라로 가버리고 말았습니다.

나무꾼이 상심하여 울고 있을 때 예전의 그 사슴이 다시 나타나서 말했습니다. "나무꾼님, 걱정하지 마세요. 연못에 가보시면 하늘에서 **두레박**이 내려와 물을 퍼 올릴 거예요. 그 두레박을 타고 하늘로 올라가십시오."

나무꾼은 사슴이 시키는 대로 연못에 가서 두레박을 탔습니다. 하늘로 올라온 나무꾼은 선녀와 아이들을 만나 행복하게 오래오래 살았습니다.

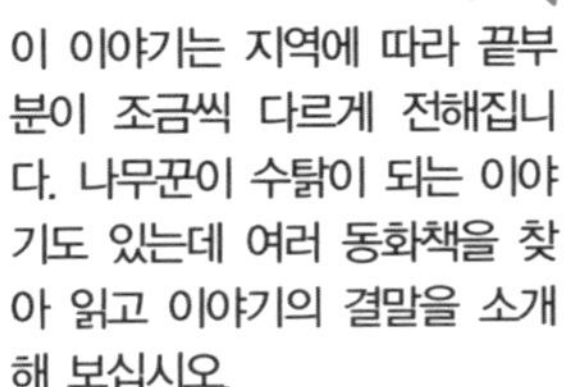

이 이야기는 지역에 따라 끝부분이 조금씩 다르게 전해집니다. 나무꾼이 수탉이 되는 이야기도 있는데 여러 동화책을 찾아 읽고 이야기의 결말을 소개해 보십시오.

■ 〈나무꾼과 선녀〉를 잘 읽고 질문에 답해 보십시오.

1. 나무꾼이 도와준 짐승은 무엇입니까?

2. 나무꾼의 소원은 무엇이었습니까?

3. 선녀는 아이를 몇 명 나았습니까?

4. 나무꾼은 무엇을 타고 하늘로 올라갔습니까?

■ 적절한 의성어나 의태어를 찾아 쓰십시오.

1. 사슴 한 마리가 ( ) 뛰어왔습니다.
2. 나무꾼이 발을 ( ) 굴렀지만 소용이 없었습니다.
3. 어디서 ( ) 하는 총소리가 들렸습니다.

(빵, 헐레벌떡, 동동)

■ 적절한 단어나 표현을 찾아 쓰십시오.

1. 절대 옷을 주면 안 됩니다. ( )하십시오.

(명심, 상심)

이야기하기

■ 나무꾼은 어떻게 선녀에게 옷을 주었을까요? 선녀가 나무꾼에게 옷을 달라고 이야기하는 장면을 창의적인 대화로 만들어 보십시오. (역할 : 나무꾼, 선녀)

■ 위에서 만든 대화를 활용하여 〈나무꾼과 선녀〉를 구연해 보십시오. 동영상이나 사진, 그림 등을 활용해도 좋습니다.

26

바보 온달과 평강 공주

바보 온달과 평강 공주
A Fool Ondal and a Princess Pyounggang
傻瓜温达和平冈公主

★ <삼국사기>에 실려 있는 평강 공주와 온달 이야기는 아주 유명한 고구려의 사랑 이야기입니다. 고구려, 백제, 신라 이 세 나라가 있던 시기를 삼국시대라고 합니다. <삼국사기>와 <삼국유사> 등의 책을 통해 한국에는 이 시대 이야기가 많이 전해집니다.

- 노총각 : old bachelor 光棍
- 장님 : a blind man 盲人
- 홀어머니 : a widow, a single mother 孤寡老母亲
- 놀리다 : to make fun of 取笑
- 시집보내다 : to give one's daughter away in marriage 嫁出去
- 거역하다 : to disobey 违抗
- 호통을 치다 : to scold at someone 责骂
- 찢어지게 가난하다 : to be extremely poor 穷得厉害

옛날 옛날 고구려 평강왕 때, 온달이라는 **노총각**이 **장님 홀어머니**를 모시고 살았습니다. 온달은 너무 착해서 바보같은 행동만 했습니다. 사람들은 그를 '바보 온달'이라고 불렀습니다.

그런데 평강왕에게는 '평강'이라는 딸이 하나 있었는데 공주는 어려서부터 잘 울었습니다. 왕은 우는 딸에게 항상 "너는 잘 울어 내 귀를 시끄럽게 하는구나. 자라서 바보 온달에게나 시집가야겠다"라고 **놀리곤** 했습니다.

평강 공주가 무럭무럭 자라 나이 16세가 되었습니다. 왕은 평강 공주를 귀한 집안에 **시집보낸다**고 했습니다. 그러자 공주는 항상 바보 온달에게 시집보낸다고 해놓고 왜 이제 와서 다른 집으로 시집보내려 하시느냐고 싫다고 **거역했습니다**.

이 말을 듣고 왕은 화가 나서 "네 마음대로 이 궁궐을 떠나라" 하고 호통을 쳤습니다. 궁을 나온 공주는 정말로 시골에 있는 온달의 집을 찾아갔습니다. 온달의 집은 **찢어지게 가난한** 집이었습니다.

공주는 자신이 온달을 찾아온 이유를 설명했습니다. 그러나 온달은

"이런 곳은 공주님 같은 여자가 있을 곳이 아닙니다. 어서 돌아가십시오."하고 거절했습니다.

공주는 온달의 집 앞에서 밤을 새고 이튿날 다시 들어가 온달과 혼인을 허락해 달라고 간청했습니다.

결국 온달은 평강 공주의 청을 받아들여 부부가 되었습니다. 공주는 궁에서 나올 때 가지고 있던 **금팔찌**와 **귀걸이** 같은 **패물**을 팔아 **넉넉하게** 살았습니다.

평강 공주는 아주 똑똑한 여자였습니다. 평강 공주는 **퇴역한** 말을 사서 말을 잘 **훈련**시킨 후에 온달에게 사냥하는 법을 가르쳤습니다.

- 금팔찌 : a gold bracelet 金手镯
- 귀걸이 : earring 耳环
- 패물 : jewelry 首饰
- 넉넉하다 : to have enough 富余
- 퇴역하다 : to retire 退役
- 훈련 : training 训练
- 풍습 : a custom, manners 风俗
- 사냥대회 : hunting competition 打猎比赛

고구려의 **풍습**에 해마다 3월 3일이면 큰 **사냥대회**를 열었는데 평강 공주는 온달을 사냥대회에 참여하도록 했습니다. 온달은 평

강 공주가 길들인 말을 타고 그 사냥대회에서 가장 많은 짐승을 잡아 큰 상을 받았습니다.

그 뒤 중국에서 전쟁이 일어나 고구려에 **지원병**을 요청했습니다. 온달은 이 전쟁에 참여해 승리로 이끌고 큰 **공을 세우고** 돌아왔습니다. 왕은 온달을 크게 칭찬하고 장군 **벼슬**을 내렸습니다. 그리고 그 바보 온달이 바로 평강 공주와 결혼한 것을 알고 정식으로 **사위**를 맞았습니다.

평강왕이 **사망**하고 양광왕이 **등극**했습니다. 온달은 왕에게 신라를 쳐서 옛날 고구려 땅을 되찾겠다고 했습니다. 전쟁에 이기지 않고서는 돌아오지 않겠다고 **맹세**하고 군대를 이끌고 나가 싸웠습니다.

그러나 온달은 신라 군사의 화살을 맞고 전사했습니다. 군사들이 온달의 **장례**를 지내려 했으나 관이 움직이지 않았습니다. 평강 공주가 와서 "삶과 죽음이 결정났으니 돌아가십시오."하고 말하자 **관**이 움직여 무사히 **장례**를 마치게 되었습니다. 이처럼 바보 온달이 고구려의 훌륭한 장군이 된 것은 평강 공주 **아내의 내조** 덕분이었다고 합니다.

- 지원병 : volunteer soldier 志愿兵
- 공을 세우다 : to make a contribution 立功
- 정식으로 : formally 正式
- 벼슬 : position in society 官职
- 사위 : son-in-law 女婿
- 사망하다 : to pass away, to die 去世
- 왕이 등극하다 : a king was crowned 王登基
- 맹세하다 : to swear 发誓
- 전사하다 : to die in a battle 战死
- 관 : coffin 棺材
- 장례 : funeral 葬礼
- 아내의 내조 : wife's support 妻子的内助

아내의 내조와 남편의 외조로 성공한 사람들의 이야기를 나누어 보세요

■ 〈바보 온달과 평강 공주〉를 잘 읽고 질문에 답해 보십시오.

1. 왕은 왜 평강 공주에게 어려서부터 바보 온달에게 시집가라고 했습니까?

____

2. 온달과 평강 공주 중 누가 결혼하자고 프러포즈했습니까?

____

3. 온달의 어머니는 어디가 불편한 장애인이십니까?

____

4. 평강 공주와 온달은 어느 나라 사람입니까?

____

■ 적절한 의성어나 의태어를 찾아 쓰십시오.

1. 평강 공주가 (   ) 자라 나이 16세가 되었습니다.

(무럭무럭, 흔들흔들)

■ 적절한 단어나 표현을 찾아 쓰십시오.

1. 온달의 집은 (   ) 가난한 집이었습니다.
2. 왕은 평강 공주와 결혼한 온달을 (   )로 맞았습니다.
3. 온달이 훌륭한 장군이 된 것은 평강 공주의 (   ) 덕분이었습니다.

(사위, 찢어지게, 내조)

■ 평강 공주는 어떻게 온달과 결혼하게 되었을까요? 공주가 온달을 찾아가 청혼하는 장면을 창의적인 대화로 만들어 보십시오. (역할 : 평강 공주, 온달)

____

____

____

____

____

____

■ 위에서 만든 대화를 활용하여 〈바보 온달과 평강 공주〉를 구연해 보십시오. 동영상이나 사진, 그림 등을 활용해도 좋습니다.

한국의 장례식

★ 문상을 갈 때 대체로 조의금 봉투를 준비해 갑니다. 조의금 봉투에는 부의(賻儀) 혹은 근조(謹弔)라고 씁니다.

사람이 죽으면 가까운 친지에게 알리고 **장례식**을 합니다. 한국에서는 대개 **3일**에서 5일 동안 장례식을 치르는데 종교에 따라 의식이 달라집니다. 오늘날의 장례식은 **병원의 장례식장**에서 주관하는 경우가 많습니다.

시신(屍身)을 안치하는 방법으로는 우선 시신을 깨끗이 닦아 명주나 **삼베**로 만든 수의를 입혀 **관**(棺)에 넣습니다. 시신을 땅에 묻는 **'매장'**(埋葬), 시신을 완전히 불로 태우는 **'화장'**(火葬), 화장한 뼈가루를 자연으로 돌려보내는 **'수목장'**(樹木葬) 등이 있습니다.

장례 후 3일 만에 **묘소**(墓所)를 찾아 **삼우제**(三虞祭)를 지내고 보통 **49일**이나 100일 후에 **탈상**을 하는 것은 불교식입니다. 최근에는 **화장**을 많이 하고 **납골당**(納骨堂)에 죽은 사람의 **혼**(魂)을 모시는 일이 증가하고 있습니다.

돌아가신 후 해마다 고인이 돌아가신 날의 전날 밤에 지내는 것을 **기제사**라고 합니다. 한국 사람들은 기독교 집안을 제외하고 대체로 **유교식**으로 **제사**를 지닙니다. 육체는 죽지만 영혼은 살아있다고 믿고 정성스럽게 제사를 지냅니다.

전통 장례식

가까운 사람들의 부고(訃告)를 받고 장례식장에 가는 것을 '문상(問喪) 간다' 혹은 '조문(弔問)간다'고 합니다. 조문을 갈 때는 보통 검은 옷을 입고 참석합니다. 상가(빈소)에 도착하면 문밖에서 외투나 모자를 벗고, 상주에게 가볍게 목례를 하고 영정 앞에 무릎을 꿇고 앉아 분향(향이나 꽃을 집어 위에 놓음)을 한 후, 일어서서 잠깐 묵념 또는 두 번 절을 합니다. 그 다음 **상주**와 **맞절**을 합니다. 종교에 따라 절을 하지 않는 경우 정중히 고개를 숙입니다. 상주에게 간단히 **"삼가 고인의 명복을 빕니다"** 정도로 위로의 인사를 하고, 뒤로 두세 걸음 물러난 후 몸을 돌려 나옵니다.

삼가 고인의 명복을 빕니다

현대의 장례식

여러분 나라에서는 장례를 어떻게 치르는지 서로 이야기를 나누어 보십시오.

27
서동과 선화 공주

서동과 선화 공주
Seoong and Princess Seonhwa
薯童和善花公主

★ 선화 공주 이야기는 <삼국유사(三國遺事)>에 실려있는 러브 스토리입니다. 당시 백제와 신라는 서로 싸우는 사이였지만 사랑 이야기가 많이 전해집니다. 서동이 선화 공주를 얻기 위해 소문을 낸 노래가 한국에서 현재 전하는 가장 오래된 향가 '서동요(薯童謠)'입니다.
향가(鄕歌)는 신라시대 생긴 한국의 유명한 시(詩)형식을 말합니다.

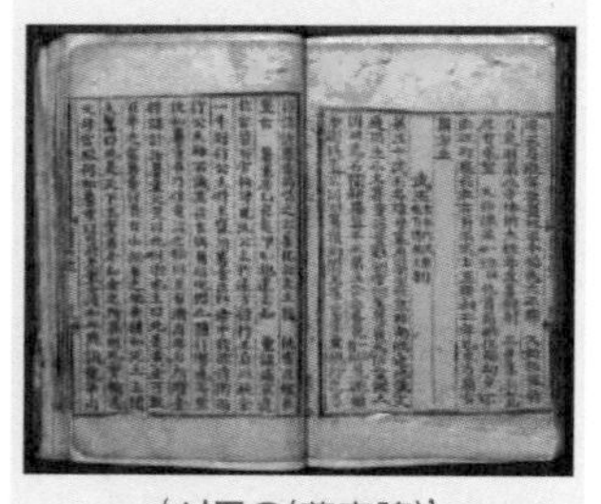

'서동요(薯童謠)'

옛날 옛날 신라의 진평왕에게 딸이 셋 있었습니다. 그 중에 셋째 딸 선화 공주는 **절세 미인**이었습니다.

한편, 이웃나라 백제에는 **홀어머니**를 모시고 **마**를 캐어 사는 **가난뱅이** 서동이 살고 있었습니다. 서동은 가난했지만 언제나 큰 꿈을 가진 청년이었습니다.

어느 날 서동은 신라의 선화 공주가 세상에서 가장 예쁘다는 **소문**을 들었습니다. 서동은 선화 공주를 보러 신라에 몰래 들어갔습니다. 그러나 선화 공주를 만날 방법이 없었습니다.

서동은 이리저리 궁리 끝에 좋은 생각이 떠올랐습니다. 서동은 아이들을 불로 모아 선물을 주며 이런 노래를 부르게 했습니다.

"선화 공주님은 **남몰래 정을 통해** 두고 서동을 밤에 몰래 안고 간다."

선화 공주가 밤마다 서동과 만나러 다닌다는 좋지 못한 노래가 아이들 입에서 입으로 전해지면서 **온 사방으로 퍼져나갔습니다**.

- 절세미인 : a rare beauty 天姿国色
- 홀어머니 : widow, single mother 孤寡老母亲
- 마 : Chinese yam 山药
- 가난뱅이 : poor man 穷光蛋
- 남몰래 : secretly, on the quiet 偷偷
- 정을 통하다 : to become intimate with 私会
- 사방으로 : in all directions 四方
- 부정한 행실 : corrupted act 否定行为。桃色新闻
- 억울하게 : under a false accusation 委屈
- 막막하다 : to not know what to do 茫然

궁궐에 있는 진평왕의 귀에도 선화 공주의 **부정한 행실**에 대한 소문이 들어가게 되었습니다. 진평왕은 **화가 머리 끝까지 났습니다**. 왕은 소문의 근원도 묻지 않고 선화 공주를 궁에서 당장 내쫓았습니다.

선화 공주는 나쁜 소문 때문에 **억울하게** 궁에서 쫓겨나고 말았습니다. 때마침 이를 기다리고 있던 서동이 그녀를 졸졸 따라갔습니다. 누구를 믿고 살아야 할지 **막막했던** 선화 공주는 따라온 서동의 도움으로 마음을 놓을 수 있었습니다. 그리고 점점 둘은 서로 좋아하게 되었습니다.

- 누명을 쓰다 : to be falsely accused of 背黑锅
- 사실 : truth 事实
- 막대한 : huge, enormous 巨大的
- 노여움을 풀다 : to relent towards someone 消气
- 신력을 쓰다 : to use a superpower 用神力
- 옮기다 : to carry 搬
- 신임을 얻다 : to win one's confidence or trust 得到信任

서동은 선화 공주에게 자신이 바로 나쁜 소문을 퍼뜨린 사람이라고 사실을 솔직하게 고백했습니다. 공주는 자신이 **누명을 쓰게** 된 이유가 서동 때문이었지만 그가 싫지 않았습니다. 결국 두 사람은 백제로 건너가 결혼하였습니다.

선화 공주는 궁에서 쫓겨나올 때 왕비가 몰래 숨겨 준 황금 덩어리 하나를 서동에게 보여주면서 말했습니다. "이 황금을 팔면 우린 오랫동안 넉넉하게 살 수가 있을 거예요." 그러자 서동이가 말했습니다.

"이게 뭐요? 이런 것은 내가 어릴 때부터 마를 캐던 곳에 산더미처럼 쌓여 있소."

서동은 선화 공주에게 평소에 알고 있던 **막대한** 황금이 있는 땅을 보여주었습니다. 선화 공주는 황금을 보자 신라 왕궁에 황금을 보내 진평왕의 **노여움을 풀면** 자신들의 결혼을 인정받을 수 있을 것이라 생각했습니다. 이에 공주는 스님을 찾아가 황금을 어떻게 신라로 **옮길** 것인지 의논했습니다.

스님은 **신력을 써서** 하룻밤에 엄청난 황금을 신라 왕궁에 **운반했습니다**. 이로써 서동과 선화 공주는 진평왕의 마음을 얻게 되었습니다.

서동은 백제에 있는 가난한 사람들에게도 황금을 나누어 주어 큰 신임을 얻었고 백제를 다스리는 왕이 되어 선화 공주와 오래오래 행복하게 살았습니다.

서동은 백제의 무왕(武王)입니다. 무왕이 된 서동에 대한 신기한 설화도 전해집니다. 무왕의 어머니는 용(龍)과 결혼하여 무왕을 낳았다고 합니다. 무왕과 관련된 이야기를 찾아 이야기해 보세요.

■ 〈서동과 선화 공주〉를 잘 읽고 질문에 답해 보십시오.

1. 선화 공주는 어느 나라 공주입니까?
2. 선화 공주는 왜 궁에서 내쫓겼습니까?
3. 서동은 어느 나라 사람입니까?
4. 서동이 소문을 낸 노래는 어떤 내용입니까?
5. 서동과 선화 공주가 신라 왕궁에 보낸 것은 무엇입니까?
6. 황금이 신라 왕궁에 운반되는 데 걸린 시간은 며칠입니까?

■ 적절한 단어나 표현을 찾아 쓰십시오.

1. 선화 공주는 세상에서 가장 예쁜 (　　　)이었습니다.
2. 진평왕은 소문을 듣고 화가 (　　　) 끝까지 났습니다.
3. 공주는 자신이 (　　　)을 쓰게 된 노래가 서동이 꾸민 짓임을 알게 되었습니다.
4. 왕은 소문의 근원을 묻지도 않고 (　　　) 선화 공주를 내쫓았습니다.

(절세미인, 머리, 다짜고짜, 누명)

■ 서동이 어떻게 선화 공주와 결혼하게 되었을까요? 선화 공주가 궁에서 쫓겨났을 때 서동이 다가가 이야기하는 장면을 창의적인 대화로 만들어 보십시오. (역할 : 선화 공주, 서동)

■ 위에서 만든 대화를 활용하여 〈서동과 선화 공주〉를 구연해 보십시오. 동영상이나 사진, 그림 등을 활용해도 좋습니다.

한국의 역사 연표

★ 옛날이야기는 대부분 입에서 입으로 전해 내려온 것이라 구체적인 시대는 알 수 없습니다. 그러나 평강 공주나 선화 공주 이야기 등은 구체적으로 삼국시대 역사적 기록이 있는 이야기입니다. 한국의 역사를 공부해 보십시오.

	구석기 시대
	신석기 시대
B.C. 2333	고조선 건국
	청동기 시대
	철기 시대
B.C. 108	고조선 멸망
B.C. 57	신라 건국
B.C. 37	고구려 건국
B.C. 18	백제 건국
676	신라 삼국 통일
698	발해 건국
900	후백제 건국
901	후고구려 건국
918	고려 건국
1392	조선 건국

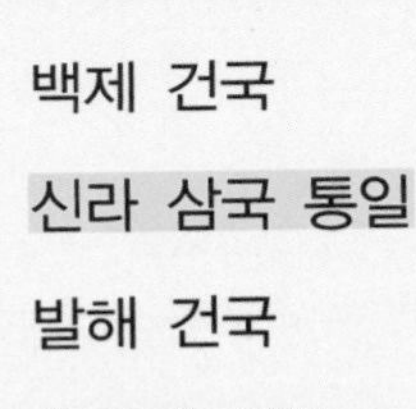

삼국

후삼국

고려

조선

한국의 역사를 다룬 드라마나 영화를 본 후 그 시대의 생활과 문화에 대해 이야기를 나누어 보십시오. 영화에 나온 인물이 실제로 있었는지 조사해서 이야기를 나누어 보십시오.

1897 대한제국

1910 한일합방

1945 8·15 광복

1948 대한민국정부수립

1950 한국전쟁

1953 휴전

1969 4·19 혁명

1961 5·16 군사정변

1980 5·18 민주화운동

8·15 광복

한국전쟁

4·19 혁명

5·16 군사정변

5·18 민주화운동

관심이 있는 한국의 역사에 대해 구체적인 자료와 정보를 찾아 이야기를 나누어 보십시오.

28

연오랑과 세오녀

연오랑과 세오녀
Yeonorang and Seonyeo
延乌郎和细乌女

- 금슬이 좋다 : to live in conjugal harmony 恩爱
- 고기잡이 : fishing 钓鱼
- 비단을 짜다 : to weave silk 织布
- 성실한 : sincerity 诚实
- 바위 : rock 石头
- 금빛 : golden 金色
- 물들다 : to be colored 染上
- 도달하다 : to reach 到达
- 들판 : field 田野

옛날, 옛날 **신라시대** 동해 바닷가에 연오랑과 세오녀라는 **금슬 좋은** 젊은 부부가 살고 있었습니다. 연오랑은 바다에 나가 **고기잡이**를 하였고, 세오녀는 집에서 **비단을 잘 짰습니다. 마음씨도 착하고** 일도 열심히 하는 **성실한 부부**였습니다.

어느 날 연오랑이 바닷가 바위 위에서 고기를 잡다가 잠시 쉬고 있었습니다. 그런데 갑자기 바위가 움직이더니 연오랑을 싣고 어디론가 **둥둥** 떠내려가는 것이었습니다.

연오랑은 두렵기도 했고 세오녀가 걱정되어 눈물을 흘렸습니다. 어느새 바닷가에 해가 지고 있었습니다. 바닷물은 온통 **금빛**으로 **물들어** 빛났습니다. 그 때 어디선가 목소리가 들려왔습니다.

"연오랑, **마음을 편히 가지십시오**. 그리하면 바위가 그대를 좋은 곳으로 무사히 잘 데려다 줄 것입니다. 걱정하지 마십시오."

연오랑은 그 소리를 듣고 두려움이 조금 사라졌습니다.

이튿날, 동쪽 바다에 해가 떠올랐습니다. 멀리 육지가 보였습니다. 연오랑을 태운 바위가 **도달한** 곳은 **산과 들판**이 있는 곳이었습니다.

연오랑은 '일본'이라는 나라에 오게 된 것이었습니다. 연오랑이 바닷가에 서있는데 사람들이 몰려와 알 수 없는 말로 **떠들었습니다.** 그리고 연오랑을 **정중히** 모시고 마을로 갔습니다. 일본 사람들은 바위를 타고 온 연오랑을 **범상한 사람**이 아니라고 생각했습니다. 그래서 연오랑을 자신들의 왕으로 모시고 **존경했습니다**. 연오랑은 궁궐에서 좋은 옷을 입고, 맛있는 음식을 먹으며 편히 지냈습니다.

하지만 연오랑은 항상 아내 세오녀 생각에 마음이 편치 않았습니다. 갑자기 사라진 자기를 찾기 위해 바닷가를 헤매고 있을 세오녀가 생각나서였습니다.

그 시각에도 세오녀는 갑자기 사라진 남편을 찾아 매일 바닷가에서 연오랑을 기다렸습니다. 그러던 어느 날 세오녀는 바닷가 바위 위에서 남편이 신던 **신발 한 짝**을 발견했습니다. 순간 세오녀는 **불길한 예감**이 들어 신발을 가슴에 꼭 품고 **통곡하였습니다**.

- 떠들다 : to chat noisily 喧闹
- 정중히 : politely, respectfully 诚恳地
- 범상한 사람 : an average man 非同一般的人
- 존경하다 : to respect 尊敬
- 신발 한 짝 : one shoe 一只鞋
- 불길한 예감 : a gloomy foreboding 不祥的预感
- 통곡하다 : to wail 抱头痛哭

- 기절하다 : to faint, to pass out 昏倒
- 정신을 차리다 : to recover consciousness 振作精神
- 단숨에 달려가다 : to rush without stopping for breath 一口气跑
- 어두컴컴하다 : dark, dim 黑漆漆
- 정기 : spirit, vital force 精气
- 광채 : sparkle 光彩
- 사신 : an envoy 使臣
- 비단 : silk 绸缎
- 제사 : ancestral rites, memorial service 祭祀

"연오랑, 연오랑!"

세오녀는 엉엉 울다 지쳐 그만 바위 위에서 **기절하고** 말았습니다. 그런데 그 순간 바위가 천천히 움직이더니 세오녀를 싣고 또 어디론가 둥둥 떠내려갔습니다.

한참 시간이 지난 후 세오녀가 **정신을 차리고** 눈을 떠보니 바닷가가 아니었습니다. 세오녀도 일본 땅으로 온 것이었습니다.

세오녀가 온 것을 알고 일본 사람들이 몰려와 이야기를 주고받았습니다. 한 신하가 연오랑에게 이 소식을 전하자 연오랑이 **단숨에** 달려갔습니다. 연오랑과 세오녀는 일본에서 다시 만나 왕과 왕비가 되었습니다.

그런데 이상하게도 연오랑과 세오녀가 일본으로 간 뒤로 신라에서는 해와 달이 뜨지 않고 항상 **어두컴컴했습니다**. 이를 이상히 여긴 신라의 왕이 신하를 불러 그 이유를 물었습니다. 그러자 신하가 대답했습니다.

"원래 해와 달의 **정기**가 연오랑과 세오녀에게 있었습니다. 그러나 이 부부가 일본으로 가버려서 신라의 해와 달에 **광채**가 사라진 것입니다."

왕은 곧 일본으로 **사신**을 보내어 연오랑과 세오녀에게 돌아오라고 부탁했습니다. 사신을 만난 연오랑은 한참 동안 생각한 다음 대답했습니다.

"제가 이 나라에 온 것은 하늘이 시킨 일인데 어찌 돌아갈 수 있겠습니까. 그 대신 내 아내 세오녀가 짠 비단을 줄 테니 그것으로 하늘에 **제사**를 올리십시오."

사신은 연오랑이 준 비단을 받아 신라로 돌아왔습니다. 그리고 그 비단으로 하늘에 제사를 지내니 신라에는 해와 달이 다시 돌아왔습니다. 이에 왕은 그 비단을 왕의 **창고**에 소중히 **보관하라**고 이르고 창고 이름을 **'귀비고'**라고 지었습니다. 이 때 하늘에 제사 지낸 곳을 **'영일현'** 또는 **'욱기야'**라고 합니다. 지금의 경상북도 포항이 바로 이곳입니다.

- 창고 : warehouse 仓库
- 보관하다 : to store 保管

한국과 일본은 '가깝고도 먼나라'라고 합니다. 한국과 일본의 역사를 함께 공부해 보시고 한일관계에 대해 이야기를 나누어 보십시오.

연/습/문/제

■ 〈연오랑과 세오녀〉를 잘 읽고 질문에 답해 보십시오.

1. 연오랑과 세오녀는 어느 시대 사람이었습니까?

____

2. 세오녀가 잘하는 것은 무엇이었습니까?

____

3. 연오랑이 바위를 타고 도착한 곳은 어디입니까?

____

4. 연오랑과 세오녀가 사라지자 신라에는 무슨 일이 생겼습니까?

____

5. 연오랑과 세오녀가 신라로 돌아오지 못하고 신하에게 준 것은 무엇입니까?

____

■ 적절한 의성어나 의태어를 찾아 쓰십시오.

1. 바위가 움직이더니 어디론가 (　　　) 떠내려갔습니다.
2. 세오녀는 (　　　) 울다 지쳐 쓰러졌습니다.

(둥둥, 엉엉)

■ 적절한 단어나 표현을 찾아 쓰십시오.

1. 세오녀는 남편이 신던 신발 한 (　　)을 발견했습니다.
2. 세오녀는 바위 위에서 (　　　)하고 말았습니다.
3. 세오녀가 오자 연오랑이 (　　　) 달려갔습니다.
4. 비단을 줄 테니 그것으로 하늘에 (　　　)를 올리십시오.

(단숨에, 기절, 짝, 제사)

이야기하기

■ 왕이 연오랑과 세오녀를 데려오라고 신하를 일본에 보냈습니다. 신하가 연오랑을 만나는 장면을 창의적인 대화로 만들어 보십시오. (역할 : 왕, 연오랑, 세오녀, 신하)

■ 위에서 만든 대화를 활용하여 〈연오랑과 세오녀〉를 구연해 보십시오. 동영상이나 사진, 그림 등을 활용해도 좋습니다.

29
견우와 직녀

옛날 아주 먼 옛날, 하늘나라에 **베를 잘 짜는** 직녀와 **소를 잘 모는** 견우가 살았습니다. 직녀와 견우 덕분에 하늘나라 사람들은 **옷감** 걱정도 **농사** 걱정도 하지 않고 잘 살 수 있었습니다.

견우와 직녀
Gyunwoo and Jingnyuh
牛郎织女

★ 칠월칠석과 오작교
한국에서 음력 7월 7일을 '칠월칠석'이라고 합니다. 견우와 직녀가 '오작교(烏鵲橋)'에서 만나는 날입니다. '오작교'는 '까마귀가 이어준 다리'라는 뜻인데, 사랑하는 사람이 오랜만에 만나는 중간 장소를 말합니다.

견우와 직녀는 **첫눈에 반해서** 서로 사랑을 했습니다. 그리고 드디어 아름다운 하늘나라에서 **축복을 받으며** 결혼을 했습니다. 결혼을 하고 난 뒤에도 견우와 직녀는 잠시도 떨어지지 않고 늘 함께 지냈습니다.

- 베를 짜다 : to weave hemp cloth 织布
- 소를 몰다 : to drive a cattle 赶牛
- 옷감 : cloth 布料
- 농사 : farming 种地
- 첫눈에 반하다 : to fall in love at the first sight, to find a crush 一见钟情
- 축복을 받다 : to be blessed 到祝福

- 게을리 하다 : to be lazy 偷懒
- 명령하다 : to give an order 命令
- 가슴이 철렁 내려앉다 : to have a heart sinking feeling 心里感到不安
- 빌어도 소용이 없다 : even begging is useless 求也没用
- 다행이다 : it's a good thing, thank God 庆幸
- 이별 : farewell, parting 离别
- 그리움 : longing for, missing 思念
- 은하수 : the Milky Way 银河水

그러나 매일 함께 있다 보니 직녀는 베를 짜는 일을 **게을리** 했습니다. 견우도 소 모는 일을 잘 하지 않고 놀기만 했습니다. 사람들은 옷감이 모자라서 옷을 만들 수 없었고, 곡식도 점점 줄어들었습니다.

이 일을 알게 된 하늘나라 임금님께서 화가 나 곧바로 견우와 직녀를 불러 이렇게 **명령했습니다**.

"너희는 결혼을 했지만 일을 게을리 했으니 앞으로 같이 살지 말고 떨어져 있어야겠다. 견우는 동쪽 끝에서 소를 몰고, 직녀는 서쪽 끝에서 베를 짜거라. 그리고 일 년에 딱 하루, **칠월 칠일**에만 하늘나라 중간에서 만나도록 하여라. 이를 어기며 더 큰 **벌**을 내릴 것이다!"

임금님의 말을 듣고 견우와 직녀는 가슴이 **철렁 내려앉았습니다**. 일하지 않은 것을 **후회했지만** 이미 때는 늦었습니다. 아무리 **빌어도 소용이 없었습니다**. 그나마 하루라도 만날 수 있는 것이 다행이었습니다.

견우와 직녀는 어쩔 수 없이 **이별**을 하였습니다. 그리고 서쪽 하늘에서 직녀가, 동쪽 하늘에서는 견우가 서로를 생각하며 부지런히 일했습니다. 밤마다 둘은 보고 싶어 **그리움**에 눈물을 뚝뚝 흘렸습니다.

드디어 기다리던 칠월 칠일이 되었습니다. 견우와 직녀는 서로 만나기 위해 쉬지 않고 걸었습니다. 그러나 아무리 걸어도 서로 볼 수가 없었습니다. 둘 사이에는 **은하수**가 있어서 만날 수가 없었던 것입니다.

견우와 직녀는 안타까워 눈물을 흘렸습니다. 그 눈물이 빗방울이 되어 땅으로 뚝뚝 떨어지면서 큰 비가 오고, **홍수가 났습니다**. 쏟아지는 비에 까치와 까마귀들도 놀라서 하늘 나라로 올라갔습니다. 거기서 까치와 까마귀들은 울고 있는 견우와 직녀를 보았습니다.

- 홍수가 나다 : to flood 发洪水
- 까치 : magpie 喜鹊
- 까마귀 : crow 乌鸦
- 떼 : a flock 群
- 오작교 : a bridge made from magpies 鹊桥
- 부둥켜 안다 : to embrace, to hug 紧紧拥抱

까치와 까마귀들은 소리를 내어 다른 **까치들과 까마귀들을** 불러 모았습니다. 견우와 직녀의 사연을 들은 까치와 까마귀들은 **떼로 모여** 날개를 펴서 은하수에 큰 다리를 만들어 주었습니다. 이 다리를 **'오작교'**라고 부릅니다.

오작교가 생기자 견우와 직녀는 은하수를 건너가 서로를 **부둥켜 안았습니다**.

까치와 까마귀

까치는 좋은 소식을 전하는 새, 즉 길조(吉鳥)입니다. 그러나 온몸이 검은 까마귀는 흔히 죽음을 암시하는 흉조(凶鳥)라고 말합니다. 그런데 이 이야기에서 까마귀는 좋은 일을 합니다. 이처럼 까마귀는 흉조이면서도 신의 의지를 전달하는 신비한 능력을 가진 새, 혹은 예언을 하는 양면성을 가진 새입니다. 또 효도를 하는 새로도 잘 알려져 있습니다.

길조 : bird of good luck 吉祥鸟
예언 : prophecy 预言

까마귀

까치

- 머리가 벗겨지다 : to lose one's hair 秃发
- 대머리 : bald 秃头
- 밟다 : to step on 踏

그 후로 해마다 칠월 칠일이면 까치와 까마귀 떼가 오작교를 놓아 견우와 직녀를 만나게 해주었습니다. 이때 까치와 까마귀들의 **머리가 벗겨져 대머리**가 되었다고 합니다. 견우와 직녀가 머리를 **밟고** 지나갔기 때문입니다.

지금도 칠월 칠일, 칠석이 되면 비가 내리는 날이 많습니다. 이것은 견우와 직녀가 **오작교**에서 만나 흘리는 눈물이라고 합니다.

서양에 밸런타인(Valentine) 데이가 있다면 한국에는 '칠월칠석(칠석날)'이 있습니다. 사랑하는 연인들이 만나는 날입니다. 자신의 나라에도 이렇게 연인들이 만나는 특별한 날이 있는지, 그리고 그 날 무엇을 하는지 서로 이야기를 나누어 보십시오.

■ 〈견우와 직녀〉를 잘 읽고 질문에 답해 보십시오.

1. 견우가 하는 일은 무엇입니까?

____

2. 하늘나라 임금님께서 왜 화가 나셨습니까?

____

3. 견우와 직녀가 만나는 날은 언제입니까?

____

4. 견우와 직녀를 만나게 해 준 새들은 무엇입니까?

____

5. 견우와 직녀가 만난 다리의 이름은 무엇입니까?

____

■ 적절한 의성어나 의태어를 찾아 쓰십시오.

1. 가슴이 (　　　) 내려앉았습니다.
2. 둘은 보고 싶어 그리움에 눈물을 (　　　) 흘렸습니다.

(철렁, 뚝뚝)

■ 적절한 단어나 표현을 찾아 쓰십시오.

1. 견우와 직녀는 (　　　) 반해 서로 사랑을 했습니다.
2. 견우와 직녀는 은하수를 건너가 서로를 (　　　) 안았습니다.
3. 까치와 까마귀들의 머리가 벗겨져 (　　　)가 되었다고 합니다.

(첫눈에, 대머리, 부둥켜)

■ 까치와 까마귀들이 오작교를 만들고 견우와 직녀가 만나는 장면을 창의적인 대화로 만들어 보십시오. (역할 : 까치, 까마귀, 견우, 직녀)

____

____

____

■ 위에서 만든 대화를 활용하여 〈견우와 직녀〉를 구연해 보십시오. 동영상이나 사진, 그림 등을 활용해도 좋습니다.

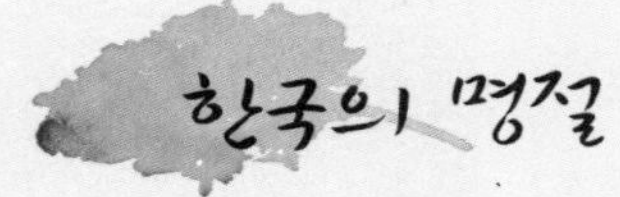

한국의 명절

한국의 명절은 계절과 관련된 세시풍속(歲時風俗)의 하나입니다.

- 세시풍속 : seasonal customs 岁时风俗
- 명절 : national holiday 节日
- 세배 : New Year's bow 拜年
- 덕담 : words of blessing 祝福话
- 조리 : strainer 滤器
- 복조리 : a lucky bag 福笊篱
- 미신 : superstition 迷信
- 햇과일 : newly harvested fruits 当季水果

떡국

세배

1월 1일 **설날** 음력 1월 1일, 즉 정월 초하룻날은 새해를 맞이하는 첫날입니다. 설날에는 아침에 차례를 지내고 웃어른들에게 세배를 드리며 '덕담(德談)'으로 인사를 나눕니다. 아이들은 새 옷을 입는데 '설빔' 혹은 '때때옷'이라고 합니다. 설날에는 떡국을 먹습니다. 떡국을 먹으면 한 살 더 먹는다고 말합니다. 아침에는 '조리'를 사서 벽에 걸어두는데 이를 '복조리'라고 하여 복을 담는다는 미신이 있습니다. 설날에는 윷놀이, 널뛰기, 연날리기 등을 합니다.

1월 15일 **대보름** 일 년 중 달이 가장 큰 대보름에는 오곡밥과 귀밝이술을 마시며 호두나 땅콩 등 딱딱한 과일로 '부럼'을 깹니다. 대보름에는 줄다리기를 하고 달이 뜨면 달맞이를 하고 그 해 소원을 빌기도 합니다.

3월 3일 **삼짇날** 봄이 되어 강남으로 갔던 제비가 돌아오는 날이라고 합니다. '화전놀이'를 하고 꽃잎으로 만든 '화전'을 먹습니다.

5월 5일 **단오절** 단오에는 여자들이 창포(菖蒲) 삶은 물에 머리와 얼굴을 씻었다고 합니다. 그네뛰기와 씨름을 즐겼습니다.

6월 **삼복** 음력 6월과 7월 사이에 있는 가장 더운 날입니다. 초복, 중복, 말복 이렇게 세 번의 삼복에는 개고기 먹는 풍습이 있습니다.

송편

7월 7일 **칠석** ☞ 147쪽 칠월칠석과 오작교

8월 15일 **추석** 추석을 '한가위'라고도 합니다. 추석도 설날처럼 가족과 친척들이 모이는 큰 명절입니다. 아침에 햇과일과 음식으로 조상들에게 차례를 지내고 성묘를 갑니다. 추석에 입는 새 옷은 '추석빔'이라고 합니다. 추석에는 송편과 햇과일을 먹고 강강술래, 줄다리기 등의 놀이를 합니다.

12월 **동지** ☞ 93쪽 팥죽과 동지

차례상

한국의 명절에 무엇을 하고 무슨 음식을 먹는지 이야기해 보십시오. 그리고 여러분 나라의 명절을 소개하면서 비교해 보십시오.

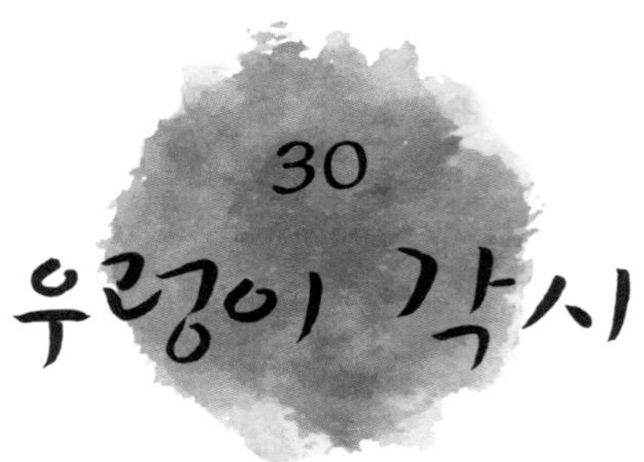

30 우렁이 각시

우렁이 각시
A Pond Snail Bride
田螺姑娘

★ 누군가 몰래 좋은 일을 해놓고 숨는 여인을 '우렁각시'라고 부릅니다. 한마디로 수호천사처럼 짝사랑을 하는 여인인데 <우렁이 각시> 이야기에서 유래된 말입니다.

옛날 옛날 어느 마을에 한 **노총각**이 늙은 어머니를 모시고 가난하게 살고 있었습니다. 하루는 밭에 나가 일을 하다가 너무 힘들어 **한숨**을 푹 쉬면서 혼자서 이렇게 말했습니다.

"이 밭에서 일해서 누구랑 먹고 살지?"

그러자 어디선가 "나랑 먹고 살지요" 하는 대답이 들렸습니다. 주위를 살펴보아도 아무도 보이지 않았습니다. 다만 밭 한쪽 끝에 우렁이 하나가 보였습니다.

총각은 그 우렁이를 가지고 집에 돌아와 물독에 넣어 두었습니다. 그런데 그 다음 날부터 이상한 일이 생기기 시작했습니다. 매일 아침 저녁으로 누군가 **진수성찬**을 차려놓고 사라지는 것이었습니다. 총각은 누가 **밥상**을 차려놓은 것인지 알 수가 없었습니다.

그는 몰래 숨어서 살펴보기로 했습니다. 며칠 동안 계속 지켜보던 총각은 물독에서 예쁜 각시가 나오더니 음식을 차려놓고 다시

- 노총각 : old bachelor 光棍
- 한숨을 쉬다 : to sigh 叹气
- 우렁이 : freshwater snail 田螺
- 색시(각시) : unmarried woman 新娘
- 총각 : unmarried man 小伙子
- 물독 : water jar 水缸
- 진수성찬 : sumptuous feast 山珍海味
- 음식을 차리다 : to set food 摆桌

물독으로 들어가는 것을 보았습니다.

다음 날 총각은 다시 이 각시를 지켜보다가 물독으로 들어가려고 할 때 손을 꽉 붙잡고 말을 했습니다.

• 인연 : relation 緣分

"각시, 당신은 누구시오. 왜 제 밥을 매일 차려놓고 사라지는 것입니까?"

"저는 당신이 밭에서 가지고 온 우렁이입니다."

"이렇게 예쁜 각시가 우렁이란 말이요? 분명 각시는 저와 큰 **인연**이 있는 것이니 저와 결혼해 주시오!"

우렁이 각시는 "안 됩니다. 저와 결혼하시려면 얼마 동안 기다리셔야 합니다. 저는 원래 하늘에 살던 선녀인데 옥황상제님께 죄를 짓고 우렁이로 인간 세상에 내려왔습니다. 지금은 결혼할 수 없으니 조금 더 기다려 주십시오."

그러나 총각은 매일 우렁이 각시에게 결혼해 달라고 졸랐습니다. 하는 수 없이 각시는 총각과 결혼했습니다.

전통혼례

지금도 옛날 방식의 결혼식을 하는데 이를 '전통혼례'라고 합니다. 하얀 웨딩드레스를 입지 않고 전통 결혼 한복을 입습니다.
조선시대에는 남녀 구별이 엄격한 유교 사회여서 우렁각시처럼 연애결혼을 한 것이 아니고 중매결혼을 했습니다.

- 원님 : magistrate 守令 (地方行政官)
- 관가 : district office 衙门
- 기둥 : pillar 顶梁柱
- 하소연하다 : to complain 倾诉
- 혼(魂) : soul, spirit 灵魂
- 정조를 지키다 : to keep one's charity 守贞操
- 참빗 : a fine tooth comb 篦子

우렁이 각시를 아내로 맞이한 총각은 아내를 집에만 있고 밖에 나오지 못하도록 했습니다. 일터에 밥을 나르는 것은 늙은 어머니의 몫이었습니다.

어느 날 어머니는 몸이 아파서 며느리한테 밥을 이고 들판에 나가라고 시켰습니다. 우렁이 각시는 남편을 위해 맛있는 밥과 반찬을 만들어 들판에 나갔습니다. 그런데 마침 그곳을 지나던 **원님**의 눈에 발견되었습니다. **원님**은 우렁 각시가 한눈에 보기에도 너무 예뻐서 **관가**로 데려가 버리고 말았습니다.

각시를 원님에게 빼앗겨 버린 남편은 화가 나서 관가로 찾아가 **하소연했습니다**. 그러나 소용이 없었습니다. 분을 이기지 못한 남편은 애를 태우다가 관가의 기둥에 머리를 부딪혀 죽고 말았습니다.

훗날 그 남편의 혼은 **파랑새**가 되어 아침 저녁으로 관가의 주변을 날며 슬프게 울었다고 합니다. 우렁이 각시도 **정조를 지키느라** 며칠을 먹지 않고 굶어서 죽고 말았습니다. 우렁이 각시의 **혼**은 **참빗**이 되었다고 합니다.

전통 혼례

현대 결혼식

결혼식에 가 본 적이 있습니까? 한국의 전통 혼례와 현대 결혼식을 보시고 여러분 나라의 결혼식과 비교하며 이야기를 나누어 보십시오. 그리고 중매 결혼과 연애 결혼의 차이를 이야기해 보십시오.

■ 〈우렁이 각시〉를 잘 읽고 질문에 답해 보십시오.

1. 총각이 우렁이를 가지고 집에 와서 어디에 넣어 두었습니까?

____

2. 우렁이 각시는 원래 하늘에 살던 무엇이었습니까?

____

3. 왜 우렁이 각시는 하늘에서 인간 세상에 내려왔습니까?

____

4. 결혼한 후 우렁이 각시를 들판에서 발견한 것은 누구입니까?

____

5. 우렁이 각시는 죽어서 그 혼이 무엇이 되었습니까?

____

■ 적절한 의성어나 의태어를 찾아 쓰십시오.

1. 총각은 한숨을 (　　) 쉬면서 혼자 말했습니다.
2. 총각은 각시의 손을 (　　) 붙잡고 말했습니다.

(꽉, 푹)

■ 적절한 단어나 표현을 찾아 쓰십시오.

1. 매일 아침 저녁으로 누군가 (　　　　)을 차려놓았습니다.
2. 분명 각시는 저와 (　　　　)이 있는 것이니 저와 결혼해 주시오.

(진수성찬, 인연)

이야기하기

■ 총각은 우렁이 각시와 어떻게 결혼했을까요? 총각이 우렁이 각시를 발견하고 청혼하는 장면을 창의적인 대화로 만들어 보십시오. (역할 : 총각, 우렁이 각시)

____

____

____

■ 위에서 만든 대화를 활용하여 〈우렁이 각시〉를 구연해 보십시오. 동영상이나 사진, 그림 등을 활용해도 좋습니다.

31

머리가 아홉 달린 괴물

머리가 아홉 달린 괴물
A Monster with Nine Heads
九头怪物

- 괴물 : monster 怪物
- 몸집 : frame, physique 身材
- 아홉 배 : nine-times 九倍
- 쩌렁쩌렁 울리다 : shrilly, resounded 震耳
- 가축 : livestock 家畜
- 곡식 : grain, crops 庄稼
- 모조리 : completely, all 全部
- 뾰족한 방법이 없다 : There is no way out. 没有好办法
- 냇가 : stream, river 溪边
- 빨래를 하다 : to do the washing 洗衣服
- 헐레벌떡 : to run hurriedly 气喘吁吁
- 바위 : rock 岩石

아주 먼 옛날, 깊은 산 속에 머리가 아홉 개 달린 **괴물**이 살고 있었습니다. 이 괴물은 **몸집**이 아주 커서 사람의 아홉 배나 되었고 목소리도 쩌렁쩌렁 **크게 울렸습니다**. 괴물은 사람들이 사는 마을에 나타나 **가축**과 **곡식**을 **모조리** 빼앗아 갔습니다. 이 괴물 때문에 마을 사람들은 하루도 마음 편히 살 수가 없었습니다. 그렇다고 달리 **뾰족한 방법이 없어서** 당할 수밖에 없었습니다.

그러던 어느 날, 마을에 나타난 괴물은 **냇가**에서 **빨래**를 하고 있는 한 젊은 여자를 잡아갔습니다. 냇가에 있던 여인들은 헐레벌떡 그 여자의 집으로 가서 남편에게 이 사실을 알렸습니다.

남편은 아내를 구하러 괴물이 있는 산속으로 갔습니다. 그리고 괴물이 살만한 집을 찾아보았지만 어디에도 집은 보이지 않았습니다. 남편은 너무 피곤하여 나무에 기댄 채 깜빡 잠이 들어버렸습니다. 그런데 꿈 속에서 머리가 하얀 할아버지가 나타나 이렇게 말했습니다.

"네 아내를 찾고 싶으면 동쪽으로 가거라. 그러면 계곡이 나올 것이고 그 계곡 뒤편에 가면 커다란 **바위**가 있을 것이다. 괴물은 바로 그 바위 아래 살고 있다. 그 계곡 물을 마시면 바위를 들 수 있을 것이다."

잠에서 깬 남편은 꿈 속의 할아버지가 말한 동쪽으로 걸어갔습니다. 정말로 그곳에는 계곡이 나타났습니다. 그리고 그 계곡 뒤에 큰 바위 하나가 있었습니다. 바위를 흔들어 보았지만 전혀 꼼짝도 안했습니다.

남편은 할아버지가 한 말이 기억나 계곡의 물을 마셨습니다. 그리고 힘껏 바위를 밀어 보았습니다. 그랬더니 바위가 움직이기 시작했습니다. 바위 뒤에는 큰 **기와집 한 채**가 있었습니다.

남자는 살금살금 기와집 근처로 다가갔습니다. 그 때 **항아리**를 들고 한 여자가 사뿐사뿐 **우물가**로 나오는 것이었습니다. 바로 자신의 아내였습니다.

남편은 아내에게 다가가 "여보, 어서 이곳에서 도망칩시다." 하고 손을 잡으며 말했습니다.

그러나 아내는 "안 돼요, 얼마 못 가서 또 잡힐 거예요. 잠시 후면 괴물이 나와요. 그 때 저 칼로 괴물을 물리치세요."

아내는 우물 곁에 있는 큰 칼 하나를 가리켰습니다. 그런데 그 칼은 어마어마하게 큰 것이었습니다.

"어떻게 저렇게 크고 무거운 칼로 싸우란 말이오. 나는 저 칼을 들 수도 없소."

그러자 아내는 말했습니다.

"걱정하지 마세요. 어서 이 **우물물**을 마시세요. 그러면 힘이 아주 세질 거예요."

- 기와집 한 채 : one tile-roofed house 一座瓦房
- 살금살금 다가가다 : to quietly approach 悄悄地接近
- 항아리 : pot 坛子
- 우물가 : a well side 井边
- 우물물 : well water 井水

• 벌컥벌컥 : to gulp 咕嘟咕嘟

아내의 말대로 남편은 그 물을 **벌컥벌컥** 마셨습니다. 그랬더니 갑자기 힘이 세져서 칼을 마음대로 들을 수가 있었습니다.

드디어 머리 아홉 달린 괴물이 나타나자 남편은 칼을 들고 달려가 괴물의 목을 하나씩 베었습니다. 괴물을 죽이고 돌아온 남편은 나라에서 큰 상을 받았습니다.

그날 이후부터 마을 사람들은 **두 다리를 쭉 펴고** 살 수 있게 되었고, 남편과 아내도 오래오래 행복하게 살았습니다.

여러분 나라에도 괴물이 있습니까? 그 괴물은 어떤 모양을 하고 있는지 이야기해 보십시오.

■ 〈머리가 아홉 달린 괴물〉을 잘 읽고 질문에 답해 보십시오.

1. 괴물의 크기는 사람의 몇 배였습니까?

   ____

2. 남편은 아내를 잡아간 괴물이 있는 곳을 누가 알려주었나요?

   ____

3. 남편은 무엇을 먹고 큰 바위를 밀었습니까?

   ____

4. 남편은 무엇을 먹고 힘이 세져 무거운 칼을 들 수 있었습니까?

   ____

■ 적절한 의성어나 의태어를 찾아 쓰십시오.

1. 괴물의 목소리도 (　　　　　　) 크게 울렸습니다.
2. 남자는 (　　　　　　) 기와집 근처로 다가갔습니다.
3. 한 여자가 (　　　　　　) 우물가로 나왔습니다.
4. 남편은 아내가 시키는 대로 물을 (　　　　　　) 마셨습니다.
5. 칼은 (　　　　　　)하게 큰 것이었습니다.

(벌컥벌컥, 어마어마, 사뿐사뿐, 살금살금, 쩌렁쩌렁)

■ 적절한 단어나 표현을 찾아 쓰십시오.

1. 마을 사람들은 괴물 때문에 편히 살 수 없었지만 달리 (　　) 방법이 없었습니다.
2. 바위 뒤에는 큰 기와집 한 (　　)가 있었습니다.
3. 괴물이 죽자 마을 사람들은 두 (　　)를 쭉 펴고 살 수 있었습니다.

(채, 다리, 뾰족한)

이야기하기

■ 남편은 괴물에게 붙잡혀간 아내를 만나 어떤 이야기를 했습니까? 창의적인 대화로 만들어 보십시오. (역할 : 남편, 아내)

■ 위에서 만든 대화를 활용하여 〈머리 아홉 달린 괴물〉을 구연해 보십시오. 동영상이나 사진, 그림 등을 활용해도 좋습니다.

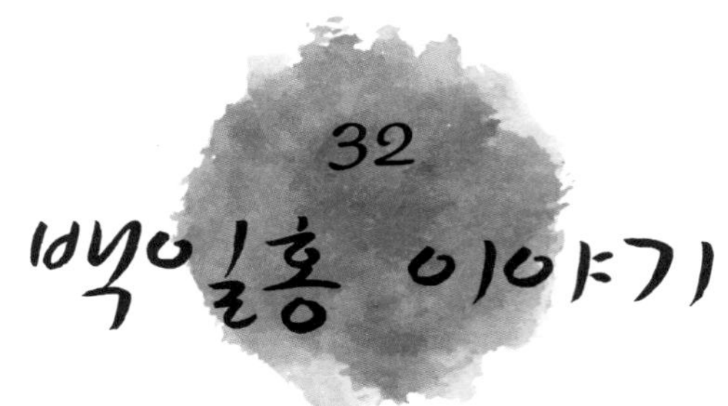

32 백일홍 이야기

백일홍 이야기
The Story of the 100-Days Red Flower
百日红故事

★ 백일홍의 꽃말
백일홍은 7월부터 10월까지 우리 주위에서 아주 흔하게 피는 꽃입니다.
꽃마다 이름이 있고, 그 의미가 꽃말이라고 하여 전해져 내려옵니다. '백일홍'의 꽃말은 '백일간의 기다림' 혹은 '떠나간 벗을 그리워함'입니다. 백일홍 이야기는 이 꽃이 유래된 설화에서 온 것입니다.

- 근심거리 : worries 烦心事
- 이무기 : a monster serpent, a python 巨蟒
- 제물로 바치다 : to offer up as a sacrifice 献祭
- 외동딸 : only daughter 独生女
- 생이별을 하다 : to be torn apart, to be separated 生死离别
- 장수 : commander, general 将帅
- 제단 : altar 祭坛

옛날 옛날, 아주 먼 옛날 어느 바닷가 마을에 사람들에게 큰 **근심거리**가 하나 있었습니다. 이 마을에는 봄이 되면 머리가 셋이나 되는 **이무기**가 사람들의 배를 뒤집고 어부들을 괴롭혔기 때문입니다. 그래서 마을사람들은 해마다 처녀를 하나씩 뽑아 이무기를 달래기 위해 **제물로 바치고** 있었습니다.

어느 해 봄날에도 마을 사람들은 또다시 모두 두려움에 떨었습니다. 마을 사람들은 김 노인의 **외동딸** 꽃네를 이무기의 제물로 바치기로 했습니다. 김노인과 꽃네는 **생이별**을 해야만 했습니다.

그런데 그 때 어디선가 젊고 힘센 **장수** 하나가 나타났습니다. **이무기** 때문에 어여쁜 처녀를 바칠 수 없다며 **이무기**를 죽여버리겠다고 했습니다.

장수는 꽃네의 옷으로 갈아입고 **제단** 위에 대신 올라갔습니다. 그 때 머리 셋 달린 이무기가 나타났습니다.

장수는 칼을 휘둘러 이무기의 머리 하나를 쳤습니다. 이무기는 비틀거리더니 바다 속으로 도망가 버렸습니다. 꽃네는 장수 덕분에 목숨을 건졌고, 마을에는 **평화**가 찾아왔습니다.

그러나 이무기가 완전히 죽지 않았기 때문에 언제 또 다시 올지 불안했습니다.

- 평화 : peace 和平
- 돛을 달다 : to set a sail 杨帆

장수는 이무기를 물리치러 바다로 떠나기로 했습니다. 떠나면서 장수는 꽃네에게 약속을 했습니다. 이무기를 죽이고 돌아오면 자기와 결혼해 달라고 청혼을 한 것입니다.

"내 배는 흰 **돛을 달고** 떠납니다. 흰 돛을 그대로 달고 오면 살아 돌아오는 것이고, 만일 내가 죽는다면 돛이 붉게 변할 것입니다. 반드시 살아서 돌아올 것이니 꼭 기다려 나와 결혼해 주십시오."

이 말을 남기고 **장수**는 **이무기**를 물리치러 바다로 떠났습니다. 꽃네는 장수가 돌아오는 날까지 매일 하루도 거르지 않고 바닷가가 보이는 산에 올라 기도를 했습니다.

장수는 이무기를 찾아다니다가 드디어 떠난 지 백일 째 되던 날 이무기를 발견하고 힘겹게 물리쳤습니다. 그리고 백일 만에 장수는 꽃네에게 돌아가게 되었습니다.

드디어 바닷가에 장수의 배가 나타났습니다. 꽃네는 가슴이 두근두근거렸습니다. 배를 보려고 산 위로 올라갔습니다. 그런데 돛은 붉게 변해 있었습니다. 멀리 산 위에서 붉은 돛을 발견한 꽃네는 장수가 죽은 줄 알았습니다. 꽃네는 절망한 나머지 바다에 몸을 던져 죽고 말았습니다.

한국의 꽃

한국에서 쉽게 볼 수 있는 꽃은 봄에 개나리, 진달래, 목련, 벚꽃, 여름에는 나팔꽃, 해바라기, 연꽃 등이고, 가을에는 국화와 코스모스입니다. 기념일에 꽃가게에서 사는 것은 장미나 백합 등이고, 어버이날과 스승의 날에는 카네이션을 많이 삽니다. 장례식에는 국화를 사용합니다.

개나리 : forsythia 迎春花
진달래 : azalea 杜鹃花
나팔꽃 : morning glory 牵牛花
해바라기 : sun flower 葵花
국화 : chrysanthemum 菊花
코스모스 : cosmos 波斯菊
카네이션 : carnation 康乃馨
연꽃 : lotus 莲花
목련 : magnolia 玉兰花
장미 : rose 玫瑰花
백합 : lily 百合花
호박꽃 : pumpkin flower 南瓜花
할미꽃 : pasqueflower 白头翁
무궁화 : rose of sharon 无穷花

★ 여자를 꽃에 많이 비유합니다. 호박꽃(얼굴이 미운 여자)이나 할미꽃(할머니같은 여자)으로 표현하기도 합니다.

- 숨을 거두다 : to die 死亡
- 부둥켜 안다 : to embrace 紧紧拥抱
- 양지바른 곳에 묻다 : to bury at a sunny place 埋葬在一个阳光灿烂的地方
- 넋 : soul, spirit 魂

그러나 사실은 **장수**가 **이무기**를 죽일 때 **이무기**의 피가 번져서 돛이 붉게 물든 것이었습니다. 장수는 육지에 도착해서 꽃네를 찾았지만 꽃네는 이미 **숨을 거둔** 뒤였습니다. 장수는 돌아올 때 돛의 색을 확인하지 못한 것을 후회하며 꽃네를 **부둥켜 안고** 울었습니다. 장수는 꽃네를 **양지바른 곳에 묻었습니다**.

시간이 흘러 꽃네가 죽은 무덤에는 예쁜 꽃이 백일동안 붉게 피었다가 지곤 했습니다. 사람들은 이 꽃을 꽃네의 **넋**이라고 하여 '백일홍'이라고 부릅니다.

여러분은 어떤 꽃을 좋아하십니까? 자신의 나라에 피는 유명한 꽃의 이름과 꽃말 그리고 그것이 유래된 이야기를 소개해 보십시오.

■ 〈백일홍 이야기〉를 잘 읽고 질문에 답해 보십시오.

1. 바닷가 사람들을 괴롭힌 것은 무엇이었습니까?

____

2. 마을 사람들이 이무기를 달래기 위해 바친 것은 무엇입니까?

____

3. 장수는 꽃네에게 어떤 돛을 달고 오면 살아온다고 말했습니까?

____

4. 장수가 살아왔는데 왜 꽃네는 죽었습니까?

____

5. 이 이야기의 꽃을 왜 백일홍이라고 부릅니까?

____

■ 적절한 의성어나 의태어를 찾아 쓰십시오.

1. 꽃네는 장수의 배가 나타나자 가슴이 (   )거렸습니다.
2. 마을 사람들은 이무기가 나타나자 두려움에 (   ) 떨었습니다.

(벌벌, 두근두근)

■ 적절한 단어나 표현을 찾아 쓰십시오.

1. 김노인의 하나밖에 없는 (   ) 꽃네를 제물로 바치기로 했습니다.
2. 김노인과 꽃네는 (   )을 해야만 했습니다.

(생이별, 외동딸)

■ 장수가 이무기를 물리치러 떠날 때 꽃네에게 청혼한 장면을 창의적인 대화로 만들어 보십시오. (역할 : 장수, 이무기)

____

____

____

____

■ 위에서 만든 대화를 활용하여 〈백일홍 이야기〉를 구연해 보십시오. 동영상이나 사진, 그림 등을 활용해도 좋습니다.

33
멸치의 꿈

멸치의 꿈
The Anchovy's Dream
凤尾鱼的梦想

★ 이 이야기에 등장하는 바닷속 생물은 모두 한국 사람들이 즐겨먹는 생선의 이름이기도 합니다. 한국에서 먹어 본 생선의 생김새와 맛을 기억해 보시기 바랍니다.

- 멸치 : anchovy 海蜒
- 대궐같은 집 : a palatial house 宫殿般的房子
- 가자미 : flatfish 鲽鱼
- 꼴뚜기 : baby octopus 墨斗鱼
- 갈치 : hairtail, cutlassfish 刀鱼
- 하인 : servant 仆人
- 낮잠 : nap 午觉
- 꿈 : dream 梦想
- 낙지 : a long-legged octopus 章鱼
- 진수성찬 : sumptuous feast 山珍海味
- 대접 : treat 招待
- 고생하다 : to go through hardship 吃苦
- 심부름 : errand, chores 跑腿儿

아주 먼 옛날, **남쪽 바다**에 **멸치**가 살았습니다. 멸치는 아주 **부자**여서 **대궐같은 집**에 살았습니다. **가자미**와 **꼴뚜기**, **갈치** 등을 **하인**으로 두었습니다.

하루는 멸치가 **낮잠**을 자다가 이상한 **꿈**을 꾸었습니다. 멸치는 **가자미**를 불렀습니다.

"지금 **동쪽 바다**로 가서 **낙지**를 모셔 오너라. 내가 이상한 꿈을 꾸었는데 무슨 뜻인지 알 수가 없구나"

가자미는 열심히 헤엄을 쳐서 동쪽 바다에 도착했습니다. 그리고 낙지를 모시고 다시 남해로 돌아왔습니다. 멸치는 **진수성찬**으로 낙지를 **대접**했습니다. 며칠 동안 쉬지 않고 **고생해서** **심부름**을 다녀온 **가자미**에게는 밥도 먹으라는 소리를 하지 않았습니다.

가자미는 매우 **섭섭했습니다**. 멸치는 이런 것도 모르고 밥을 다 먹은 후에 낙지에게 물었습니다.

"다름이 아니라, 제가 이상한 꿈을 꾸었습니다. 꿈에서 제가 하늘로 훨훨 날아다니는 것이었습니다. 그런데 곧 땅으로 떨어졌습니다. 또 누군가 나를 **싣고** 어디로 가버렸습니다. 갑자기 하얀 눈이 펑펑 내렸습니다. 이렇게 저는 꿈에서 **추웠다가 더웠다가**를 수없이 반복했습니다. 도대체 이게 무슨 꿈입니까? **해몽**을 해 주십시오."

- 섭섭하다 : to be disappointed, to be deeply missed 遗憾
- 해몽 : dream reading 解梦

* 꿈보다 해몽이다 : interpretation of a dream is better than a dream 解梦比做梦更重要

- 용 : dragon 龙
- 구름 : cloud 云彩

낙지가 말했습니다.

"아주 좋은 꿈을 꾸셨습니다. 하늘을 훨훨 나는 것은 멸치님이 **용이 되는 용꿈**입니다. 그리고 땅으로 떨어진 것은 용이 되신 멸치님이 비를 내리기 위해서 땅으로 내려오는 것입니다. 그리고 어디로 실려 가신 것은 바로 **구름**입니다. 즉 용이 되신 멸치님이 구

- 사계절 : four seasons 四季
- 다스리다 : to govern, to rule 治理
- 금은보화 : treasure 金银珠宝
- 은근히 : quite 不露声色
- 골탕을 먹이다 : to put someone through trouble, to bugger someone around 捉弄
- 그물에 걸리다 : to be caught in a mesh 落网
- 경고하다 : to warn 警告
- 어부 : fisherman 渔夫
- 석쇠 : gridiron, grate 烤架
- 부채질 : to fan 扇扇子

름을 타고 다니시는 모습입니다."

"하하하, 그렇군요. 그런데 갑자기 하얀 눈이 펑펑 내린 것은 무엇입니까?"

"그건 **날씨가 추워져서** 비가 눈으로 바뀌는 것입니다. 용은 **사계절**을 **다스리니까** 겨울에는 춥고 여름에는 더운 것입니다."

멸치는 고개를 끄덕이며 **해몽**을 듣고 기분이 좋았습니다. 그래서 멸치는 낙지에게 **금은보화** 선물을 가득 주었습니다.

가자미는 그 모습을 보고 **은근히** 화가 났습니다.

'내가 고생한 것은 알아주지도 않고, 내가 멸치를 **골탕먹여줘야겠다**'고 생각했습니다.

다음 날 낙지가 동쪽 바다로 돌아가자 가자미는 멸치에게 다가가 말했습니다.

"주인님, 어제 낙지의 해몽은 잘못되었습니다."

"뭐라고? 그럼 너는 내 꿈에 대해 어떻게 생각하느냐?"

"우선 하늘을 날다가 땅으로 떨어진 것은 주인님이 어부들의 **그물에 걸릴** 것을 **경고하는** 것입니다. 그물에 걸리면 **어부**들이 끌어올리면서 밖으로 나가니 하늘로 올라가는 것과 같습니다. 그리고 어부들이 **그물**에서 주인님을 떼어 놓아 배 위에 올려놓으니 땅 속으로 떨어지는 것입니다."

"그렇다면 나를 싣고 간 것이 **어부**란 말이냐?"

"그렇습니다. **어부**가 주인님을 가지고 가서 **석쇠**에 올리고 흰 **소금**을 뿌리니 흰 눈이 내린 것이고, 불을 피워 **부채질**을 하니 몸이 추웠다 더웠다 하는 것입니다."

그러자 멸치는 화가 나서 가자미의 **뺨을** 찰싹 세게 **쳤습니다**. 이때의 **충격**으로 가자미의 눈은 오른쪽으로 몰려 있게 되었다고 합니다. 그리고 이 광경을 보고 **겁이** 덜컥 **난 꼴뚜기**는 얼른 자기 눈을 빼어 **꽁무니**에 찼습니다. **갈치**는 구경하러 온 물고기들에게 온몸이 **밟혀 납작해지고** 말았다고 합니다.

- 뺨 : cheek 脸腮
- 충격 : shock, impact 打击
- 겁이 나다 : to be seized with fear 害怕
- 꼴뚜기 : baby octopus 墨鱼仔
- 꽁무니 : tail 尾巴
- 납작해지다 : to be flattened 压得扁扁

★ 다음은 한국 사람들이 많이 먹는 생선입니다. 어떤 생선인지 드셔보시기 바랍니다.

꽁치 Pacific saury 竹刀鱼
멸치 anchovy 鳀鱼
참치 tuna 金枪鱼
삼치 Japanese Spanish mackerel 蓝点马鲛
오징어 squid 鱿鱼
문어 octopus 章鱼
고등어 mackerel 鲐鱼
광어 halibut, flatfish 偏口鱼
복어 blowfish 河豚

'치'로 끝나는 생선은 비늘이 있고 '어'로 끝나는 생선은 비늘이 없습니다. 옛날부터 '어'로 끝나는 생선만 제사상에 올렸다고 합니다.

여러분은 꿈을 꾸신 적이 있습니까? 자신이 꾼 꿈 이야기를 나누며 해몽을 해 보십시오.

연/습/문/제

■ 〈멸치의 꿈〉을 잘 읽고 질문에 답해 보십시오.

1. 멸치는 어떤 집에 살았습니까?

____

2. 멸치가 꿈의 의미를 알기 위해 누구를 모셔왔습니까?

____

3. 낙지는 멸치에게 꿈에서 하늘을 나는 것은 무슨 뜻이라고 말했습니까?

____

4. 가자미는 멸치의 꿈에서 하늘을 나는 것은 무슨 뜻이라고 했습니까?

____

5. 갈치는 왜 몸이 납작해졌습니까?

____

■ 적절한 의성어나 의태어를 찾아 쓰십시오.

1. 꿈에서 하늘을 (   ) 날아다니는 것이었습니다.
2. 멸치는 화가 나서 가자미의 뺨을 (   ) 세게 쳤습니다.

(찰싹, 훨훨)

■ 적절한 단어나 표현을 찾아 쓰십시오.

1. 멸치는 아주 부자여서 (   )같은 집에 살았습니다.
2. 멸치는 (   )으로 낙지를 대접했습니다.
3. 도대체 이 꿈이 무엇인지 (   )을 해 주십시오.
4. 멸치는 낙지에게 (   ) 선물을 가득 주었습니다.

(해몽, 진수성찬, 대궐, 금은보화)

이야기하기

■ 가자미는 왜 화가 났을까요? 가자미가 멸치의 꿈을 해몽하는 장면을 창의적인 대화로 만들어 보십시오. (역할 : 가자미, 멸치)

____

____

■ 위에서 만든 대화를 활용하여 〈멸치의 꿈〉을 구연해 보십시오. 동영상이나 사진, 그림 등을 활용해도 좋습니다.

34

에밀레 종 이야기

옛날 옛날 신라 시대에 경덕왕께서 가장 훌륭한 기술자들을 불러 봉덕사에 큰 종을 만들라고 명령했습니다. "**부왕**이신 성덕대왕을 **기릴** 수 있도록 신라에서 가장 큰 **종**을 만들도록 하시오."

전국 각지에서 온 기술자들은 **쇳물**을 녹여 엄청 큰 종을 만들었습니다.

에밀레 종 이야기
The Emile Bell Story
艾米莱钟的故事

- 부왕 : father king 父王
- 기리다 : celebrate 庆祝
- 종 : bell 钟
- 정성 : sincerity 诚心诚意
- 쇠 : iron 铁
- 쇳물 : a metallic stain, rusty water 铁水

- 탁한 소리 : an unclear or a murky sound 不清楚或模糊的声音
- 굳히다 : to harden 凝固
- 시주 : donation 施主

그런데 종이 소리가 나지 않은 것이었습니다. 종은 '징'하는 **탁한 소리**만 날뿐이었습니다. 경덕왕이 직접 종을 쳐 보아도 마찬가지였습니다.

기술자들은 종을 다시 깨드려 녹이고 다시 부어서 **굳히면서** 종을 만들어보았습니다. 그러나 종은 여전히 탁한 소리만 나는 것이었습니다.

한편 봉덕사 스님들은 전국을 다니며 종을 만들기 위한 시주를 받기에 바빴습니다. 하루는 봉덕사 주지 스님이 꿈 속에서 이상한 소리를 들었습니다.

"며칠 전에 **시주**를 받으러 갔다가 그냥 돌아온 집의 아이를 데려오너라. 그 아이가 종에 들어가야 소리가 날 것이다."

잠에서 깬 주지 스님은 낮에 **시주**할 게 아무 것도 없다던 그 집으로 다시 찾아가 보았습니다. 울고 있는 아기를 업고 달래던 어미는 "어떻게 오셨습니까. 어제 시주를 못해 마음이 아팠는데, 정말 죄송합니다"

스님은 어젯밤 꿈 속에서 들은 이야기를 해 주었습니다. 아기의 어미는 훌쩍훌쩍 울었습니다. 사실 그 아기는 태어나면서 **몹쓸 병에 걸려** 매일 울고 있었던 것입니다. **무남독녀 외딸**로 태어났지만 집이 너무 가난하여 약도 써 볼 수 없었습니다.

아기의 어미는 이렇게 아프다가 죽을 바에는 차라리 부처님께 바쳐 **내세**에 건강한 아기로 태어나는 게 나을지 모르겠다고 생각했습니다. 어미는 아기를 바치기로 결심했습니다.

그리고 펄펄 **끓고** 있는 **쇳물** 속에 아기를 넣었습니다.

드디어 종이 완성되었습니다. 종을 치자 아주 맑고 고운 **종소리**가 멀리까지 '뎅– 뎅–' 퍼져나갔습니다. 그 소리가 마치 "에밀레, 에밀레", 즉 "엄마, 엄마"하는 소리같이 들려 사람들은 이 종을 '에밀레 종'이라고 부르게 되었습니다.

- 몹쓸 병에 걸리다 : to suffer from a nasty disease 得了不治之病
- 무남독녀 외딸 : the only daughter 独生女
- 내세 : afterlife, next life 来生
- 종소리 : sound of a bell 钟声

성덕대왕신종

'에밀레 종'의 이름은 '성덕대왕 신종'입니다. 국보(國寶) 29호입니다. 세계에서 가장 아름다운 소리를 내는 종이라고 합니다. 지금 국립경주박물관에 있습니다. 2004년 이후부터 종의 보존을 위해 현재는 종을 치지 않고 있습니다. 이 종에 새겨진 '비천상'도 매우 아름다운 한국의 문화유산입니다.

성덕대왕신종

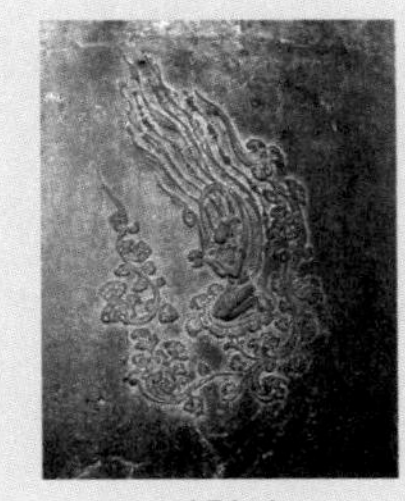
비천상

한국의 문화유산 가운데 옛이야기가 함께 전해지는 것을 조사해서 발표해 보십시오.

■ 〈에밀레 종 이야기〉를 잘 읽고 질문에 답해 보십시오.

1. 경덕왕은 왜 큰 종을 만들라고 명령했습니까?

____

2. 봉덕사 종에 무엇을 넣었습니까?

____

3. 아기의 어미는 왜 아기를 바쳤습니까?

____

4. 에밀레라는 말은 무슨 뜻입니까?

____

■ 적절한 의성어나 의태어를 찾아 쓰십시오.

1. 종은 (　　)하는 탁한 소리만 날뿐이었습니다.
2. 아기의 어미는 (　　　　　) 울었습니다.
3. 어미는 아기를 (　　　) 끓고 있는 쇳물 속에 넣었습니다.

(훌쩍훌쩍, 펄펄, 징)

■ 적절한 단어나 표현을 찾아 쓰십시오.

1. 스님들은 전국을 다니며 종을 만들기 위한 (　　　)를 받기에 바빴습니다.
2. 아프다가 죽을 바에는 차라리 (　　)에 건강한 아기로 태어나길 빌었습니다.
3. 아기는 (　　　　　) 외동딸로 태어났지만 태어나면서 병에 걸렸습니다.

(내세, 무남독녀, 시주)

이야기하기

■ 스님이 아기의 엄마를 찾아가 이야기하는 장면을 창의적인 대화로 만들어 보십시오. (역할 : 스님, 엄마)

____

____

____

____

■ 위에서 만든 대화를 활용하여 〈에밀레 종 이야기〉를 구연해 보십시오. 동영상이나 사진, 그림 등을 활용해도 좋습니다.

35
아사달과 아사녀

옛날 옛날에 **백제**라는 나라에 아주 유명한 **석공** '아사달'이 아내 '아사녀'와 함께 행복하게 살고 있었습니다.

어느 날 신라에서 **불국사**를 짓는다고 **실력이 뛰어난** 석공들을 불러 모았습니다. 아사달도 우수한 석공으로 뽑혔습니다. 아사녀와 헤어지기 싫었지만 아사달은 신라에 갔습니다.

아사달은 불국사에 있는 **석가탑**을 만드는 데 **온 힘을 기울였습니다**.

아사달과 아사녀
Asadal and Asanyeo
阿斯达和阿斯女的故事

- 석공 : stonemason 石匠
- 불국사 : Bulguksa temple (a temple of Buddhism) 佛国寺
- 실력이 뛰어나다 : skilled 实力雄厚
- 석가탑 : Seokgatap (a granite pagoda that stands in the west of Bulguksa temple) 释迦塔
- 온 힘을 기울이다 : try one's best 竭尽全力

불국사

- 금기 : taboo 禁忌
- 서성거리다 : hang about 徘徊
- 자그마한 연못 : small pond 小池
- 탑 : tower, pagoda 塔
- 그림자 : shadow 影子
- 지성으로 빌다 : pray with all one's heart 诚心祈祷
- 온종일 : all day long 整天
- 그림자가 비치다 : shadow falling on something 阴影落在某物上
- 고향 : hometown, birthplace 故乡
- 기력을 잃다 : lose energy 失去力气
- 바위 : rock 岩石

아사달을 신라에 보내고 백제에서 기다리던 아사녀는 한 해 두 해가 지나도 남편이 오지 않자 불국사가 있는 신라에 찾아갔습니다.

그러나 탑이 완성되기 전까지 여자를 들일 수 없다는 **금기**가 있어 남편을 만나지 못했습니다. 아사녀는 포기하지 않고 불국사 문 앞을 오락가락 **서성거리며** 남편을 기다렸습니다.

이를 보다 못한 불국사 스님이 말했습니다.

"여기서 누구를 기다리는 것이오."

"바로 제 남편, 아사달입니다. 저는 저 멀리 백제에서 남편을 찾아왔습니다. 그러나 남편을 만날 수가 없습니다. 언제 탑이 완성되는 지 알려주십시오."

"아직 완성되지 않았소. 여기서 얼마 떨어지지 않은 곳에 **자그마한 연못**이 있소. **탑**이 완성되면 그 탑의 **그림자**가 연못에 비칠 것이오. 그러면 남편도 볼 수 있을 것이니 지성으로 빌면서 기다리시오."

그 다음 날부터 아사녀는 연못에서 **온종일** 탑의 **그림자가 비치기**만을 기다렸습니다. 아무리 기다려도 연못에는 탑의 그림자가 떠오르지 않았습니다. 아사녀는 **고향**으로 되돌아갈 **기력조차 잃고** 남편의 이름만 불렀습니다. 연못에는 남편의 모습만 어른어른 비쳤습니다. 아사녀는 남편 아사달의 이름을 부르면서 연못 속에 손을 넣다 그만 풍덩 빠져버렸습니다.

드디어 탑을 완성하고 아사달은 집으로 돌아갈 수 있게 되었습니다. 마침 아내가 와서 기다리고 있다는 소식을 듣고 연못으로 달려갔지만 아내는 보이지 않았습니다.

그런데 그 때 앞산의 **바위**에 아내의 모습이 나타났다가 사라지고 또 나타났다가 사라졌습니다. 그 웃고 있는 모습이 **인자한 부처님**의 모습처럼 보이기도 하였습니다. 아사달은 그 때부터 바위에 아내 아사녀의 모습을 **조각하기** 시작했습니다

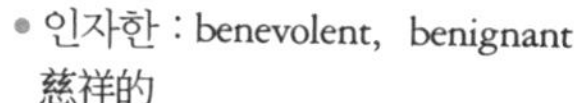

- 인자한 : benevolent, benignant 慈祥的
- 부처님 : Buddha 佛爷
- 새기다 : carve, engrave 雕刻
- 조각 : sculpt 雕塑
- 무영탑 : a tower without a shadow 無影塔

아사녀의 모습을 **바위에 새긴** 아사달은 비로소 고향으로 돌아갈 수 있었습니다. 그런데 이 연못에는 그 때부터 그 탑은 그림자가 비추지 않았다고 합니다. 지금도 사람들은 경주 불국사에 있는 석가탑을 '그림자를 비추지 않는 탑'이라고 하여 '**무영탑**(無影塔)'이라고 부릅니다.

경주에 가본 적이 있습니까? 경주에 있는 한국의 문화유산을 감상하시고 이야기를 나누어 보십시오.

연습문제

■ 〈아사달과 아사녀〉를 잘 읽고 질문에 답해 보십시오.

1. 백제에 사는 석공 아사달이 간 것은 어느 나라입니까?

2. 아사달이 불국사에서 만든 탑은 무엇입니까?

3. 아사녀는 왜 남편을 만나지 못했습니까?

4. 무영탑의 뜻은 무엇입니까?

■ 적절한 의성어나 의태어를 찾아 쓰십시오.

1. 아사녀는 문 앞을 (   ) 서성거리며 남편을 기다렸습니다.
2. 연못에는 남편의 모습만 (   ) 비쳤습니다.

(오락가락, 어른어른)

■ 적절한 단어나 표현을 찾아 쓰십시오.

1. 신라에서는 (   )이 뛰어난 석공들을 불러 모았습니다.
2. 아사녀는 고향으로 되돌아갈 (   )조차 잃고 남편의 이름만 불렀습니다.

(기력, 실력)

이야기하기

■ 아사달이 우수한 석공으로 뽑혀 신라로 갈 때 아사녀와 헤어지는 장면을 창의적인 대화로 만들어 보십시오. (역할 : 아사녀, 아사달)

■ 위에서 만든 대화를 활용하여 〈아사달과 아사녀〉를 구연해 보십시오. 동영상이나 사진, 그림 등을 활용해도 좋습니다.

유네스코 등록된 한국의 세계 문화유산

★ 문화유산에는 유형(有形)과 무형(無形)이 있습니다. 유네스코에 등록된 한국의 유형문화재와 무형문화재를 직접 체험해 보시기 바랍니다.

- 무형문화재 : intangible culture asset 无形文化遗产
- 유형문화재 : tangible culture asset 有形文化遗产

해인사 대장경판(海印寺大藏經板, Tripitaka Koreana)

경상남도 합천군 해인사에 보관되어 있는 대장경판입니다. 고려시대에 대장도감에 새긴 목판으로 8만4천 법문을 수록하였기 때문에 '팔만대장경판'이라고도 합니다. 고려 몽고군이 침입해서 처음 만든 것이 불타버리자 다시 새긴 것입니다.

종묘(宗廟, Jongmyo Shrine)

서울시 종로구 종로에 있는 사당입니다. 조선 왕조의 왕과 왕비의 신주(神主)를 모시고 제사를 지내는 곳입니다. 조선 왕조의 유교적 전통인 왕실 제례 문화를 보여주는 문화유산입니다.

석굴암과 불국사(石窟庵, 佛國寺, Seokguram Grotto and Bulguksa Temple)

경상북도 경주시 토함산에 있는 신라시대 불교 유적입니다. 석굴암은 불상을 모신 석굴이며 불국사는 사찰 건축물입니다.

창덕궁(昌德宮, Changdeokgung Palace Complex)

서울시 종로구 와룡동에 있는 조선시대의 궁궐입니다. 경복궁 다음으로 지은 궁궐로 이궁, 즉 재난이 있을 때를 대비해 지은 궁궐입니다. 자연과 조화를 이루는 아름다운 궁궐입니다.

수원 화성(水原 華城, Suwon Hwaseong Fortress)

경기도 수원시에 있는 성(城)입니다. 조선시대 정조가 아버지 사도세자를 그리며 능을 좋은 명당자리로 옮기고 그 부근 주민을 수원으로 옮기면서 동서양의 건축 방법을 활용해 만든 계획도시입니다.

고인돌 유적(Dolmen Sites)

전라북도 고창, 전라남도 화순, 인천시 강화군에 있는 선사시대의 거대한 바위 무덤입니다. 우리나라뿐 아니라 동북 아시아 고인돌 형태를 잘 보존하고 있습니다.

경주 역사 유적 지구(慶州歷史遺蹟地區, Gyeongju Historic Areas)

경상북도 경주시에 신라시대 불교 유적과 생활 유적이 집중적으로 분포되어 있는 곳입니다. 조각, 탑, 사지, 왕릉, 궁궐지, 산성 등 1000년의 역사를 간직하고 있습니다.

조선왕릉(朝鮮王陵, Joseon Dynasty Royal Tombs)

조선왕조 총 27대의 왕과 왕비의 무덤으로 42기 중에 북한 개성에 있는 왕릉은 등록되지 못하고 40기가 문화유산으로 등록되어 있습니다. 조선왕릉들은 모두 풍수지리설의 영향을 받아 자연친화적인 아름다움이 뛰어납니다.

하회마을과 양동마을(河回, 良洞, Hahoe and Yangdong Villages)

조선대대 양반 가문이 모여살았던 마을입니다. 하회마을에는 풍산 류씨가 많이 살았고 양동마을은 사위가 처가에 들어와 모여살기 시작한 마을입니다. 초가집과 기와집, 서당 등 조선시대 유교정신과 전통문화를 간직한 곳입니다.

제주 화산섬과 용암동굴(濟州, Jeju Volcanic Island and Lava Tubes)

제주도에 있는 한라산은 화산섬으로 생태계의 보고입니다. 거문 오름 지역에는 130개가 넘는 용암동굴이 있습니다. 성산 일출봉은 바닷속 화산 폭발로 이루어진 아름다운 산입니다.

남한산성(南漢山城, Namhansanseong Fortress)

경기도 광주시에 있는 통일신라 시대 산성입니다. 조선시대에 한양의 방어를 위해 쌓은 산성으로 알려져 있습니다.

부여 역사 유적 지구(夫餘歷史遺蹟地區, Buyeo Historic Areas)

충청남도 공주, 부여, 전라북도 익산 등에 있는 백제 역사 유적이 2015년 7월, 12번째 세계문화유산으로 등재되었습니다.

한국의 무형 문화재로 11가지(판소리, 가곡, 아리랑, 매사냥, 종묘제례악, 대목장, 영산제, 줄타기, 한산모시짜기, 농악, 김장)가 있습니다. 그것이 무엇인지 조사해 보고 체험한 것이 있으면 이야기를 나누어 보십시오.

36
개와 고양이

개와 고양이
A Dog and a Cat
狗和猫

- 잉어 : carp 鲤鱼
- 낚시줄 : fishing line 鱼线
- 눈물을 뚝뚝 흘리다 : to shed tears in drops 泪水滚滚而下
- 가엾은 마음 : pitiful 可怜之心
- 용궁 : the palace of the sea king 龙宫
- 용왕님 : the Dragon King 龙王
- 사양하다 : decline 推辞
- 소원 : wish 愿望

옛날 옛날 어느 강가에 가난한 할아버지 할머니 부부가 살았습니다. 어느 날 할아버지는 물고기를 잡으러 강으로 나갔습니다. 하루 종일 한 마리도 잡히지 않다가 저녁때쯤 커다란 **잉어** 한 마리가 잡혔습니다. 그런데 **낚시줄**에 올라온 잉어가 **눈물을 뚝뚝 흘리는** 것이었습니다.

할아버지는 가엾은 마음에 잉어를 놓아주었습니다. 잉어는 고맙다는 말을 남기고 강물 속으로 멀리 사라졌습니다.

다음 날 할아버지가 또 낚시를 하러 강가에 나갔습니다. 그 때 어디서 한 젊은이가 다가와 "어제 저를 살려 주셔서 고맙습니다. 그 잉어가 바로 저입니다. 저는 저 먼 바닷속 **용왕님**의 아들인데 용왕님께서 할아버님을 모셔오라고 하셨습니다" 할아버지는 몇 번 **사양하다**가 젊은이를 따라 바닷속 **용궁**에 갔습니다.

젊은이는 용왕님 앞으로 가기 전에 할아버지에게 이렇게 말했습니다. "용왕님이 **소원**을 물어보시면 파란 구슬이 갖고 싶다고 하십시오."

할아버지가 용왕님께 가자 용왕은 “제 아들의 생명을 구해 주셔서 정말 고맙습니다. 소원을 말씀해 보십시오. 제가 들어드리겠습니다”

할아버지는 젊은이가 말한 대로 파란 **구슬**을 갖고 싶다고 말했습니다. 용왕님은 할아버지에게 마법의 파란 구슬을 주었습니다.

파란 구슬을 가지고 집으로 돌아온 할아버지는 그것이 무엇이든 다 만들어 주는 **마법의 구슬**이라는 것을 알았습니다. 파란 구슬로 **금은보화**를 만든 할아버지 할머니는 아주 큰 부자가 되었습니다.

이 소문을 들은 강 건너 마을 욕심쟁이 할머니가 찾아 왔습니다.

“그 파란 구슬이 그렇게 **신기하다면서요**? 한 번 구경이나 하게 해 주세요.”

할머니는 파란 구슬을 보여주었습니다. 그러자 욕심쟁이 할머니는 자기가 가져온 가짜 구슬과 몰래 바꾸어 놓고 **허둥지둥** 가버렸습니다.

파란 구슬이 없어지자, 할아버지와 할머니는 다시 가난해졌습니다. 할아버지는 예전처럼 물고기를 잡아서 먹고 살아야 했습니다. 할아버지 집에 있던 개와 고양이도 그 전처럼 배고픈 **신세**가 되었습니다.

하루는 개와 고양이가 **의논을 했습니다**.

“우리가 파란 구슬을 찾아오자!”

“그러자. 욕심쟁이 할머니가 가져간 게 틀림없어. 우리가 찾아서 드리자.”

- 구슬 : marble, bead 珠子
- 마법의 구슬 : the magical bead 神奇的珠子
- 신기하다 : amazing 神奇
- 구경 : sightseeing 观赏
- 신세 : a pitiable condition 麻烦
- 의논하다 : discuss 商量

- 대궐 : royal palace 大宫
- 으리으리하다 : grand, magnificent 雄伟壮观
- 하인 : servant 仆人

개와 고양이는 조용히 집을 나와 강을 건너 욕심쟁이 할머니 집으로 갔습니다. 욕심쟁이 할머니 집은 **대궐같이** 으리으리**했습니다**. 그러나 대문 앞에 **하인**들이 지키고 있어 들어갈 수가 없었습니다. 고양이는 쌀 창고로 들어가 쥐들이 있는 곳에 갔습니다. "이 놈 쥐들아, 당장 가서 파란 구슬을 찾아오너라. 그렇지 않으면 모두 잡아먹어 버릴 테다."

그러자 쥐 한 마리가 찍찍거리며 재빨리 어디로 가더니 파란 구슬을 물고 왔습니다. 개와 고양이는 파란 구슬을 가지고 욕심쟁이 할머니 집을 빠져나왔습니다. 강가에 이르자 개는 구슬을 입에 문 고양이를 등에 태우고 강을 건너기로 했습니다.

개는 강을 헤엄쳐 건너면서 파란 구슬이 무사한 지 궁금했습니다. "고양이야, 파란 구슬은 잘 물고 있는거지?"

"……"

"고양이야, 왜 대답이 없어? 구슬은 잘 물고 있냐고?"

"아, 잘 물고 있다니까!" 고양이는 버럭 **화를 냈습니다**.

그러나 고양이가 말하는 바람에 입에 물었던 파란 구슬이 강물에 퐁당 빠지고 말았습니다.

개는 파란 구슬을 잃어버린 것이 너무나 **속상해 투덜투덜거렸습니다**. 고양이도 개 때문에 파란 구슬을 강물에 빠뜨려 화가 났습니다. 고양이와 개는 밤새 서로 옥신각신 **다투다가** 강가에 앉아 아침을 맞았습니다.

그 때 고깃배가 하나 들어오더니 어부가 배에서 "이건 죽은 물고기잖아, 에이!"하고 물고기 한 마리를 고양이 있는 쪽으로 휙 던져버렸습니다. 마침 배가 고팠던 고양이는 달려가 물고기를 물었습니다. 물고기 뱃속에는 낮에 강을 건너며 물에 빠뜨렸던 파란 구슬이 들어있었습니다. 고양이는 파란 구슬을 물고 얼른 집으로 달려와 할아버지 할머니에게 드렸습니다.

다시 큰 부자가 된 할아버지 할머니는 구슬을 찾아온 고양이를 방 안에 두었고 개는 밖에서 살게 했습니다. 이 일이 있은 후부터 고양이와 개는 만나기만 하면 으르렁거리고 서로 티격태격 싸우게 되었다고 합니다.

- 버럭 화를 내다 : lose one's temper 勃然大怒
- 다투다 : argue 吵架
- 속상하다 : upset, distressed 伤心
- 고깃배 : fishing boat 渔船
- 으르렁대다 : growl 低吼

여러분은 개와 고양이 중에 어떤 동물을 더 좋아하시나요? 여러분이 키우고 있는 동물이야기를 나누어 보십시오.

연습문제

■ 〈개와 고양이〉를 잘 읽고 질문에 답해 보십시오.

1. 할아버지의 낚시에 잡힌 잉어는 누구입니까?

____

2. 바닷속 용왕님은 왜 할아버지를 모셔오라고 했습니까?

____

3. 할아버지는 무슨 색 구슬을 가져왔습니까?

____

4. 할아버지와 할머니는 왜 다시 가난해졌습니까?

____

5. 도둑맞은 파란 구슬을 처음에는 누가 다시 찾아왔습니까?

____

6. 고양이는 왜 입에 물었던 파란 구슬을 강물에 빠뜨렸습니까?

____

■ 적절한 의성어나 의태어를 찾아 쓰십시오.

1. 욕심쟁이 할머니는 구슬을 몰래 바꾸어 놓고 (　　　　) 가버렸습니다.
2. 욕심쟁이 할머니 집은 대궐같이 (　　　　)했습니다.
3. 개는 구슬을 잃어버린 것이 너무나 속상해 (　　　　)거렸습니다.
4. 고양이와 개는 밤새 서로 (　　　　) 다투었습니다.

(허둥지둥, 으리으리, 투덜투덜, 티격태격)

■ 적절한 단어나 표현을 찾아 쓰십시오.

1. 개와 고양이도 그 전처럼 배고프고 (　　　) 신세가 되었습니다.
2. 고양이는 (　　　) 화를 냈습니다.
3. 고양이가 말하는 (　　)에 입에 물었던 파란 구슬을 강물에 빠뜨렸습니다.

(버럭, 처량한, 바람)

이야기하기

■ 고양이는 왜 파란 구슬을 강물에 빠뜨렸을까요? 강을 건너며 고양이와 개가 이야기하는 장면을 창의적인 대화로 만들어 보십시오. (역할 : 고양이, 개)

■ 위에서 만든 대화를 활용하여 〈개와 고양이〉를 구연해 보십시오. 동영상이나 사진, 그림 등을 활용해도 좋습니다.

37 열두 띠 이야기

옛날 옛날에 하늘에 계신 옥황상제가 설날이 되자 짐승들을 하늘 나라에 초청했습니다.

"**정월 초하룻날** 아침 모두 내게 **세배**를 하러 오너라. 12등까지만 상을 주겠노라" 하고 약속을 했습니다. 이 소식을 듣고 많은 동물들이 옥황상제에게 세배를 하러 출발했습니다.

소는 달리기에 **자신이 없었습니다**. 그래서 소는 설 전날, 즉 **그믐날** 밤에 일찍 출발하였습니다. 부지런히 걸어간 소는 제일 먼저 도착할 수 있었습니다. 그러나 **성** 안으로 먼저 들어간 것은 소가 아니고 **쥐**였습니다. 쥐는 소의 등에 몰래 타고 와서 소가 하늘나라 문을 열고 들어갈 때 **잽싸게** 뛰어내렸던 것입니다.

1등은 쥐가, 소는 2등이 되었고 그 다음이 호랑이, 토끼, 용, 뱀, 말, 양, 원숭이, 닭, 개가 차례로 도착했습니다. 마지막으로 돼지가 성 안에 들어오자 문이 '꽝' 닫혔습니다.

열두 띠 이야기
Chinese Zodiac Story
十二生肖的故事

★ 띠는 사람이 태어난 해를 동물 이름으로 상징하여 쓰는 말입니다. 띠가 생긴 이야기는 여러 가지인데 석가모니가 이 세상을 하직할 때 열두 동물만이 모였다고 하는 말이 있습니다.

- 정월 초하룻날 : first day of January 正月初一
- 세배 : New Year's bow 拜年
- 그믐날 : the last day of the month 除夕
- 자신이 없다 : not feeling confident 没有信心
- 잽싸게 : quickly, 迅速
- 성 : castle 城堡

옥황상제는 짐승들에게 말했습니다. "자 이제 너희들에게 상을 주겠다. 각자 자신이 어떤 재주가 있는지 말해 보아라."

그러자 **쥐**가 '찍찍'거리며 말했습니다. "저는 아껴서 모으는 재주가 있습니다" **소**가 '음메'하며 말했습니다. "저는 부지런합니다."

호랑이도 '어흥'하면서 자신이 가장 **용맹하다**고 말했고, **토끼**는 깡충깡충 뛰면서 **꾀가 많다**고 자랑했습니다.

용은 비를 뿌려 곡식을 키운다고 했고, **뱀**은 **참을성이 많다**고 말했습니다. **말**은 자신이 가장 빨리 뛴다고 했고, **양**은 **너그럽고 포근하다**고 말했습니다.

- 용맹하다 : brave 勇敢
- 꾀가 많다 : use one's wits 诡计多端
- 참을성이 많다 : patience 忍耐性好
- 너그럽다 : generous 宽容
- 포근하다 : warming, kind 温暖柔和

그리고 **원숭이**는 **재주가 많다**고 했습니다. 또 **닭**은 "저는 항상 정확한 시간을 알고 있습니다." 하면서 '꼬꼬댁'거렸습니다. **개**는 '멍멍'거리면서 "제가 가장 충성스럽습니다."라고 말했고, **돼지**도 **지지 않고** "제가 복을 불러옵니다."라고 꿀꿀대며 자기 자랑을 했습니다.

- 재주가 많다 : accomplished 多才
- 충성스럽다 : loyal, faithful 忠诚
- 복 : good luck 福
- 지지 않다 : not be outdone 不输
- 서운하다 : upset 心里不是滋味
- 가로채다 : snatch 抢走

옥황상제는 열 두 동물들의 자랑을 듣고 모두에게 상을 주면서 "쥐가 1등을 했으니 올해를 쥐의 해라고 하겠다"고 말했습니다. 그러자 다른 동물들이 조금 **서운했습니다**. 소는 자신이 제일 빨리 왔는데 쥐가 **가로채서** 매우 아쉬웠습니다. 옥황상제는 2등부터 순서대로 일 년에 한 번씩 돌아가며 각자의 해를 만들어 모두에게 공평하게 해주었습니다. 열두 동물들은 모두 좋아했고 그 때부터 한 해마다 동물의 이름을 붙여 자신의 해를 맞았습니다. 사람들도 그 동물의 해에 태어나면 그 동물의 이름으로 띠를 불렀다고 합니다.

띠와 궁합(宮合)

한국 사람들은 현대에도 자기가 무슨 띠인지 알고 있습니다. 나이를 대신해서 띠를 물어보기도 합니다. 12살 차이이면 '띠동갑'이라고 합니다. 띠로 남녀간의 궁합을 보기도 해서 어떤 띠와 어떤 띠가 궁합이 좋은지 혹은 나쁜지 이야기합니다.

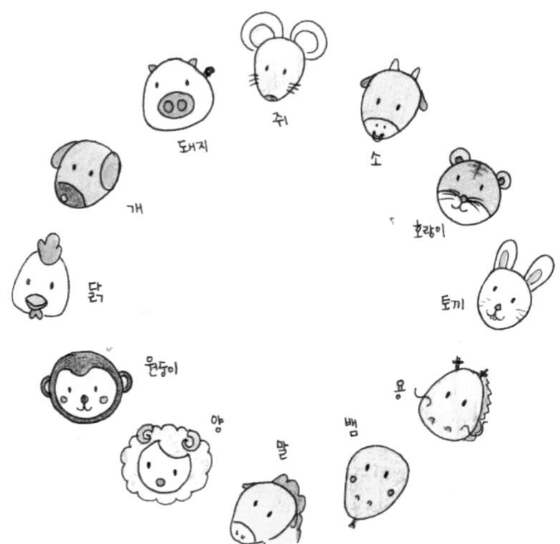

여러분은 무슨 띠입니까? 자신에게 어떤 띠가 해당되는 지 찾아보십시오. 그리고 그 띠 동물과 자신의 모습과 성격을 비교해 보십시오.

연/습/문/제

■ 〈열두 띠 이야기〉를 잘 읽고 질문에 답해 보십시오.

1. 동물들은 왜 하늘나라 옥황상제에게 갔습니까?

____

2. 제일 먼저 출발한 동물은 누구입니까?

____

3. 제일 먼저 문에 들어온 동물은 누구입니까?

____

4. 맨 마지막에 들어온 동물은 누구입니까?

____

5. 재주가 많다고 한 동물은 누구입니까?

____

6. 복을 불러온다고 한 동물은 누구입니까?

____

■ 적절한 의성어나 의태어를 찾아 쓰십시오.

1. 쥐가 (   )거리며 말했습니다.
2. 토끼는 (   ) 뛰면서 자랑했습니다.
3. 돼지는 (   )대며 자기 자랑을 했습니다.
4. 개는 (   )거리면서 가장 충성스럽다고 말했습니다.

(꿀꿀, 찍찍, 깡충깡충, 멍멍)

이야기하기

■ 옥황상제 앞에서 열 두 동물이 자랑하는 장면을 창의적인 대화로 만들어 보십시오. (역할 : 옥황상제, 쥐, 소, 호랑이, 토끼, 용, 뱀, 말, 양, 원숭이, 닭, 개, 돼지)

____

____

____

____

■ 위에서 만든 대화를 활용하여 〈열두 띠 이야기〉를 구연해 보십시오. 동영상이나 사진, 그림 등을 활용해도 좋습니다.

열두 띠 동물과 관련된 표현

띠 동물 12가지 즉 12지(支)는 쥐, 소, 호랑이, 토끼, 용, 뱀, 양, 말, 원숭이, 닭, 개, 돼지입니다. 한국의 옛날이야기에는 이 동물들이 자주 등장합니다. 12지는 **중국**에서 **유래된** 것으로 12가지 동물로 신의 장수를 표현한 것이라고 합니다. **12지**는 한국에서 오늘날까지 사용하고 있습니다. 한국사람들은 누구나 자신이 무슨 띠인지 알고 있습니다. 12년마다 같은 띠가 나타나게 되는데 같은 띠인 사람은 비슷한 **성격**이나 **운명**을 갖는다고 생각하여 왔습니다. 띠 동물의 이름과 성격, 그리고 동물과 관련된 한국말 표현을 배워보십시오.

- 유래되다 : originate 来源于
- 장수 : longevity 长寿
- 성격 : character, personality 性格
- 운명 : fate 命运

▌자(子) : 쥐

쥐는 사람들에게 병을 옮기고 음식을 몰래 훔치는 도둑과 같은 이미지를 지니는 **부정적인** 동물로 인식되고 있습니다. 한국의 옛날이야기에서 쥐는 인간으로 변하여 재앙을 가져올 수 있기 때문에 **금기**의 동물로 여겼습니다. **손톱을 깎아 함부로** 버리면 쥐가 주어먹고 사람으로 변한다는 이야기가 있습니다.

오늘날에는 **실험용** 쥐나 **애완용** 쥐로 길러지기도 합니다. 또 쥐띠 해에 태아난 사람은 '부자로 산다' 또는 '부지런하다' 등의 덕담이 있어서 쥐에 대한 **혐오감**이 사라져가고 있습니다.

쥐띠인 사람은 매우 근면하고 **절약가**로 알려져 있습니다.

- 쥐 : mouse 老鼠
- 부정적인 : pessimistic 消极
- 금기 : taboo 禁忌
- 손톱을 깎다 : clip one's nails 剪指甲
- 함부로 : thoughtlessly 随便
- 실험용 : experimental 实验的
- 애완용 : as a pet 宠物
- 덕담 : words of blessing 吉祥话
- 혐오감 : hatred 仇恨
- 절약가 : frugal person 节俭的人

친구들에게 친절하며 인간관계를 잘 하는 편이라고 합니다. 한국 사람들이 많이 쓰는 말 중에 쥐가 들어가는 표현과 그 의미를 살펴보면 다음과 같습니다.

- 쥐구멍 : rat hole 老鼠洞
- 볕 : sunlight 阳光
- 꼼짝 못하다 : stuck 动弹不得
- 쩔쩔매다 : be flustered 诚惶诚恐
- 쥐뿔 : horn of mouse(damn all) 狗屁没有
- 쥐뿔도 없다 : be penniless 狗屁
- 쥐뿔도 모르다 : not know beans about something 狗屁不知

- **쥐구멍**에도 **볕**들 날이 있다－어려움을 극복하면 반드시 좋은 날이 온다.
- 고양이 앞의 쥐 같다－**꼼짝 못하고** 당하거나 **쩔쩔맨다**.
- **쥐뿔**도 없다－아무 것도 **가진 것이 없다**.
- 쥐뿔도 모른다－아무것도 **아는 것이 없다**.
- 쥐꼬리만하다－월급이 적다. 돈이 아주 적다.
- 쥐방울만하다－아주 작고 귀여운 모양이다.
- 쥐도 새도 모르게－전혀 모르게 한다.
- 낮말은 새가 듣고 밤말은 쥐가 듣는다－비밀이라도 새어나가기 쉬우니 항상 말을 조심하라.

▌축(丑) : 소

- 소 : cow 牛
- 우직하다 : simple and honest 憨厚
- 충직하다 : faithful 忠诚
- 노동력 : workforce 劳动力

소는 옛날부터 농촌에서 일을 **우직하고 충직하게** 일만하는 동물로 알려져 있습니다. 농촌에서는 소가 없이는 일을 할 수 없을 만큼 큰 노동력을 제공해 왔습니다. 한국의 식생활에서 최상의 음식 재료로도 소를 빠뜨릴 수 없습니다. 뿔이 난 소는 **황소**, 우유를 주는 소는 **젖소**, 아기 소는 **송아지**라고 합니다.

★
소－송아지 cow-calf 牛-牛犊
말－망아지 horse-colt 马-马驹
개－강아지 dog-pup 狗-小狗
닭－병아리 chicken-chick 鸡-鸡雏

소띠인 사람은 우직하면서도 충직한 성격을 가졌고, 일을 열심히 하는 사람이라고 말합니다.

- 고집 : stubborn 固执
- 경읽기 : to sing psalms 读经
- 소귀에 경읽기 : preaching to deaf ears 对牛弹琴
- 엉덩이 : butt 屁股
- 뿔 : horn 角
- 바늘 : needle 针
- 외양간 : barn 牛圈

- 소같다 – 일을 열심히 한다.
- **소고집**, (황)소고집 – **고집**이 세다.
- (황)소걸음 – 느리게 천천히 걷다.
- 소귀에 **경읽기** – 무식해서 알려줘도 소용없다.
- 못된 송아지 **엉덩이**에 **뿔**난다 – 성질이나 품행이 좋지 않다.
- **바늘** 도둑이 소도둑 된다 – 작은 행동도 습관이 되면 크게 되니 나쁜 버릇을 길들이지 말라.
- 소 닭보듯한다 – 있어도 신경쓰이지 않고 서로 아무 관계없이 지낸다.
- 소 잃고 **외양간** 고친다 – 이미 사고가 난 뒤 뉘우쳐도 소용이 없다.

▌인(寅) : 호랑이, 범

호랑이는 띠 동물 중에서 가장 **적극적인** 동물입니다. 지금은 **동물원**에 가야 볼 수 있지만 산이 많은 한국은 옛날부터 호랑이가 많이 살았다고 합니다.

- 호랑이, 범 : tiger 老虎
- 적극적인 : active/lively 积极的
- 동물원 : zoo 动物园
- 조급하다 : impatient 焦急

백년 전까지만 해도 서울의 인왕산에 호랑이가 살았다고 하는 이야기가 전해옵니다. <단군 이야기>에서 호랑이는 **조급하여** 사람이 되지 못했지만,

- 슬기롭다 : wise 机灵
- 용맹스럽다 : brave, courageous 勇敢
- 관대하다 : generous 厚道
- 초지일관 : hold one's original intention 一如既往
- 장본인 : the very person 肇事者
- 가죽 : leather 皮

슬기롭고 용맹스러운 동물로 한국인에게 널리 사랑을 받고 있습니다.

호랑이띠는 어려움을 잘 극복하고 **관대**하고 **초지일관**하는 성품이 있다고 알려져 있습니다.

- 호랑이같다 - 용맹하다. 무섭다.
- 호랑이도 제 말하면 온다 - 마침 그 사람 이야기를 하고 있는데 그 **장본인**이 나타나다.
- 호랑이는 죽어서 **가죽**을 남기고 사람은 죽어서 이름을 남긴다 - 사람의 명성은 죽어서도 남는다
- 호랑이 담배피던 시절 - 아주 오랜 옛날
- 호랑이를 잡으려면 호랑이 굴에 들어가야 한다 - 어려운 일은 피하려 하지 말고 직면해야 한다.
- 호랑이에게 물려가도 정신만 차리면 산다 - 어려운 일이 있어도 정신을 차려야 한다.

▌묘(卯) : 토끼

- 토끼 : rabbit 兔子
- 영리하다 : cliver 聪明
- 빈번히 : frequently 频繁
- 토끼같은 자식 : children like rabbits(adorable) 像兔子一样的孩子 (可爱的孩子)
- 계수나무 : laurel 桂花树
- 방아를 찧다 : to mill 舂米

토끼는 한국인의 정서 속에서 가장 친근하고 사랑스러운 동물입니다. 순하고 착한 동물이면서도 재빨리 움직이고 **영리한** 동물로 알려져 있습니다. 아이들이 읽는 동화나 동요에 가장 **빈번히** 등장하는 것은 아이들이 토끼의 모습과 같이 귀엽게 생각되기 때문입니다. 그래서 아이들을 **'토끼같은 자식'**이라는 말도 자주 합니다.

옛날 사람들은 밤하늘의 달을 보며 달 속의 계수나무 아래서 **방아를 찧고** 있는 토끼의 모습을 그리며 행복하게 살고 싶은 세상을 꿈꾸었습니다. 집에서 키우는 집토끼와 산에서 사는 산토끼 모두

번식력이 커서 토끼를 **풍요의 상징**으로 보고 있습니다.

또한 토끼가 등장하는 옛날이야기를 **'구토설화'**라고 하는데 대부분 꾀가 많은 영리한 동물로 많이 등장합니다. 토끼띠는 생기있고 온순하며 지혜로운 성격을 가졌다고 합니다.

- 번식력 : reproductive rate 繁殖能力
- 풍요의 상징 : sign of wealth and prosperity 丰饶的象征
- 사냥 : hunting 打猎

- 토끼같다 – 빠르다. 지혜롭다. 귀엽다
- 놀란 토끼 눈을 하다 – 놀라서 눈을 동그랗게 뜨다.
- 토끼같은 자식 – 아주 귀엽고 예쁜 자식
- 두 마리 토끼를 잡다 – 두 가지 이득을 모두 얻었다.
- 산토끼 잡으려다 집토끼 놓친다 – 산토끼를 잡으려면 집토끼는 포기해야 한다. 동시에 두 마리를 다 잡을 수 없다.
- 토끼잠을 자다 – 잠깐씩 자다 깨다 한다.
- **토사구팽**(兎死狗烹) – 토끼를 **사냥**하고 나면 그 사냥개도 쓸모없어져 삶아 먹는다. 이용하고 난 후 버린다.

❙ 진(辰) : 용

용은 **상상**의 동물입니다. **이무기**는 용지 되지 못한 뱀으로 큰 **구렁이**를 말합니다. 이무기가 1000년을 묵으면 용이 되어 하늘을 오른다고 합니다. 한국의 전래동화에서는 사람을 잡아먹는 **괴물**로 이무기 혹은 구렁이가 많이 등장합니다. 용은 중국과 마찬가지로 왕이나 남성 및 권력을 상징합니다. 그래서 용꿈을 꾸었다고 하면 좋은 일이 있는 것을 말합니다.

- 용 : dragon 龙
- 상상 : imaginary 想像
- 구렁이 : boa snake 大蟒
- 이무기 : python 巨蟒
- 괴물 : monster 怪物

- 직설적 : straightforward 直言
- 모험 : adventure 冒险
- 황룡 : a yellow(golden) dragon 黄龙
- 개천 : small stream 小溪
- 변변치 못하다 : shabby, rough and round 不郎不秀
- 용두사미 : anticlimax 龙头蛇尾
- 여의주 : magic pearl 如意珠
- 권세 : power 势力
- 권력 : authority 权力

용띠는 생명력과 열정이 넘치는 성격이 많다고 합니다. 항상 솔직하고 **직설적**이면서 **모험**을 좋아하기도 합니다. 용띠 중에서 **황금 용**이라고 하는 '황룡(黃龍)'띠를 가장 좋아합니다.

- 개천에서 용 난다 - **변변치 못한** 집안에서 훌륭한 인물이 나왔다.
- 미꾸라지가 용이 되었다 - 변변치 못한 사람이 훌륭하게 되었다.
- 용두사미(龍頭蛇尾) - 처음에는 용의 머리처럼 크게 시작했다가 뱀의 꼬리처럼 작아졌다.
- 용이 **여의주**를 얻었다 - 애타게 기다렸던 **권세**를 얻게 되었다.
- 용이 물을 만났다 - 세력이 있는 사람이 또 하나의 권력을 얻게 되었다.

사(巳) : 뱀

- 뱀 : snake 蛇
- 독 : poison 毒

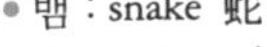

- 교활한 : cunning, sneaky 狡猾
- 악의 상징 : symbol of evil 恶的象征
- 벼슬을 하다 : promoted 当官
- 길한 징조 : good sign 好的预感

뱀은 그 모습이 징그럽기도 하지만 독이 있어서 물리면 생명이 위험하기 때문에 사람들이 멀리 합니다. 서양에서는 '사탄'이라고 하여 뱀을 가장 **교활한 악의 상징**으로 봅니다. 한국에서는 '구렁이'라는 이름으로 오랜 세월 동안 이야기에 많이 등장해 왔습니다. 뱀 꿈을 꾸면 부자가 되거나 자식을 낳거나 **벼슬을 하는** 등 **길한 징조**로 해석합니다.

밤띠는 성품이 **고상하고 용모가 단정하며** 윗사람을 존경할 줄 알고 언행이 바르다고 합니다. 또한 부지런하고 **자유분방하며 사교적인** 사람들이 많다고 합니다.

- 고상하다 : elegant 高尚
- 용모가 단정하다 : neat appearance 容貌端庄
- 언행이 바르다 : upright speaking attitude 言行耿直
- 자유분방하다 : freewheeling 自由奔放
- 사교적인 : sociable 社交性
- 사족 : snake foot, superfluity 蛇足

- 뱀꼬리같다 – 머리는 용처럼 크게 시작했는데 끝은 뱀처럼 작고 보잘 것 없이 끝났다.
- 뱀의 발(**사족**蛇足) – 뱀의 발을 그린다는 뜻으로 쓸데없는 일을 한다.
- 구멍에 든 뱀 길이를 모른다 – 그 길이를 짐작할 수가 없다.
- 구렁이 담 넘어가듯 한다 – 소리없이 몰래 슬쩍 넘어간다.

▌오(午) : 말

한국에서 말은 신에게 바치는 **희생**을 상징하는 동물입니다. 최고의 제물은 백마(白馬), 즉 하얀 말이었습니다. 신화나 전설에 많이 등장하는 백마는 하늘을 나는 '천마(天馬)'입니다. 그리고 '말이 나면 제주도로 보내라'는 말이 있듯이 말은 제주도 말이 유명합니다. 말띠 여자는 팔자가 세다고 하지만 말똥을 밟으면 **재수가 좋다**고도 하고 머리가 좋아진다고도 하는 **미신**이 있습니다.

- 말 : horse 马
- 희생 : sacrifice 牺牲
- 재수가 좋다 : be lucky 运气好
- 미신 : superstition 迷信
- 생기발랄하다 : full of life 很活泼

말띠는 백말 띠가 최고입니다. 말띠 해에 태어난 사람은 **생기발랄하고** 인기 있으며 매력적이라고 합니다. 때로는 성급하지만 모

- 대담한 : daring 大胆的
- 이승 : the world 今生
- 형편이 안 좋다 : in a tight financial situation 情况不好

험을 즐기고 **대담한** 사람이 많다고 합니다.

- 말 가는 데는 소도 간다(마행처우역거馬行處牛亦去)－남이 하면 나도 할 수 있다.
- 말똥에 굴러 살아도 **이승**이 좋다－**형편이 안 좋아도** 죽는 것보다 살아있는 것이 좋다.
- 말이 나면 제주도로 보내고 사람은 나면 서울로 보내라－사람은 어릴 때부터 서울로 보내 공부를 하게 해야 잘 될 수 있다.

- 양 : sheep 羊
- 떼 : flock 群
- 초식동물 : herbivore 食草动物
- 성경 : the Holy Bible 圣经
- 창자 : intestine 肠
- 꼬불꼬불하다 : winding 弯弯曲曲
- 탈을 쓰다 : wear a mask 戴面具－양의 탈을 쓴 늑대 : a wolf in sheep's clothing 披着羊皮的狼
- 이리 : wolf 狼
- 가장하다 : disguise 装假

▌미(未) : 양

양은 개와 더불어 가장 오래된 가축으로 성질이 온순하고 **떼**를 지어 사는 **초식동물**입니다. 양은 면양(綿羊)과 산양(山羊)으로 구분하는데 면양이 한국인이 말하는 양이고, 산양은 **'염소'**라는 이름으로 불립니다. 서양의 이야기에는 양이 많이 등장하지만 한국의 옛날이야기에는 양이 등장하는 예가 많지 않습니다. 그러나 기독교가 확장되면서 성경에 등장하는 양에 대한 이해나 표현이 늘어난 편입니다. 양띠인 사람은 대개 온순하고 착하다고 합니다.

- 양같다－순하다. 착하다. 정직하다.
- 양의 창자같다－꼬불꼬불하다.
- 양의 탈을 쓴 이리다－착한 사람으로 가장하여 나쁜 짓을 하는 사람.
- 염소 고집이다－고집이 세다

▌신(申) : 원숭이

인간의 모습을 가장 닮았다고 하는 원숭이는 한국에 사는 동물은 아닙니다. 그러나 옛날부터 중국을 통해 들어온 **문헌**과 이야기 속에서 많이 전해집니다. 원숭이를 '잔나비'라고 부르기도 하는데, 사람처럼 **지능**이 매우 발달한 영리한 동물입니다.

- 원숭이 : monkey 猴子
- 문헌 : literature 文件
- 지능 : intelligence 智能
- 총명한 : smart 聪明的
- 우매하다 : foolish 愚昧
- 창자 : intestine 肠子

원숭이띠는 부지런하고 재주가 많고 **총명한** 사람이 많다고 합니다.

- 원숭이 같다 – 재주가 많다.
- 원숭이도 나무에서 떨어질 때가 있다 – 아무리 잘하는 사람이라도 실수할 때가 있다.
- 개와 원숭이 사이(견원지간犬猿之間) – 서로 사이가 나쁜 관계
- 조삼모사(朝三暮四) – 원숭이에게 아침에 세 개, 저녁에 네 개 준다는 뜻으로 원숭이가 영리한 것처럼 보이나 실상은 **우매하다**.
- 단장(斷腸) – **창자**가 끊어질 정도로 너무 슬픔. 원숭이가 새끼를 그리워하며 슬퍼하다 죽은 원숭이의 배를 갈라보니 창자가 끊어졌다고 하는 중국 이야기에서 유래된 말.

▌유(酉) : 닭

닭은 옛날부터 가축으로 사육되면서 한국 사람들의 삶과 밀접한 관계를 지니고 있습니다. 닭고기는 소나 돼지보다 값싸게 먹을 수 있는 고기이고 **인삼**을 넣어 삶은 삼계탕은 더위를 이기는 음식으로도 유명합니다. 닭의 알, 즉 달걀(계란鷄卵)은 영양가가 높은 **완**

- 닭 : chicken 鸡
- 인삼 : ginseng 人参

- 완전 식품 : super food 最佳食物
- 수탉 : rooster 公鸡
- 전통혼례 : traditional wedding 传统婚礼
- 암탉 : hen 母鸡
- 꿩 : pheasant 雉鸡
- 오리발 : duck's foot 鸭掌
- 오리발을 내밀다 : to play innocent 不认账
- 대가리 : head 脑袋瓜
- 닭싸움 : cockfight 斗鸡
- 오돌도돌한 : ruggy,bumpy 凹凸不平
- 소름이 돋는다 : get goose bumps 起鸡皮疙瘩

전 식품으로 알려져 있습니다.

새벽에 우는 **수탉**의 소리는 어둠이 지나가고 밝은 새 하루를 시작하는 소리입니다. 한국의 **전통혼례**에서는 반드시 상 위에 닭을 올려서 인생을 출발하는 자리에 함께 했습니다.

닭띠 해에 태어난 사람은 자기 확신이 강하고 적극적이지만 보수적이고 고집스러운 점이 있다고 합니다.

- **암탉**이 울면 집안이 망한다－여자가 간섭하면 집안일이 잘 안 된다.
- **꿩** 대신 닭－자기가 쓰려는 것이 없을 때 부족하지만 그와 비슷한 것으로 대신 쓸 때
- 닭잡아 먹고 **오리발** 내민다－나쁜 일을 하고 숨긴다.
- 닭**대가리**－머리가 아주 나쁨
- 소꼬리보다 닭 대가리가 낫다－훌륭한 것에서 대접을 못 받는 것 보다 변변치 못한 것 중에서 우두머리를 하는 것이 낫다.
- **닭싸움**－한 다리를 들고 한 다리로 상대를 밀어내는 어린이들의 놀이.
- 닭살－털을 뽑은 닭의 껍질처럼 **오돌도돌한 피부**. **소름이 돋는다**는 말로 보통 사이좋은 남녀사이를 두고 '닭살 돋는다'는 말을 하기도 한다.

▌술(戌) : 개

개는 사람을 가장 잘 따르는 충직한 동물입니다. '강아지'라는

말이 귀여운 뜻으로 쓰이지만 한국에서는 '개'가 말 앞에 붙으면 대부분 나쁜 뜻으로 사용됩니다. 개는 한국에서 오래 전부터 **가축**으로 키워 먹었습니다. 개고기로 만든 음식을 **'보신탕'**이라고 하는데 일 년 중 가장 더운 **'삼복'**에 먹는 **복날** 음식으로 잘 알려져 있습니다. 최근에 한국에서도 **애완견**을 많이 키우면서 보신탕 먹는 문화도 점점 줄고 있습니다. '진도'라는 섬에서 사는 '진돗개'는 충직하고 용맹한 개로 유명합니다.

개띠 해에 태어난 사람들은 **예술적인** 재주가 뛰어나고 정직하고 **지적인 사람**들이 많다고 합니다. 또 부지런해서 **성공**이 빠르다고 합니다.

- 닭 쫓던 개 **지붕** 보듯한다－애써 하던 일이 실패로 돌아가거나 남보다 뒤떨어져 어쩔 수 없이 되었다.
- 오뉴월의 **개팔자**다－하는 일 없이 놀고 먹는 편한 팔자다.
- **개팔자**가 **상팔자**다－놀고 있는 개가 부럽다.

- 복날 : dog days, hot days 伏天
- 보신탕 : dog meat soup 养生汤
- 예술적인 : artistic 艺术的
- 지적인 사람 : intelligent person 有智慧的人
- 성공 : success 成功
- 지붕 : roof 屋顶
- 개팔자 : life as a dog 狗命

해(亥) : 돼지

돼지는 사람이 주는 **밥찌꺼기**를 먹고 그 먹는 모습이 **게걸스러워서** 더럽고 욕심이 많은 동물로 알려져 있습니다. 뚱뚱한 사람을 '돼지같다'고 하고, 더럽고 지저분한 자리를 **'돼지 우리'**라고 하는 것도 이 때문입니다. 그러나 꿈에서 돼지를 보면 부자가 된다고 할 정도로 복을 주는 동물입니다. 새끼도 많이 낳아 다산의 상징

- 돼지 : pig 猪
- 밥찌꺼기 : leftover rice 剩饭
- 게걸스럽다 : voracious 馋嘴, 贪嘴
- 돼지 우리 : pigsty 猪圈

- 진솔한 : honest 直率
- 신뢰 : trust 信赖
- 멱딴다(목을 딴다) cut one's throat (用刀割或刺畜牲的脖子) 宰; 杀
- 진주 목걸이 : pearl necklace 珍珠项链

이 되는 동물입니다. 옛날에 한국에서는 자손이 귀한 집에서는 아들을 낳으면 10살까지 '돼지'라고 부르기도 했습니다.

돼지띠 해에 태어난 사람들은 대체로 순진하고 명랑하며 **진솔한** 성격을 가졌다고 합니다. 성실하게 일을 잘 해서 다른 사람들의 **신뢰**를 잘 얻는 사람들이 많다고 합니다.

- 돼지 같다 – 뚱뚱하다.
- **돼지 우리** 같다 – 더럽다
- **돼지꿈**을 꾸었다 – 돈이 들어오는 꿈, 부자가 되는 꿈입니다.
- 돼지 **멱따는** 소리 – 노래를 못한다. 듣기 싫은 큰 소리.
- 돼지 목에 **진주 목걸이** – 아무 소용이 없거나 격에 맞지 않는다.

한국 옛날이야기에 나오는 동물들의 이미지와 특징을 이야기해 보십시오. 그리고 자신의 나라 이야기에 나오는 동물들과 비교해 보십시오.

부록 1
한국의 의성어 · 의태어 100가지

한국어는 소리와 모양을 흉내 낸 말이 많습니다. '의성어'는 사람 또는 사물의 **소리를 흉내** 낸 말이고 '의태어'는 사람 또는 사물의 **모양을 흉내** 낸 말입니다. 동화에는 의성어와 의태어가 많이 등장해서 이야기를 더욱 **실감나게** 전해줍니다. 다음에 나오는 의성어와 의태어는 이 책에 나오는 옛날이야기에도 많이 나오고 지금도 여전히 한국 사람들이 자주 쓰는 말입니다. 의성어와 의태어는 서술어와 함께 통째로 연습하는 것이 좋습니다. 의성어와 의태어로 한국어 표현을 더 풍부하게 해 보시기 바랍니다.

- 의성어 : onomatopoeia 拟声词
- 의태어 : mimetic word 拟态词
- 흉내내다 : to imitate 模仿
- 실감나다 : like reality 有真实感

의성어(擬聲語)

의성어
onomatopoeia
拟声词

1. 꼬르륵 : 배고플 때 나는 소리

   배가 고파서 **꼬르륵** 소리가 났다.

2. 꿀꺽꿀꺽 : 물이나 음료수를 한 번에 마실 때 소리

   목이 말라 물을 **꿀꺽꿀꺽** 마셨다.

3. 껄껄 : 시원스럽고 우렁차게 웃는 소리

   할아버지께서 **껄껄** 웃으셨다.

1. rumbling 咕咕
   肚子咕咕叫。
2. gulping and gulping 咕咚咕咚
   太渴了，咕咚咕咚地喝了水。
3. haw-haw, guffaw 哈哈
   爷爷哈哈大笑。

4\. 끙끙 : 몹시 앓거나 힘에 겨운 일로 자꾸 내는 소리
말도 못하고 **끙끙** 앓기만 했다. (끙끙거렸다)

5\. 낑낑 : 몹시 아프거나 힘이 들어 괴롭게 내는 소리
무거운 짐을 **낑낑**대며 옮겼다.

6\. 냠냠 : 어린아이가 맛있게 음식을 먹을 때 소리
맛있게 **냠냠** 먹었다.

7\. 땡땡 : 작은 종이나 그릇의 쇠붙이 두드리는 소리
종이 **땡땡** 울렸다.

8\. 딸랑딸랑 : 작은 방울이나 물체가 흔들리는 소리, 또는 모양
작은 방울이 **딸랑딸랑** 울렸다.

9\. 똑딱똑딱 : 시계가 돌아가는 소리
시계 소리만 크게 **똑딱똑딱** 들렸다.

10\. 똑똑 : 작은 물체가 가볍게 두드리는 소리
똑똑 노크하고 들어오십시오.

11\. 뚝딱뚝딱 : 단단한 물건을 잇달아 두드리는 소리
망치로 **뚝딱뚝딱** 개집을 다 지었다.

12\. 보글보글 : 적은 양의 액체가 끓는 소리. 거품이 일어나는 소리
김치 찌개가 **보글보글** 끓고 있다.

13\. 빵빵 : 풍선이나 폭탄 따위가 터지는 소리. 자동차 경적 소리.
자동차가 **빵빵 소리**를 냈다.

14\. 붕 : 벌같은 곤충이 나는 소리, 자동차 움직이는 소리
꿀벌이 **붕붕** 날아 들어왔다.

15\. 뿡(뿌웅) : 자동차나 배의 경적이 울리는 소리.
며느리가 방귀를 **뿡** 뀌었다.

4\. groan(moan) with(in) 哼哼
说不出口, 只是病地哼哼叫。

5\. groaning and groaning 吭哧吭哧
吭哧吭哧地挪移重的行李。

6\. yum yum 咂着嘴,啊呜啊呜
啊呜啊呜吃的很香。

7\. r-r-ring, ting-a-ling 叮咚, 当当, 叮铃铃
电话铃叮铃铃地响了。

8\. jingling jingling, tinkling 叮叮铛
小铃铛叮叮铛地响了。

9\. tick-tock 嘀嗒嘀嗒
只响着嘀嗒嘀嗒的表声。

10\. rat-tat, tap-tap 滴答, 咚咚
在水溶头里滴答滴答地漏水。
咚咚地敲门之后再进来。

11\. hammer, knock out 当当当当
用锤子当当当当地锤了几下, 把狗窝做好了。

12\. simmer 咕嘟咕嘟, 啵啵
泡菜汤啵啵响着不久开了。

13\. honk 嘣嘣, 嘟嘟
车声嘟嘟地响了。

14\. buzz 噗,嗡嗡
蜜蜂嗡嗡地飞进来了。

15\. fart 噗哧
媳妇噗哧一声放了屁。

16. 삐거덕 : 크고 단단한 물건이 서로 갈릴 때 나는 소리
    집이 오래돼서 문이 **삐거덕**거렸다.

17. 사각사각 : 눈이 내리거나 눈을 밟을 때 나는 소리
    첫 눈을 **사각사각** 밟으며 지나갔다.

18. 아삭아삭 : 연하고 싱싱한 과일을 베어물 때 나는 소리
    사과가 **아삭아삭**하다.

19. 엉엉 : 사람이 크게 우는 소리
    청개구리는 슬퍼서 **엉엉** 울었다.

20. 에취 : 재채기할 때 나는 소리
    감기에 걸려 '**에취**' 재채기를 했다.

21. 옥신각신 : 서로 옳으니 그르니 다투는 모양
    두 사람은 **옥신각신** 다투었다.

22. 우르르 꽝(쾅) : 천둥 소리
    천둥이 **우르르 꽝** 내리쳤다.

23. 웅성웅성 : 여러사람이 모여 소란스럽게 자꾸 떠드는 소리
    사람들이 모여 **웅성웅성**거렸다(**웅성거렸다**)

24. 으르렁 : 크고 사나운 짐승 따위가 성내어 울부짖는 소리
    개가 **으르렁**거렸다.

25. 응애응애 : 아기가 울 때 소리
    갓난 아기가 **응애응애** 울었다.

26. 졸졸 : 가는 물줄기가 부드럽게 흐르는 소리.
    시냇물이 **졸졸** 흐른다.

27. 주룩주룩 : 굵은 물줄기나 빗물이 빠르게 자꾸 흐르는 소리
    장맛비가 **주룩주룩** 내렸다.

16. squeaky 吱嘎吱嘎
    房子旧了，门吱嘎吱嘎地响。
17. crunch 咯吱咯吱
    咯吱咯吱踩着第一场雪走过去了。
18. crunch 咔哧咔哧, 脆
    苹果好脆。
19. blubber 呜呜
    难过了，呜呜地哭。
20. atishoo, ahchoo 阿嚏
    得了感冒"阿嚏"地打喷嚏。
21. squabble 呛呛, 鸡争鹅斗
    两个人呛呛着争吵。/两个人鸡争鹅斗地争吵。
22. kaboom 轰隆隆
    轰隆隆地打雷了。
23. rumble on 吵吵闹闹
    人们聚集在一起吵吵闹闹。
24. growl, snarl, roar 呜嗡
    狗在呜嗡咆哮。
25. waul 呱呱, 哇哇
    新生儿呱呱而泣。婴儿哇哇地哭了。
26. murmuring 潺潺
    小溪潺潺流水。
27. dripping down 哗啦哗啦
    淫雨哗啦哗啦地下。

28. 중얼중얼 : 작고 낮은 목소리로 혼잣말로 하는 소리
혼자서 **중얼중얼**거렸다(**중얼거렸다**)

29. 짝짝짝 : 손뼉을 자꾸 치는 소리
모두 일어나서 **짝짝짝** 박수를 쳤다.

30. 쨍그랑 : 얇은 쇠붙이나 유리가 떨어지거나 부딪쳐 울리는 소리
접시가 **쨍그랑 깨졌다**.

31. 쩝쩝 : 음식을 아무렇게나 마구 먹을 때나는 소리
음식을 먹으며 **쩝쩝** 소리를 냈다.

32. 찰칵 : 작고 단단한 물체가 가볍게 부딪치는 소리
사진을 **찰칵** 찍었다.

33. 칙칙폭폭 : 증기 기관차가 연기를 뿜으면서 달리는 소리
기차가 **칙칙폭폭** 지나갔다.

34. 콜록콜록 : 감기 걸려 기침하는 소리
할머니가 **콜록콜록** 기침을 했다.

35. 콸콸 : 많은 양의 액체가 급히 쏟아져 흐르는 소리
병에서 기름이 **콸콸** 쏟아졌다.

36. 쿵 : 무거운 물건이 떨어지는 소리
어디서 **쿵** 소리가 들렸다.

37. 쿨쿨 : 곤하게 깊이 자면서 숨을 크게 쉬는 소리
게으름뱅이는 **쿨쿨** 잠이 들었다.

38. 키득키득 : 입 속에서 자꾸 새어 나오는 웃음소리
바보를 보고 사람들은 **키득키득** 웃었다.

39. 툭 : 갑자기 튀거나 터지거나 떨어지는 소리
하늘에서 내려온 밧줄이 **툭** 끊어졌다.

28. muttering, murmuring 自言自语, 叽里咕噜
一个人叽里咕噜。
29. clap 啪啪啪
所有的人都站起来啪啪啪地鼓掌。
30. clinking, clangour 啪嚓
碟子啪嚓一声碎了。
31. smack one's lips 吧唧, 吧嗒
一边吃东西, 一边吧嗒嘴。
32. click 喀嚓
喀嚓照了一张相。
33. choo-choo, puff-puff 噗噗
噗噗列车跑过去了。
34. cough 咳咳
奶奶咳咳地咳嗽着。
35. glug, glub, water gurgling from a bottle 哗哗
水哗哗地从管道里冒了出来。
36. bump, thud, clonk 轰, 咚, 嘎噔
从哪传来嘎噔的声音。
37. ZZZ 呼呼
懒虫呼呼地睡觉。
38. giggling 哧哧
见了傻瓜人们哧哧地笑了。
39. thud, chonk 啪
从天上下来的绳子啪一声断了。

40. 펑 : 풍선이나 폭탄이 갑자기 터지는 소리

자동차 타이어가 **펑** 터졌다.

41. 펑펑 : 눈이나 물 따위가 마구 쏟아져 내리는 소리(또는 모양)

눈이 **펑펑** 내리자, **펑펑** 울었다. 백화점에서 돈을 **펑펑** 썼다.

42. 풍덩 : 크고 무거운 물건이 깊은 물 속에 빠질 때 나는 소리

심청이는 바닷 속으로 **풍덩** 들어갔다.

43. 훌쩍훌쩍 : 콧물을 들이마시며 잇따라 우는 소리

며느리는 **훌쩍훌쩍** 울었다.

44. 흥얼흥얼 : 흥에 겨워 입 속으로 계속 노래를 부르는 소리

혹부리 할아버지는 **흥얼흥얼** 노래를 했다.

40. pow, pop 砰
车轮砰的一声破了。

41. sputter, cry a lot 雰雰, 哼哼
大雪雰雰。/哼哼地哭了。

42. splash-splash 扑通
扑通 一声掉进水里了。

43. sobbing 哭哭啼啼
媳妇哭哭啼啼。

44. humming, crooning 哼哼唧唧
肿疙瘩大老爷哼哼唧唧唱了歌。

▌의태어(擬態語)

의태어
mimetic word
拟态词

45. 깡총깡총 : 토끼가 두 발로 뛰는 모양

토끼가 **깡총깡총** 뛰었다.

46. 꾸벅꾸벅 : 졸려서 고개가 앞으로 숙여질 때 모양

나무 그늘 아래서 **꾸벅꾸벅** 졸았다.

47. 꿈틀꿈틀 : 몸이 비틀며 움직이는 모양

지렁이가 **꿈틀꿈틀**했다.

48. 끄덕끄덕 : 고개를 앞뒤로 저을 때 모양

고개를 **끄덕끄덕**했다(**끄덕거렸다**).

49. 글썽글썽 : 눈에 눈물이 넘칠 듯이 고이는 모양

금방 울 것처럼 눈물이 **글썽글썽**했다.

50. 느릿느릿 : 매우 느린 모양

할아버지가 **느릿느릿** 걸어왔다.

45. hoppy 蹦蹦跳跳
兔子蹦蹦跳跳。

46. drowse, doze off 一点一点
在教堂头一点一点地打盹。

47. wriggling 蠕动, 蠢蠢
蚯蚓蠢蠢而动。

48. nod 频频
他频频点头说明他说的是对的。

49. tearful 泪汪汪
快要哭似的泪汪汪。

50. lowly 慢吞吞
乌龟动得慢吞吞。

51. 덩실덩실 : 기분이 좋아서 크게 춤출 때 모양
할아버지는 기분이 좋아 **덩실덩실** 춤을 추었다.

52. 두근두근 : 몹시 놀라거나 불안하여 가슴이 뛰는 모양
그 여자를 보니 가슴이 **두근두근**거렸다.

53. 둥실둥실 : 공중이나 물 위에 가볍게 떠 움직이는 모양
하늘에 하얀 구름이 **둥실둥실** 떠있다.

54. 데굴데굴 : 둥그렇게 굴러갈 때 모양
산비탈에서 넘어져 **데굴데굴** 굴렀다.

55. 덜컥 : 어떤 일이 갑자기 진행되는 모양
덜컥 겁이 났다.

56. 뒤죽박죽 : 여럿이 마구 뒤섞여 있는 모양
모든 것이 **뒤죽박죽** 엉망이 되었다.

57. 또박또박 : 말이나 글씨가 조리 있고 또렷한 모양
글을 한 자씩 **또박또박** 써 내려갔다.

58. 똘똘 : 작은 물건이 여러겹으로 동글게 말리는 모양
종이를 **똘똘** 말아 긴 병 속에 넣었다.

59. 들락날락 : 자꾸 들어왔다 나갔다 하는 모양
배가 아파 화장실에 **들락날락**거렸다.

60. 들쭉날쭉 : 들어가고 나오고 가지런하지 않은 모양
선이 고르지 않고 **들쭉날쭉**했다.

61. 무럭무럭 : 순조롭고 힘차게 잘 자라는 모양
아이는 **무럭무럭** 자랐다.

62. 말똥말똥 : 눈이 맑고 동그랗게 뜨고 쳐다보는 모양
아이는 말을 못 알아 듣고 눈만 **말똥말똥**했다.

51. dance joyfully 手舞足蹈
爷爷开心得手舞足蹈起来。
52. pitapat 扑通扑通
见了那个女人心扑通扑通地跳起来了。
53. buoyantly 飘飘悠悠
白云在天上飘飘悠悠地浮动着。
54. tumble down, rolling 咕噜咕噜
从山坡上摔倒了，咕噜咕噜滚下去。
55. be struck with awe all of a sudden 格登
格登吓了一大跳。
56. higgledy-piggledy 杂乱无章
把事情弄得杂乱无章。
57. clearly, neat 一笔一划，清清楚楚
一个字一个字清清楚楚地写下去了。
58. rolling up 嗖喽嗖喽
把纸嗖喽嗖喽卷起来后放在长的瓶子里。
59. go in and out frequently 进进出出
闹肚子，老进进出出卫生间。
60. jaggedly, ruggedly 参差不齐，七长八短
线七长八短的长短不一致
61. grow up rapidly 日渐成熟，茁壮成长
孩子日渐成熟了。
62. with(vacant) fixed eyes, unblinkingly 圆溜溜
听不懂，只是圆溜溜地睁着眼睛。

63. 미끌미끌 : 몹시 미끄러운 모양

기름이 묻어 **미끌미끌**했다.

64. 반짝반짝 : 별처럼 물건이 빛날 때의 모양

아이의 눈은 **반짝반짝** 별처럼 빛났다.

65. 비틀비틀 : 힘이 없거나 술에 취해 걷는 모양

술을 마시고 **비틀비틀** 걸었다.

66. 방긋방긋 : 입을 예쁘게 소리없이 가볍게 웃는 모양

아이가 엄마를 보고 **방긋방긋** 웃었다.

67. 벌벌 : 두려움, 추위 등으로 몸을 떠는 모양

호랑이를 보자 무서워서 **벌벌** 떨었다.

68. 뻘뻘 : 땀을 매우 많이 흘리는 모양

땀을 **뻘뻘** 흘리며 산을 올라갔다.

69. 벌컥벌컥 : 자꾸 급작스럽게 소란해지는 모양

목이 말라 물을 **벌컥벌컥** 마셨다.

70. 빙글빙글 : 돌아가는 모양

도깨비들은 **빙글빙글** 돌며 춤을 추었다.

71. 사뿐사뿐 : 소리가 나지 않고 가볍게 걷는 모양

그녀는 가볍게 **사뿐사뿐** 걸었다.

72. 살살 : 가볍게 만지거나 문지르는 모양

아프지 않게 **살살** 만졌다.

73. 살금살금 : 몰래 발끝을 들고 걷는 모양

들키지 않게 **살금살금** 걸었다.

74. 살랑살랑 : 팔이나 꼬리를 가만히 조용히 흔드는 모양.

개가 꼬리를 **살랑살랑** 흔들었다.

63. slippery 滑不唧溜
沾了油 滑不唧溜。

64. glitter, twinkle 亮闪闪
孩子的眼睛亮闪闪。

65. stumblingly 踉踉跄跄
喝了酒，踉踉跄跄地走了。

66. smiling, beamingly 甜甜地
孩子见了妈妈甜甜地笑了。

67. shake with cold(fear), shiver 嗦嗦
见了老虎吓得嗦嗦发抖。

68. sweat profusely 汗涔涔
汗涔涔地上了山。

69. gulp 咕嘟咕嘟
口渴了，咕嘟咕嘟地喝了水。

70. round and round 旋转
一边旋转，一边跳了舞。

71. lightly, with soft steps 袅袅婷婷
她走路袅袅婷婷。

72. weakly 悄悄地
轻柔地不想被发现悄悄地走了。怕疼轻柔抚摸了。

73. secretly, quietly 蹑手蹑脚
不想被发现蹑手蹑脚地走了。

74. gently, wagging 轻轻地
狗轻轻地摇了摇尾巴。

75. stealthily, furtively 偷偷摸摸
一个一个偷偷摸摸的走了。
76. be all smiles 乐嘻嘻
乐嘻嘻地笑了。
77.toddle one's way 一摇一晃
孩子开始一摇一晃地走了路。
78. mottled, splash 花花绿绿
穿了花花绿绿的裙子。
79. puzzling 模糊不清, 模模糊糊
不知那到底是什么模模糊糊的。
80. slowly, sluggishly 慢慢悠悠
熊慢慢悠悠地走过来了。
81. crawling 慢慢地
乌龟慢慢地爬过来了。
82. off and on 精神恍惚, 停停下下
雨停停下下。
83. in amity; on cordial terms; friendly 和和睦睦
两个兄弟和和睦睦得生活。
84. lumpy; bumpy 凹凸不平
用凹凸不平的墙纸来糊墙。
85. huddle together 大小不一
大小不一的小女孩聚在一起。

75. 슬금슬금 : 몰래 천천히 걷는 모양

한두 명씩 **슬금슬금** 빠져나갔다.

76. 싱글벙글 : 좋아서 웃는 모양

좋아서 **싱글벙글** 웃었다.

77. 아장아장 : 아기가 걸어가는 모양

아기가 이제 **아장아장** 걷는다.

78. 알록달록 : 여러가지 밝은 빛깔의 점이나 줄 따위가 무늬를 이룬 모양

알록달록한 치마를 입었다.

79. 알쏭달쏭 : 그런 것 같기도 아닌 것 같기도 하여 분간이 안 가는 모양

그것이 정확히 무엇인지 **알쏭달쏭**하다.

80. 어슬렁어슬렁 : 몸집이 큰 사람이나 짐승이 천천히 걸어가는 모양

큰 곰이 **어슬렁어슬렁** 걸어왔다.

81. 엉금엉금 : 거북이처럼 큰 동작으로 느리고 천천히 기는 모양

거북이가 **엉금엉금** 기어 왔다.

82. 오락가락 : 계속해서 왔다 갔다 하는 모양

비가 **오락가락**했다.

83. 오순도순 : 정답게 이야기하거나 의좋게 지내는 모양

두 형제는 **오순도순** 정답게 살았다.

84. 올록볼록 : 표면이 고르지 않아 높고 낮은 모양

올록볼록한 벽지로 도배를 했다.

85. 옹기종기 : 고르지 않게 많이 모여있는 모양

작은 여자 아이들이 **옹기종기** 모여있다.

86. 와들와들 : 춥거나 무서워 몸을 심하게 떠는 모양

추워서 **와들와들** 떨었다.

87. 우물쭈물 : 분명한 행동을 못하고 망설이는 모양

제대로 말을 하지 못하고 **우물쭈물**했다.

88. 우왕좌왕: 침착하지 못하게 돌아다니는 모양

지진이 일어나자 사람들은 **우왕좌왕**했다.

89. 울긋불긋 : 짙고 옅은 여러 가지 빛깔이 뒤섞여 있는 모양

산에 단풍이 **울긋불긋** 물들었다.

90. 으쓱으쓱 : 어깨를 들먹이며 잇따라 들먹이는 모양

자랑스러워서 어깨가 **으쓱으쓱**했다.

91. 주렁주렁 : 열매가 많이 달려있는 모양

사과가 **주렁주렁** 열렸다.

92. 차곡차곡 : 물건을 가지런히 겹쳐 쌓거나 포개는 모양

형은 볏단을 **차곡차곡** 쌓았다.

93. 터벅터벅 : 힘이 빠져 걸을 때 모양

기운이 없어 **터벅터벅** 걸었다.

94. 투덜투덜 : 남이 알아듣기 어려운 낮은 소리로 불평을 하는 모양

게으름뱅이는 일하기 싫어 **투덜투덜**했다.

95. 퉁퉁 : 붓거나 부풀어 있는 모양

얼굴이 **퉁퉁** 부었다.

96. 티격태격 : 서로 옳다 그르다 따지는 모양

서로 **티격태격** 싸웠다.

97. 허둥지둥 : 급해서 움직이는 모양.

도둑은 **허둥지둥** 달아났다.

86. shiveringly, tremblingly 哆哆嗦嗦
冷得哆哆嗦嗦发抖。

87. hesitate, shilly-shally 吞吞吐吐
没好好说话， 吞吞吐吐地。

88. confusion, muddle 东奔西跑。
彷徨不定。

89. colorfully 红红绿绿
山上红红绿绿地染上了枫叶。

90. move one's shoulder 耸耸, 一耸一耸
骄傲地耸耸肩。

91. grow(hang) in clusters, be heavy loaded with 结满
果实累累, 结满结满了苹果。

92. pile up 整整齐齐
把书整整齐齐地堆了起来。

93. plod 有气无力
有气无力地走了。

94. grumble 喃喃哆哆, 懒虫不想工作
喃喃哆哆说个不停。

95. plump, blubbered 暄呼呼
脸肿地暄呼呼。

96. squabble about 争吵不休
互相争吵不休。

97. hurriedly, hastily 慌慌张张
小偷慌慌张张地跑了。

양성모음과 음성모음

의성어와 의태어에는 같은 어휘를 반복함으로써 한국어의 리듬을 살리고 의미를 명확히 하는 표현이 많습니다. 양성모음(ㅏ, ㅑ, ㅗ, ㅛ)들은 밝고, 가볍고, 작고, 빠른 느낌을 주는 반면, 음성계열모음(ㅓ, ㅕ, ㅜ, ㅠ)들은 어둡고, 무겁고, 크고, 느린 느낌을 줍니다.

예) 반짝반짝 < 번쩍번쩍
꼬불꼬불 < 꾸불꾸불
아장아장 < 어정어정
올록볼록 < 울룩불룩
종알종알 < 중얼중얼

98. run hurriedly 气喘吁吁
气喘吁吁地跑到学校。
99. swingingly 摇摇晃晃
牙齿摇摇晃晃地快要掉了。
100. flitter 呼哗呼哗
鸟呼哗呼哗地飞走了。

98. 헐레벌떡 : 숨을 가쁘고 거칠게 몰아쉬는 모양
학교에 **헐레벌떡** 뛰어갔다.

99. 흔들흔들 : 자꾸 이리저리 흔들리는 모양
이가 **흔들흔들** 빠지려고 한다.

100. 훨훨 : 새가 날개를 치며 시원하게 나는 모양
새가 **훨훨** 날아갔다.

동물의 소리와 모양

찍찍(쥐) : rat squeaking 吱吱
음매(소) : cow mooing 哞
어흥(호랑이) : tiger roaring 呜呜
깡충깡충(토끼) : rabbit hopping 蹦蹦跳跳
꼬꼬댁, 꼬꼬, 꼬끼오(닭) : chicken cackling 喔喔
삐약삐약(병아리) : peep 唧唧
멍멍(개) : dog woofing 汪汪
꿀꿀(돼지) : pig oinking 哼哼
야옹(고양이) : meow 喵喵
짹짹(새) : twit 喳喳
구구(비둘기) : coo 咕咕
개굴개굴(개구리) : croaker 呱呱
맴맴(매미) : chirp chirp 知了知了
꽥꽥(오리, 거위) : quack-quack 嘎嘎
지지배배(제비) : swallow's song 唧唧喳喳
버끔버끔(붕어, 물고기) : puff puff 巴嗒巴嗒

웃는 소리와 우는 소리를 표현하는 의성어는 다양합니다. 한국의 만화책에도 의성어와 의태어가 많이 등장합니다. 하하, 호호, 히히, 껄껄, 깔깔, 낄낄, 키득키득, 싱글벙글, 엉엉, 응애응애, 으앙, 앙앙, 흑흑, 헤헤, 펑펑 등 그 본래 느낌을 정확히 이해해 보십시오.

부록 2

한국의 속담 100가지

한국 속담에는 한국 사람들의 생각과 지혜가 담겨 있습니다. 속담을 알면 한국 사람들이 옛날부터 어떤 교훈을 소중하게 생각을 하고 살아왔는지 알 수 있습니다. 속담은 간결하면서도 많은 의미를 담고 있어서 잘 사용하면 한국말을 유창하고 재미있게 하는 데 아주 효과적입니다. 다음 100가지 속담을 상황에 맞게 잘 활용해 보시기 바랍니다.

속담
a proverb, a saying
俗语

1. 가는 날이 장날이다 : 어떤 일을 하려고 하는데 뜻하지 않은 일이 우연하게 맞았다.
2. 가는 말이 고와야 오는 말이 곱다 : 내가 남에게 좋은 말을 해야 남도 내게 잘 한다.
3. 가랑비에 옷 젖는 줄 모른다 : 아무리 사소한 것이라도 거듭되면 무시하지 못할 정도로 크게 된다.
4. 가랑잎이 솔잎더러 바스락거린다고 한다 : 자신의 단점이 큰 줄 모르고 남의 단점을 탓한다.

1. that's bad timing. 来得早，不如赶得巧。
2. nice words for nice words. 你不说他秃，他不说你眼瞎。
3. many a little makes a mickle. (细雨湿衣看不见)蚁穴溃堤。蚁穴虽小，可溃千里长堤。
4. the pot calls the kettle black. 乌鸦笑猪黑，自丑不觉得。

5. like draws to like, birds of a feather flock together. 蝲蛄是属螃蟹的。物以类聚。
6. a mother with a large brood never has a peaceful day. 树枝多风不止，子女多无宁日。
7. to easily flatter without any decency in order to profit. 墙头草。随风倒。见风使舵。
8. be hardly enough to be worth eating. 不够塞牙缝。塞牙缝都不够。
9. be scared stiff. 吓破了胆。
10. hills peep over hills. 越走越是深山。每况愈下。(比喻处境越来越困难) 避坑落井。
11. the one that is bought cheap is the dearest. 便宜没好货。一分钱一分货。
12. better a castle of bones than of stones. 既然一样价，不如挑红裙。有红装不要素装/有月亮不摘星星。
13. an old cow never knows that she was never a calf. 得了金饭碗,忘了叫街时。 好了疮疤忘了痛。
14. an outsider, an outcast. 狗食里的橡子。(比喻被嫌弃而孤立的人)
15. a worthy man from humble family. 穷山沟里出壮元。老鸹窝里出凤凰。
16. don't keep it to yourself, say it when you need to. 肉不爵不香，话不说不明。
17. suffer a side blow in a fight. 龙虎相斗，鱼虾遭殃。城门失火，殃及池鱼。
18. attempt something unattainable or dangerous. 猫顶悬铃。猫口里挖鳅。

5. 가재는 게 편이다 : 비슷한 것끼리 서로 편이 되어 어울리고 사정을 보아 준다.
6. 가지 많은 나무에 바람 잘 날 없다 : 자식이 많은 사람은 걱정이 떠날 때가 없다.
7. 간에 가 붙고 쓸개에 가 붙는다 : 조금이라도 이로운 일이라면 체면을 보지 않고 아무에게나 아첨한다.
8. 간에 기별도 안 간다 : 음식을 조금밖에 먹지 못하다.
9. 간이 콩알 만해지다 : 몹시 두렵거나 무서워지다.
10. 갈수록 태산이다 : 어려운 일을 당하면 당할수록 점점 어려운 일이 닥쳐온다.
11. 싼 것이 비지떡이다 : 무슨 물건이고 값이 싸면 품질이 좋지 못하다.
12. 같은 값이면 다홍치마다 : 같은 값이면 보기 좋은 것을 택한다.
13. 개구리 올챙이 적 생각을 못한다 : 형편이나 사정이 나아진 사람이 어려웠던 때의 생각을 못한다.
14. 개밥에 도토리 : 여러 사람들 속에 어울리지 못하는 사람.
15. 개천에서 용 난다 : 변변하지 못한 집안에서 훌륭한 인물이 나왔다.
16. 고기는 씹어야 맛이요, 말은 해야 맛이다 : 하고 싶은 말이나 해야 할 말은 속 시원히 다 해야 한다.
17. 고래 싸움에 새우 등 터진다 : 힘센 사람들끼리 싸울 때 약한 사람이 그 사이에 끼여 해를 입는다.
18. 고양이 목에 방울 달기 : 실행하기 어려운 일을 누가 할 것인지 의논함을 빗대어 이르는 말.

19. 공든 탑이 무너지랴 : 힘을 다하고 정성을 다하여 한 일은 헛되지 않아 반드시 좋은 결과를 얻는다.

20. 구더기 무서워 장 못 담글까 : 조금 방해되는 일이 있다 하더라도 마땅히 할 일은 해야 한다.

21. 구슬이 서 말이라도 꿰어야 보배다 : 아무리 훌륭한 일이라도 완전히 끝을 맺어놓아야 비로소 가치가 있다.

22. 귀에 걸면 귀걸이, 코에 걸면 코걸이다 : 관점에 따라 이렇게도 저렇게도 될 수 있다.

23. 그림의 떡이다 : 보기만 하고 먹을 수도 없고 가질 수도 없어 아무 소용이 없다.

24. 금강산도 식후경이다 : 아무리 좋고 재미있는 일이 있더라도 배가 부르고 난 뒤에야 좋다. 먹지 않고는 좋은 줄 모른다.

25. 뛰는 놈 위에 나는 놈 있다 : 아무리 재주가 있다 하여도 그보다 나은 사람이 있다.

26. 까마귀 날자 배 떨어진다 : 아무 관계없이 한 일이 공교롭게도 다른 일과 때를 같이하여 둘 사이에 무슨 관계라도 있는 듯한 의심을 받는다.

27. 꿩 대신 닭 : 자기가 쓰려는 것이 없을 때, 그와 비슷한 것으로 대신 쓸 수도 있다.

28. 꿩 먹고 알 먹기 : 한 가지 일을 하고 두 가지 이익을 보았다.

29. 남의 잔치에 감 놓아라 배 놓아라 한다 : 쓸데없이 남의 일에 간섭한다.

30. 낫 놓고 기역자도 모른다 : 글자라고는 아무것도 모르는 몹시 무식하다.

19. a man's labours will be crowned with success. 皇天不负苦心人。苍天(工夫)不负有心人。

20. if you don't make mistakes, you don't make anything. 岂能因噎废食。怕得老虎,养不得猪。

21. nothing is complete unless you put it in final shape. 珍珠三斗，成串才为宝。玉不琢不成器。

22. it differs with the circumstances. 言人人殊。嘴里两张皮， 怎么说都有理。

23. its just a pie in the sky. 画中之饼。水中月，镜中花。

24. a loaf of bread is better than the song of many birds. 民以食为天。金刚山也是饭后的景。(比喻民以食为天)

25. there may be blue and better blue. 强中更有强中手。人上有人，天上有天。

26. it is just a coincidence that the two events have happened at the same time. 乌飞梨落。偶然的巧合。

27. something is better than nothing. 以鸡代雉。无牛捉了马耕田。

28. to kill two birds with one stone. 一箭双雕。一举两得。

29. intrude where one is not wanted. 指手画脚。多管闲事。

30. be so ignorant as not to know A from B 目不识丁。

31. walls have ears and fields have eyes. 隔墙有耳。没有不透风的墙。
32. have one's own fish to fry. 流涕三尺而顾不得擦。(自顾不暇。泥菩萨过河，自身难保。)
33. chickens come home to roost. 搬起石头砸自己的脚。自作自受。自食其果。
34. one is apt to become overly engrossed in work or a hobby begun late in life. 老来学盗，不知天亮。老了学吹笛，吹到眼翻白。
35. to ruin something that’s almost complete. 熬好的粥里擤鼻涕(功败垂成)。
36. utilize a person when his service is needed, and keep him at a distance when he is no longer valuable. 是甜就咽，是苦就吐。(比喻对自己有利的就接受，没用的就扔掉) 挑肥拣瘦。
37. the chicken it devours and the webfoot it protrudes. 瞒天过海。
38. a guilty conscience needs no accuser. 做贼心虚。
39. look before you leap. 摸石过河（比喻有把握后再做事）
40. giving a peck and getting a bushel. 大斗进。(付出少，索取却惊人) 借米一斗还六升。
41. the foot of the candle is dark. The beacon does not shi。ne on its own base. 八灯台照远不照近。灯下黑。
42. nothing is easier. 趴在岸上游水。易如反掌。
43. the pot calls the kettle black. 乌鸦笑猪黑。自己顶了一头屎，还嫌别人出气臭。
44. hit by a bolt out of the blue. 晴天霹雳。

31. 낮말은 새가 듣고 밤말은 쥐가 듣는다 : 아무리 비밀히 하는 말도 새어 나가기 쉬우니, 말을 항상 조심해서 하라.
32. 내 코가 석 자 : 내 사정이 급해서 남까지 돌볼 수가 없다.
33. 누워서 침 뱉기 : 남을 해치려다 도리어 자기 자신이 해를 입는다.
34. 늦게 배운 도둑이 날 새는 줄 모른다 : 나이 들어서 시작한 일을 매우 열심히 한다.
35. 다 된 죽에 코 풀기 : 다 된 일을 망쳐 놓았다.
36. 달면 삼키고 쓰면 뱉는다 : 제게 이로우면 이용하며, 필요하지 않을 때에는 버린다.
37. 닭 잡아 먹고 오리발 내민다 : 나쁜 일을 하고도 숨긴다.
38. 도둑이 제 발 저리다 : 죄 지은 자가 그것이 폭로될까 두려워 하는 스스로 그것을 나타낸다.
39. 돌다리도 두들겨 보고 건너라 : 아무리 잘 아는 일이라도 조심하여 실수 없게 하라.
40. 되로 주고 말로 받는다 : 남을 조금 건드렸다가 도리어 일을 크게 당한다.
41. 등잔 밑이 어둡다 : 가까운 일을 먼 데 일보다 오히려 모른다.
42. 땅 짚고 헤엄치기 : 아주 쉽다.
43. 똥 묻은 개가 겨 묻은 개 나무란다 : 자기는 더 큰 잘못이 있으면서 도리어 남의 작은 잘못을 탓한다.
44. 마른 하늘에 날벼락 : 뜻밖에 입는 재난.
45. 말 한마디에 천 냥 빚도 갚는다 : 말을 잘 하면 큰 빚도 갚을 수 있다.

46. 목구멍이 포도청이다 : 먹고 살기 위해서는 어떤 일이라도 하게 된다.

47. 못된 송아지 엉덩이에 뿔 난다 : 건방지고 좋지 못한 짓을 한다.

48. 믿는 도끼에 발등 찍힌다 : 믿던 일이 뜻밖에 실패한다.

49. 밑 빠진 독에 물 붓기 : 아무리 노력을 하고 애써도 보람이 나타나지 않다.

50. 바늘 도둑이 소 도둑 된다 : 나쁜 행실일수록 점점 더 크고 심하게 되니 나쁜 버릇은 길들이지 말라.

51. 발 없는 말이 천리 간다 : 소문은 쉽게 퍼진다.

52. 배보다 배꼽이 더 크다 : 마땅히 작아야 할 것이 오히려 크다.

53. 백지장도 맞들면 낫다 : 아무리 쉬운 일이라도 혼자 하는 것보다 협력하여 하는 것이 훨씬 더 낫다.

54. 병 주고 약 준다 : 일이 안 되도록 방해하고 도와주는 척한다.

55. 보기 좋은 떡이 먹기도 좋다 : 겉모양이 좋으면 속의 내용도 좋다.

56. 빛 좋은 개살구다 : 겉만 화려하고 실속이 없다.

57. 사공이 많으면 배가 산으로 올라간다 : 간섭하는 사람이 많으면 일이 잘 안 된다.

58. 새 발의 피다 : 지극히 적은 분량. 아주 적다.

59. 서당 개 삼 년에 풍월을 읊는다 : 무식한 사람이라도 유식한 환경에 오래 지내면 자연히 유식해진다.

60. 세 살 버릇 여든까지 간다 : 어려서부터 배운 버릇이 늙어서도 간다.

45. a good tongue can make you. 良言一句，可抵千金债。

46. it must work to keep its head above water. 肚子是冤家。(比喻为了生计什么事都能做)

47. the lean weed lifts its head high. 坏牛犊屁股上长角。(比喻不成器的人反而神气十足)

48. cherish a snake in one's bosom. 背信弃义。

49. be like throwing water on thirsty soil. 填不满的无底洞，竹篮子打水。

50. he that will steal a pin will steal an ox. 小时偷针，大时偷金。始盗针，后窃牛。

51. bad news travels fast. 话无腿行千里。(不胫而走。没有不透风的墙。)

52. the postage costs more than the goods. 脐比肚子大。(比喻本末倒置)

53. two heads are better than one. 众擎易。众人拾柴火焰高。人多力量大。

54. to give the disease and offer the remedy. 害人又救人。打一巴掌给个甜枣吃。

55. what looks good tastes good. 好看的饼，吃起来也。秀外慧中。

56. all is not gold that glitters. 绣花枕头。 银样鑞枪头

57. too many cooks spoil the broth. 艄公多，船上山。(比喻人多嘴杂反而误事)鸡多不下蛋。

58. it is a drop in the bucket. 小菜一碟。沧海一粟。

59. the sparrow near a school sings the primer. 狗住书房三年，也会吟风弄月。挨着铁匠会打钉，挨着木匠会拉锯。

60. what is learnt in the cradle is carried to the tomb. 三岁习惯，八十不改。

61. great boast and small roast. 张扬的宴席没吃头。盛名之下，其实难副。
62. mend the barn after the horse is stolen. 亡羊补牢。
63. strike while the iron is hot and make hay while the sun shines. 趁热打铁。
64. to scratch the surface. 隔皮猜瓜，难知好坏。浅尝辄止。
65. it's a piece of cake. 易如反掌。不费吹灰之力。
66. ten years is an epoch. 十年江山移。
67. look before you leap. 多问不吃亏。摸石过河。
68. there is no smoke without fire. 无风不起浪。
69. it's a bolt out of a clear sky. 一记闷棍。(比喻突如其来)
70. an indispensable man. 药方里的甘草。(比喻事事参与的人)
71. the rotten apple spoils the broth. 一条臭鱼坏了一锅汤。一个烂桃坏满筐。
72. you can sound water from ten fathoms deep, but the sound of a heart cannot be heard from a single fathom. 知人知面不知心。
73. little strokes make great oaks fall. 人经不起千言，树经不起千斧。只要功夫深，铁杵磨成针。
74. even dogs don't catch colds in the middle of summer. 五六月连狗都不感冒。(戏弄夏天感冒的人)

61. 소문난 잔치에 먹을 것 없다 : 소문난 것이 흔히 실지로는 보잘 것 없다.
62. 소 잃고 외양간 고친다 : 이미 일을 그르치고 난 뒤 뉘우쳐도 소용이 없다.
63. 쇠뿔도 단김에 빼랬다 : 어떤 일을 하려고 생각하였으면 망설이지 말고 곧 행동으로 옮기라.
64. 수박 겉 핥기다 : 내용이나 참 뜻은 모르면서 대충 일한다.
65. 식은 죽 먹기다 : 어떤 일이 아주 하기 쉽다.
66. 십 년이면 강산도 변한다 : 십 년이란 세월이 흐르면 세상에 변하지 않는 것이 없다.
67. 아는 길도 물어 가라 : 아무리 익숙한 일이라도 남에게 물어 보고 조심함이 안전하다.
68. 아니 땐 굴뚝에 연기 나랴 : 반드시 원인이 있어야 결과가 생긴다.
69. 아닌 밤중에 홍두깨다 : 예고도 없이 뜻밖의 일이 생겼다.
70. 약방에 감초다 : 어떤 일에나 빠진 없이 참여하는 사람이다.
71. 어물전 망신은 꼴뚜기가 시킨다 : 못난 자일수록 그와 같이 있는 동료를 망신시킨다.
72. 열 길 물 속은 알아도 한 길 사람 속은 모른다 : 사람의 마음은 알아 내기가 어렵다.
73. 열 번 찍어 아니 넘어가는 나무 없다 : 여러 번 계속해서 애쓰면 어떤 일이라도 이룰 수 있다.
74. 오뉴월 감기는 개도 안 걸린다 : 여름철에 감기 걸린 사람을 놀리는 말.

75. 오르지 못할 나무는 쳐다보지도 말아라 : 될 수 없는 일은 바라지도 말라.

76. 옥의 티다 : 아무리 좋아도 한 가지 결점은 있다.

77. 우물에 가서 숭늉 찾는다 : 일의 순서도 모르고 성급하게 덤빈다.

78. 울며 겨자 먹기다 : 싫은 일을 좋은 척하고 억지로 하지 않을 수 없다.

79. 원수는 외나무 다리에서 만난다 : 남에게 악한 일을 하면 그 죄를 받을 때가 반드시 온다.

80. 원숭이도 나무에서 떨어진다 : 아무리 잘하는 사람도 실수할 때가 있다.

81. 윗물이 맑아야 아랫물도 맑다 : 윗사람이 잘못하면 아랫 사람도 잘못하게 된다.

82. 자라 보고 놀란 가슴 솥뚜껑 보고 놀란다 : 무엇에 한 번 혼난 사람이 그 비슷한 것만 보아도 깜짝 놀란다.

83. 자랄 나무는 떡잎부터 알아본다 : 앞으로 크게 될 사람은 어려서부터 장래성이 엿보인다.

84. 작은 고추가 더 맵다 : 겉으로는 대수롭지 않게 보이는 사람이 하는 일이 더 다부지다.

85. 종로에서 뺨 맞고 한강 가서 눈 흘긴다 : 욕을 당한 자리에서는 아무 말도 못하고 딴 데 가서 화풀이를 한다.

86. 좋은 약은 입에 쓰다 : 듣기 싫고 귀에 거슬리는 말이라도 제 인격 수양에는 이롭다.

87. 쥐구멍에도 볕 들 날이 있다 : 아무리 고생만 하는 사람도

75. do not bother trying the impossible. 爬不上的树就别往上看。(喻指不要好高骛远).

76. it's a fly in the ointment. 美中不足。人无完人，金无足赤。

77. to seek hot water under cold ice. 到井边要茶喝。(操之过急)

78. biting the bullet. 哑巴吃黄莲。硬着头皮。

79. evil doing always catches up with you. 冤家路窄。狭路相逢。

80. even good Homer sometimes nods. 猴子也有从树上掉下来的时候。(智者千虑，必有一失)

81. like master, like man. the fish always sinks from the head downwards. 上梁不正下梁歪。

82. a burnt child dreads the fire. 一朝被蛇咬，十年怕井绳。

83. the childhood shows the man as morning shows the day. 见微知著。从小看大。

84. the smaller, the shrewder. 小辣椒更辣。辣椒虽小，辣人心。

85. go home and kick the dog. 乱撒气。

86. good medicine tastes bitter. 良药苦口。

87. every dog has his day. 老鼠洞里也有进阳光的时候。(瓦片也有翻身日)

운수가 터져 좋은 시기를 만날 때가 있다.

88. 지렁이도 밟으면 꿈틀한다 : 아무리 보잘 것 없는 사람이라도 너무나 모욕하면 화가 난다.

89. 천 리 길도 한 걸음부터 : 무슨 일이든 시작이 중요하다.

90. 칼로 물 베기 : 다투다가도 좀 시간이 흐르면 이내 풀려 두 사람 사이에 아무 틈이 생기지 않는다.

91. 콩 심은 데 콩 나고 팥 심은 데 팥 난다 : 모든 일은 원인에 따라 결과가 생긴다.

92. 티끌 모아 태산 : 작은 것이 모이면 큰 것이 된다.

93. 핑계 없는 무덤 없다 : 무엇을 잘못해 놓고도 여러 가지 이유로 책임을 회피하려는 사람.

94. 하늘의 별 따기 : 지극히 어려운 일.

95. 하늘이 무너져도 솟아날 구멍이 있다 : 아무리 큰 재난에 부딪히더라도 그것에서 벗어날 길은 있다.

96. 하룻강아지 범 무서운 줄 모른다 : 아직 철이 없어서 아무것도 모른다.

97. 한 귀로 듣고 한 귀로 흘린다 : 남이 하는 말을 잘 듣지 않고 건성으로 듣는다.

98. 한 술 밥에 배 부르랴 : 무슨 일이고 처음에는 큰 성과를 기대할 수 없다.

99. 함흥차사(咸興差使)다 : 어떤 일로 심부름 간 사람이 한 번 떠난 뒤로 돌아오지 않거나 아무 소식이 없다.

100. 호랑이도 제 말 하면 온다 : 마침 어떤 사람에 대해 이야기하고 있는데 그 사람이 나타난다.

88. even a worm will turn. 蚯蚓被踩还要动一动。(是人都有三分火) 兔子急了也咬人。
89. a journey of a thousand miles begins with a single step. 千里之行，始于足下。
90. it's like cutting water with a knife. 劈流水水不断。夫妻没有隔夜仇。
91. you reap what you sow. 种瓜得瓜，种豆得豆。
92. every little makes a mickle. 积土成山。积少成多。
93. every why has a wherefore. 除非己不为，哪怕没借口。(比喻犯了很多错误却还找借口回避的人)
94. it's as hard as a camel going through a needle's eye. 天上摘星星。(喻指难得几乎没有可能)
95. every cloud has a silver lining. 天塌下来也有人顶。天无绝人之路。
96. fools rush in where angels fear to tread. 初生牛犊不怕虎。
97. go in one ear and out the other. 一个耳朵进，一个耳朵出。(左耳听右耳出)
98. success doesn't come overnight. 一口饭吃不饱人。一步迈不到天上。一口吃不成胖子。
99. a messenger sent out on an errand never returned. 咸兴差使。(一去不复返、泥牛入海无消息) 肉包子打狗一去不回。
100. speak of the Devil and you will hear the flutter of his wings. 说老虎老虎就到。说曹操，曹操就到。

부록 3

한국의 관용어 100가지

관용어란 둘 이상의 단어가 합쳐져 또 다른 새로운 의미로 사용되는 표현을 말합니다. 예를 들어 '손을 씻다'라는 표현은 '나쁜 일을 그만하다'라는 새로운 의미로 사용됩니다. 관용어를 사용하면 한국어를 재미있고 다양하게 표현할 수 있습니다. 다음 관용어를 상황에 맞게 잘 사용해 보시기 바랍니다.

관용어
an idiom
惯用语

1. 가슴을 치다 : 일이 마음대로 되지 않아 답답해하다.
2. 가슴을 태우다 : 매우 기다리거나 간절하고 초조하다.
3. 가슴이 내려앉다 : 나쁜 일로 크게 놀라다.
4. 간이 떨어지다 : 무서운 일로 갑자기 깜짝 놀라다.
5. 군침을 흘리다 : 물건이나 사람을 가지고 싶다.
6. 귀가 따갑다 : 사람이나 물건의 소리가 매우 시끄럽다.
7. 귀가 솔깃하다 : 관심이 많이 생겨 잘 듣고 싶다.
8. 귀가 아프다 : 너무 많이 들어서 싫증이 난다.
9. 꼬리를 감추다 : 사람이 소리도 없이 조용히 사라진다.

1. beat one's breast. 捶胸顿足。
2. burn one's soul with worry. 心急如焚。
3. be startled, be shocked .心一沉。吓了一跳。
4. to be shaken, be shocked. 心惊胆颤。
5. to drool over. 流口水。
6. sick and tired of a noise. 聒耳。听着刺耳。
7. to show attention/ bend an ear to. 侧耳倾听。
8. to hear too much of a same patience. 耳朵磨出茧子。
9. to hide or dissappear oneself. 夹尾巴。(销声匿迹)

10. 꼬리를 잡다 : 감추어 있는 사실의 단서를 알아내다.
11. 꼬리를 치다 : 다른 사람의 마음을 끌려고 말과 행동을 한다. 주로 여자가 남자의 관심을 끌려고 할 때 쓰는 부정적인 말.
12. 날벼락이 떨어지다 : 잘못을 해서 큰 꾸중을 들을 때나 갑자기 큰 사고로 걱정이 될 때 쓰는 말.
13. 눈앞이 캄캄하다 : 앞의 일을 어떻게 해야 할 지 절망스럽다.
14. 눈을 감다 : 죽다. 다른 사람의 나쁜 짓을 모르는 체 해주다.
15. 눈 코 뜰 새 없다 : 아주 바쁘다.
16. 다리를 놓다 : 사람과 사람 중간에서 양쪽 사이를 이어주다.
17. 더위를 먹다 : 너무 더워서 병에 걸릴 정도로 지치다.
18. 돈방석에 앉다 : 많은 돈을 벌거나 가지게 되다.
19. 뒤를 밟다 : 다른 사람을 몰래 쫓아가다.
20. 등을 돌리다 : 서로 사이가 나쁘다.
21. 땅을 치다 : 크게 후회한다. 원통하고 분하다.
22. 뜬 눈으로 밤새다 : 잠을 전혀 자지 못하고 깨어있다.
23. (손)때가 묻다 : 한 사람이 오랫동안 다룬 오래된 물건.
24. 마음에 닿다 : 동의하거나 감명을 받다.
25. 마음에 들다 : 물건이나 사람이 좋다.
26. 마음이 약하다 : 남의 부탁을 쉽게 거절하지 못한다.
27. 말을 듣다 : 시키는 대로 한다.
28. 머리를 굴리다 : 좋은 아이디어가 떠오르도록 이것저것 생각을 하다.
29. 맛이 가다 : 음식이 상하여 맛이 변하다. 사람도 정신이 나쁘게 변했을 때 사용하는 말.
30. 목이 빠지다 : 오랫동안 많이 기다리다.

10. to find another's hidden clues. 揪住尾巴。(比喻发现了隐瞒的事情)
11. to flatter a person. 摇尾巴。(暗送秋波)
12. to get a scolding or when one gets worried of a big accident. 晴天霹雳。
13. the future is all dark. 眼前发黑。眼前一片漆黑。(比喻对前路茫然)
14. to pass away or to connive at a person's wrong doing. 去世。睁一只眼闭一只眼。
15. to be so busy that one doesn't even have enough time to blink his eyes. 忙得不可开交。
16. to bridge or to bring two people together. 牵线搭桥。
17. to be exhausted by the heat as if getting a heat stroke. 中暑。
18. to be loaded with money. 坐在了钱囤子上。腰缠万贯。财源广进。
19. to shadow a person. 跟梢。
20. to turn back from each other. 转身背对着。互不理睬。
21. to be sad and furious because of a regretful event. (哭天)抢地。
22. to stay up all night. 睁着眼睛熬了一个晚上。
23. to be well-thumbed. 沾了脏东西。(比喻一个人用了很久的东西)
24. to agree or deeply moved. touched. 同意。共鸣。
25. to like something. 中意。看中。
26. to be chickenhearted or weak minded and fragile. 好说话。心软。
27. to take at one's word. 听话。
28. to use one's head. 动脑筋。
29. to go off (food) or to be knackered (person). 变质了。
30. to wait longingly. 望眼欲穿。

31. 목숨을 건지다 : 죽을 뻔하다가 살아나다.

32. 목숨을 끊다 : 스스로 죽다.

33. 문턱이 높다 : 어떤 사람을 만나기가 어렵다.

34. 몸에 배다 : 너무 자주해서 습관이 되어버리다.

35. 미운 털이 박히다 : 누구에게 미움을 받다.

36. 바가지를 긁다 : 아내가 남편에게 잔소리를 하다.

37. 바가지를 쓰다 : 물건을 비싸게 주고 사다.

38. 바람이 나다 : 자신의 배우자가 아닌 다른 사람을 좋아한다.

39. 발이 넓다 : 여러 사람과 다양한 인간관계를 가지고 있다.

40. 발목을 잡다 : 어떤 일이나 상태에서 벗어나지 못하게 하다.

41. 배가 아프다 : 남이 잘 되어 심술이 나다.

42. 배꼽을 잡다 : 너무 우스워서 참지 못하다.

43. 법석을 떨다 : 이리저리 움직이며 시끄럽다.

44. 발을 끊다 : 오가지 않거나 관계를 끊다.

45. 별 볼 일이 없다 : 별로 대단하지 않다.

46. 본전도 못찾다 : 한 일이 하지 않은 것만 못하다.

47. 빙산의 일각 : 전체에서 드러난 것이 아주 작은 일부분이다.

48. 뼈 빠지게 일하다 : 아주 힘들게 일하다.

49. 사랑에 빠지다 : 남녀가 사랑을 깊이 하다.

50. 사랑을 나누다 : 남녀가 서로에게 애정 표현을 하다.

51. 새빨간 거짓말 : 아주 심한 거짓말.

52. 생을 마감하다 : 죽다.

53. 속을 끓이다 : 안 좋은 일로 마음을 많이 쓰인다.

54. 속이 좁다 : 사람을 대하거나 일을 할 때 인색하다.

31. to retrieve a person from death. 逃生。捡回一条命。
32. to commit suicide. 自杀。
33. hard to meet someone. 门槛高。
34. a habit becoming a part of someone. 习惯了。
35. to become someone's pet hate (an object of hatred). 讨人嫌。令人讨厌。
36. to snarl at/ speak crossly to. (妻子对丈夫) 缺米了少盐了地唠叨。
37. got ripped-off, to buy something overpriced. 叫人坑了。
38. to have a little on the side. 动春心。(比喻对配偶以外的人动心)
39. to have many connections. 广交八方。关系多。
40. to be stalled or dragged by something. 抓住把柄。事物缠身。
41. be jealous. 非常嫉妒。堂兄买地也眼红。心理不舒服。
42. to crack up or roll with laughter. 笑破肚皮。
43. to make a lot of noise or to make a fuss. 起哄。混闹。
44. stop visiting. 敛迹。
45. to be nothing or worthless. 没有特别的。
46. to suffer a total loss. 偷鸡不成蚀把米。赔了夫人又折兵。
47. that is just the tip of the iceberg. 冰山一角。
48. to work one's tail off. 拼命工作。
49. to fall in love. 坠入爱河。
50. to share love. 调风弄月。
51. a downright lie. 弥天大谎。
52. to die or to pass away. 结束了一生。
53. to be heavy on one's mind or to be worried. 怒火中烧。
54. to be shallow or narrow-minded. 心眼小。

55. to ask for help or to beg for money. 伸手要钱或物。
56. to work hand in hand. 配合融洽。
57. to keep a straight face or to play innocent. 佯装不知。假装不知。
58. to be easily influenced. 没长脑袋。没心没肺。
59. to heal up completely. (病)好得利利索索
60. to face so much trouble or hardship. 遭罪。吃苦头。
61. to be worried very much. 心焦如焚。
62. to have enough or to be fully satisfied. 够了 (比喻吃饱或满足的时候)
63. to feel heavy and weighed down or to feel burdened. 肩上的担子很重。任重道远。
64. to be brash or to be brazen. 脸皮厚
65. to be intimidated or daunted. 走不动。(怕得要死)骨软筋酥。
66. to play innocent. 不认账。
67. the tailor makes the man. 人是衣裳马是鞍。
68. to resign or quit a job. 脱衣服。(辞职的意思)
69. to gnash one's teeth. 咬牙切齿。
70. an ordinary person who is not famous. 没有名气。(比喻很一般的人)
71. to coordinate their stories or to get their stories straight. 对口径指说话口径一致。
72. to be secret as the grave or to be taciturn. 嘴紧。言语谨慎。
73. to have a small appetite. 饭量不大。爱挑食。
74. to go grocery shopping. 赶集。
75. to tell one's fortune. 占卜。
76. to be attached to. 产生感情。
77. to be put off, to be out of love with. 感情变得淡漠。

55. 손을 벌리다 : 돈을 달라고 부탁하다.
56. 손발이 맞다 : 서로 잘 도와 협조가 잘 된다.
57. 시치미를 떼다 : 모르는 척하다.
58. 쓸개가 빠지다 : 자기 주장없이 이 사람 저 사람 말을 따른다.
59. 씻은 듯이 낫다 : 아픈 것이 완전히 낫다.
60. 애를 먹다 : 아주 힘들고 어려운 일을 겪다.
61. 애간장이 타다 : 어떤 일에 너무 마음 쓰고 걱정하다.
62. 양에 차다 : 충분히 배가 부르거나 만족하다.
63. 어깨가 무겁다 : 중대한 일을 많아 부담이 되다.
64. 얼굴이 두껍다 : 부끄러움을 모르고 뻔뻔스럽다.
65. 오금을 못 쓰다 : 무섭거나 두려워 꼼짝하지 못하다.
66. 오리발을 내밀다 : 자기의 잘못을 숨기고 거짓 행동을 하다.
67. 옷이 날개다 : 옷이 좋으면 사람도 좋아 보인다.
68. 옷을 벗다 : 어떤 일이나 직책을 그만두다.
69. 이를 갈다 : 어떤 일에 대해 참을 수 없이 화가나 복수할 마음을 가지다.
70. 이름이 없다 : 사람의 존재가 널리 알려져 있지 않고 평범하다.
71. 입을 맞추다 : 두 사람이 말의 내용을 똑같이 맞추다.
72. 입이 무겁다 : 다른 사람에게 말을 잘 전하지 않고 신중하다.
73. 입이 짧다 : 다 잘 먹지 못하고 가리는 음식이 많다.
74. 장을 보다 : 시장에 물건을 사러 가다.
75. 점을 치다 : 사람의 앞날을 예측하다.
76. 정이 들다 : 익숙해져 친밀한 감정이 생기다.
77. 정이 떨어지다 : 사람에 대해 싫어지다.

78. 정신을 팔다 : 자기 할 일을 안 하고 다른 데 관심을 가지다.

79. 정신이 없다 : 몹시 바쁘다. 산만하다.

80. 좀이 쑤시다 : 가만히 있지 못하다.

81. 주먹을 쓰다 : 폭력을 쓰다.

82. 죽이 맞다 : 서로 잘 통하고 마음이 맞다.

83. 쥐뿔도 모르다 : 어떤 것에 대해 아는 체 하지만 전혀 모른다.

84. 쥐뿔도 없다 : 아무 것도 가진 재산이 없다.

85. 쥐도 새도 모르게 : 아무도 모르게, 몰래 할 때

86. 찬바람이 일다 : 사람을 냉정하고 친절하지 않다.

87. 침을 흘리다 : 먹고 싶거나 가지고 싶다.

88. 코가 높다 : 이성 상대에 대해 만족하지 못하다.

89. 코가 비뚤어지다 : 술에 몹시 취하다.

90. 탈을 쓰다 : 본래 모습을 감추고 거짓의 모습을 하다.

91. 틈이 나다 : 바쁜 중에 짧은 시간이나 기회가 생기다.

92. 파리 목숨이다 : 보잘 것 없이 쉽게 죽임을 당할 수 있다.

93. 파리를 날리다 : 장사가 전혀 안 된다.

94. 팔자가 늘어지다 : 아주 편안하고 걱정이 없이 산다.

95. 팔자가 세다 : 주어진 운명이 안 좋아 힘들다.

96. 푹푹 찌다 : 날씨가 매우 덥다.

97. 풀이 죽다 : 활기가 없고 의욕이 없다.

98. 한 배를 타다 : 같은 일을 함께 하다.

99. 한 눈을 팔다 : 자기 할 일을 안 하고 다른 일이나 다른 사람에게 관심을 두다.

100. 허리띠를 졸라매다 : 경제적으로 어려워서 아끼며 산다.

78. to divert one's attention. 精神不集中。
79. to be out of one's mind or to be busy. 没有精神。(很忙的时候)迷糊。头昏脑涨。
80. to be impatient to do something or be itching. 浑身难受。心痒痒。(比喻呆不住的时候)
81. to use violence. 用拳头。(比喻使用暴力的时候)
82. to get along well with. 二者相谐。红花配绿叶意气相投。
83. not know beans about something. 一窍不通。一无所知。
84. to be penniless. 一无所有。狗屁也没有。
85. in secret or on the quiet. 神不知鬼不觉。
86. to give a cold look. (氛围)寒风袭人。(待人)冷淡。
87. to slaver at. 流口水。
88. to be snooty and picky. 鼻子抬得高高的。目空一切。目中无人。
89. to be heavily drunk. 一醉方休。
90. to disguise oneself or play the hypocrite. 戴假面具。
91. to have a break in a busy schedule. 有空。
92. to be an ephemeral existence or a cheap life. 不值钱的小命。
93. to be slack. 闲得赶苍蝇。门可罗雀。(喻指门庭冷落)
94. to be well off or to be on easy street. 命好。有福气
95. to be ill-fated and unfortunate. 八字硬。
96. a boiling weather. 像火烧一样热。
97. to be disheartened. 无精打采。垂头丧气。
98. to be all in one thing together. 一条船上的人。一根绳上的蚂蚱。
99. to take one's attention off. 东张西望。眼睛向旁边看。
100. to tighten one's belt(financial difficulty). 勒紧腰带。勒紧裤带。(比喻经济状况艰难需节约生活的时候)

부록 4
한국의 사자성어 100가지

사자성어
four-character idiom
四字成语

사자성어(四字成語)는 네 개의 한자로 이루어진 한 단어를 말합니다. 옛이야기에서 유래된 고사성어(故事成語)도 많은데 대부분 중국의 역사와 고전에서 나온 말입니다. 비유적인 내용을 함축하고 있는 사자성어를 잘 활용하면 한국어 표현이 더 유식해지고 고급스러워집니다. 사자성어는 한자를 알아야 그 의미가 제대로 전달됩니다. 한자도 배우면서 잘 익혀보시기 바랍니다.

1. beauty and long life seldom go hand in hand. 佳人薄命：指年轻美女命不好。
2. remembering forever. 刻骨难忘：形容记忆深刻，永远不忘。
3. various shapes and sizes. 各色各样：各种类别，各种式样。
4. sweet talk. 甜言蜜语：用动听的话去哄别人。
5. common people. 张三李四：泛指普通人。

1. 가인박명(佳人薄命) : 아름다운 여인은 수명이 짧다.
2. 각골난망(刻骨難忘) : 은혜에 대한 고마운 마음이 깊이 뼈에 사무쳐 잊혀지지 않는다.
3. 각양각색(各樣各色) : 여러 가지 모양과 빛깔. 제각기 다양한 모습이다.
4. 감언이설(甘言利說) : 달콤한 말 남을 꾀는 말.
5. 갑남을녀(甲男乙女) : 일반적인 평범한 사람들.

6. 개과천선(改過遷善) : 잘못을 고치고 옳은 길로 간다.

7. 거두절미(去頭截尾) : 앞뒤의 말을 빼고 요점만 말한다.

8. 견물생심(見物生心) : 물건을 보면 갖고 싶은 욕심이 생긴다.

9. 결자해지(結者解之) : 처음 시작한 사람이 그것을 해결해야 한다.

10. 결초보은(結草報恩) : 죽어서도 은혜를 잊지 않고 갚다.

11. 경국지색(傾國之色) : 나라를 위태롭게 할 정도의 미인.

12. 경거망동(輕擧妄動) : 경솔하고 망령된 행동.

13. 계란유골(鷄卵有骨) : 달걀에도 뼈가 있다. 뜻밖에 장애물이 생긴다.

14. 고량진미(膏粱珍味) : 기름지고 맛있는 음식.

15. 고장난명(孤掌難鳴) : 한쪽 손뼉은 울릴 수 없다. 혼자 힘으로는 일하기 어렵다.

16. 고진감래(苦盡甘來) : 고생 끝에 즐거움이 온다.

17. 공중누각(空中樓閣) : 공중에 누각을 지음과 같이 근거가 없는 가공의 사물.

18. 과대망상(誇大妄想) : 터무니없이 과장하여 엉뚱하게 생각한다.

19. 과유불급(過猶不及) : 지나침은 미치지 못함과 같다.

20. 교언영색(巧言令色) : 남에게 아첨하는 말과 태도.

21. 구사일생(九死一生) : 여러 번 죽을 고비를 넘기고 간신히 살아남.

6. mend one's ways and become a new man. 改过自新：改正错误，变成好的。指去恶就善。

7. without preamble. 去头截尾：比喻除去没有用的部分。

8. seeing is wanting. 见财起意：比喻看到什么东西就会产生想要拥有的欲望。

9. one who has tied a knot must untie it. 结者解之：解铃还许系铃人，某人做的事最后还需要他来解决。

10. repaying for a kindness even after one's death. 结草报恩：人要懂得知恩图报。

11. a woman of matchless beauty. 倾国之色：原指因女色而亡国，后多形容妇女容貌极美。

12. act rashly, prudently. 轻举妄动：指不经慎重考虑，轻率的采取行动。

13. even an egg has a bone. opportunities are pointless for someone with a bad luck. 鸡卵有骨：鸡蛋里有骨头。(指没有福气的人就算有好机会也没有用)

14. rich fare. 膏粱珍味：有油水又好吃的菜。

15. it takes two to tango. 孤掌难鸣：一个巴掌拍不响。(比喻力量孤单，难以成事)

16. sweet after bitter. 苦尽甘来：艰难的日子过完,美好的日子来到了。

17. a castle in the air. 海市蜃楼：指悬于半空之中的城市楼台，也比喻虚构的事物或不现实的理论，方案等。

18. delusion of grandeur. 夸大妄想：夸张并虚幻的想象。

19. too much is as bad as too less. 过犹不及：为事情做过了头就跟事情做得不够一样，都是不好的。

22. 군계일학(群鷄一鶴) : 닭의 무리 속에 있는 한 마리의 학. 즉, 많은 사람 중의 뛰어난 인물.

23. 궁여지책(窮餘之策) : 매우 어려운 가운데 짜낸 한 가지 꾀.
24. 권모술수(權謀術數) : 목적을 위해서는 수단방법 가리지 않고 남을 속이는 술책.
25. 권선징악(勸善懲惡) : 착한 행동을 권하고 악한 행동은 징계한다.
26. 근묵자흑(近墨者黑) : 먹을 가까이 하면 검어진다. 가까이하는 사람이나 환경의 영향을 받게 된다.
27. 금상첨화(錦上添花) : 비단 위에 꽃을 보탠다. 좋고 아름다운 것 위에 더 좋은 것을 더함.
28. 금시초문(今始初聞) : 이제야 처음으로 들음.
29. 금의환향(錦衣還鄕) : 비단 옷을 입고 고향에 돌아온다. 크게 성공하여 자신의 고향이나 집으로 돌아온다..
30. 금지옥엽(金枝玉葉) : 황금으로 된 나뭇가지와 옥으로 만든 잎. 귀여운 자손을 소중하게 일컫는 말.
31. 기고만장(氣高萬丈) : 펄펄 뛸 만큼 크게 성이 나다.

20. fine words and insinuating countenance. 巧言令色：形容花言巧语，虚伪讨好。
21. stay alive by the skin of one's teeth. 九死一生：比喻多历艰险而大难不死。
22. the flower of the flock. be head and shoulders above the others. 群鸡一鹤：鸡群中一只鹤。(比喻超然出众)
23. last resort. 穷余之策：艰难的处境下地一个方法。
24. resort to trickery. 权谋术数：为达目的不在乎使用任何手段去欺骗别人。
25. reward the virtue and punish the vice. 劝善惩恶：惩罚坏人。奖励好人。
26. he who touches pitch shall be defiled therewith. 近墨者黑：接近坏人可以使人变坏，指客观环境对人有很大影响。
27. the icing on the cake. 锦上添花：意指在美丽的锦织物上再添加鲜花。比喻略加修饰使美者更美，引申比喻在原有成就的基础上进一步完善。
28. a new on someone. 今始初闻：现在才第一次听说。
29. returning home in glory. 衣锦还乡：旧指富贵以后回到故乡。含有向乡里夸耀的意思。
30. the apple of one's eye. the gem of a baby. 金枝玉叶：原形容花木枝叶美好，后多指皇族子孙。现也比喻出身高贵或娇嫩柔弱。
31. to rage wildly. 气高万丈：生很大的气。
32. mind-shattering. 异想天开：比喻凭空的，根本没有的事情。指想法很不切实际。
33. internal and external troubles. 内忧外患：指国内的变乱和外来的祸患，也指内部的纠纷和外部的压力。

32. 기상천외(奇想天外) : 상식을 벗어난 아주 엉뚱한 생각.

33. 내우외환(內憂外患) : 나라 안에도 근심이 있고, 나라밖에도 근심이 있다.

34. 노심초사(勞心焦思) : 마음으로 애를 쓰며 속 태운다.

35. 천차만별(千差萬別) : 많은 차이와 구별이 있다.

36. 다다익선(多多益善) : 많으면 많을수록 더 좋다.

37. 단도직입(單刀直入) : 혼자서 칼을 휘두르며 적진으로 곧장 쳐들어간다. 바로 본론으로 들어간다.

38. 대기만성(大器晚成) : 큰 인물은 늦게 이루어진다.

39. 대동소이(大同小異) : 비슷비슷하여 다를 게 없다.

40. 동고동락(同苦同樂) : 괴로움과 즐거움을 같이 한다.

41. 동문서답(東問西答) : 동쪽을 묻는데 서쪽을 대답한다. 묻는 말에 엉뚱한 대답을 한다.

42. 동병상련(同病相憐) : 같은 병의 환자끼리 서로 가엾게 여긴다. 어려운 처지에 있는 사람끼리 도와준다.

43. 동분서주(東奔西走) : 부산하게 이리저리 돌아다닌다.

44. 동상이몽(同床異夢) : 같은 잠자리에서 다른 꿈을 꾼다. 겉으로는 행동이 같으면서 속으로는 딴 생각을 가진다.

45. 두문불출(杜門不出) : 집안에만 있고 밖에는 나가지 않는다.

46. 등하불명(燈下不明) : 등잔 밑이 어둡다. 가까이 있는 것이 오히려 알아내기 어렵다.

47. 마이동풍(馬耳東風) : 말의 귀에 동풍이 분다. 즉 남의 말을 귀담아 듣지 않고 곧 흘려버린다.

48. 명약관화(明若觀火) : 불을 보는 것과 같이 그 결과가 환하다.

34. to be very worried about. be on pins and needles. 劳心焦思：形容人为某事忧心苦思。

35. in a thousand different ways. 千差万别：形容种类多，差别大。

36. the more the better. 多多益善：形容一样东西或人等越多越好。

37. straightforwardness. 单刀直入：用短柄刀直接刺入。比喻认定目标，勇猛精进。后比喻说话直截了当，不绕弯子。

38. late boomer. 大器晚成：越是大才能的人通常越晚成功。

39. more or less on the same. 大同小异：大体相同，略有差异。

40. share one's joy and sorrows. 同甘共苦：共同享受幸福，共同担当艰苦。

41. talking at cross purposes that are irrelevant. 答非所问：问东边答西边，比喻答非所问。

42. grief is best pleased with grief's company. 同病相怜：比喻因有同样的遭遇或痛苦而互相同情。

43. busy oneself. 东奔西走：到处奔波，多指为生活所迫或为某一目的四处奔走活动。

44. to have different purposes. 同床异梦：原指夫妇生活在一起，但感情不和。比喻同做一件事而心里各有各的打算。

45. confining oneself at home. 足不出户：关闭门户，不外出与人交往接触。

46. the beacon does not shine on its own base. 灯下不明：照明时由于被灯具自身遮挡，在灯下产生阴暗区域。由于这些区域离光源很近，比喻人们对发生在身边很近事物和事件没有看见和察觉。

47. like water off a duck's back, the words are unheeded. 马耳东风：比喻把别人的话当作耳边风。

48. being obvious and clear as daylight. 明若观火：形容观察事物非常清楚，好像看火一样。

49. one word is enough to the wise. 闻一知十：听到一点就能理解很多。形容善于类推。

50. blind following. 随声附和：指对别人的言行因赞同而表示应和、追随，也指随和别人的言行。

51. laugh one's head off. 拍掌大笑：拍着手大笑。

52. half in doubt. 半信半疑：有点相信，又有点怀疑。表示对真假是非不能肯定。

53. well-educated with broad vision. 博学多识：指人很有学识，懂得很多。

54. return of evil for good. 忘恩负义：忘记别人对自己的好处，反而做出对不起别人的事。

55. married couple growing old together. 百年偕老：指夫妻共同白头到老。

56. the help and grace from God and heaven. 天佑神助：好像有神仙帮助似的，比喻非常顺利。

57. get the cart before the horse 本末颠倒。本末倒置。

58. exert oneself to the utmost 粉身碎骨。摩顶放踵

59. frequent occurrence. 非一非再：常做的事,不是一次两次。

60. engage in something as if it's a life or death situation. 决一死战：不管生死做出决断。

61. right will prevail in the end. 事必归正：不管什么事,最后都要归结到正路上来。

62. going through all sorts of hardships. 饱经风霜：经历了世上所有事情。

49. 문일지십(聞一知十) : 한 가지를 들으면 열을 안다.

50. 부화뇌동(附和雷同) : 자기의 생각이나 주장없이 남의 의견에 동조한다.

51. 박장대소(拍掌大笑) : 손뼉을 치면서 크게 웃는다.

52. 반신반의(半信半疑) : 반은 믿고 반은 의심한다.

53. 박학다식(博學多識) : 학문이 넓고 식견이 많다.

54. 배은망덕(背恩忘德) : 입은 은혜와 덕을 잊고 배반함.

55. 백년해로(百年偕老) : 부부가 화목하게 인생을 함께 늙음.

56. 천우신조(天佑神助) : 하늘이 돕고 신이 도움.

57. 본말전도(本末顚倒): 일이 처음과 나중이 뒤바뀜.

58. 분골쇄신(粉骨碎身): 뼈가 가루가 되고 몸이 부서진다는 뜻으로 열심히 노력함.

59. 비일비재(非一非再) : 늘상 있는 일.

60. 사생결단(死生決斷) : 죽고 사는 것을 가리지 않고 결단낸다.

61. 사필귀정(事必歸正) : 모든 일은 결과적으로 반드시 바른 길로 돌아온다.

62. 산전수전(山戰水戰) : 험한 세상 일을 다 겪음.

63. 십중팔구(十中八九) : 거의 그러할 것이라는 추측

64. 선견지명(先見之明) : 앞 일을 미리 예견하여 내다보는 슬기

65. 설상가상(雪上加霜) : 눈 위에 서리가 덮쳤다. 엎친 데 덮친 격으로 나쁜 일이 계속 생기다.

66. 시종일관(始終一貫) : 처음과 끝이 같다.

67. 아전인수(我田引水) : 자기에게 유리하도록 행동한다.

68. 안하무인(眼下無人) : 교만하여 사람을 업신여긴다.

69. 애지중지(愛之重之) : 매우 사랑하고 귀중히 여긴다.

70. 양자택일(兩者擇一) : 둘 중에 하나를 가린다.

71. 어부지리(漁夫之利) : 서로 다투고 있을 때 제 삼자가 이득을 본다.

72. 어불성설(語不成說) : 말에 이치가 맞지 않다.

73. 역지사지(易地思之) : 서로 입장을 바꿔놓고 생각해 본다.

74. 오리무중(五里霧中) : 무슨 일에 대하여 방향이나 상황을 알 길이 없다.

75. 용두사미(龍頭蛇尾) : 처음은 굉장하고 훌륭하나, 끝이 좋지 않다.

63. nine times out of ten. 十有八九：指绝大多数，大致不差，差不离。

64. ability to foresight. 先见之明：指事先看清问题的能力，对事物发展的有预见性。

65. misfortunes never come single. 雪上加霜：在雪上还加上了一层霜。比喻接连遭受灾难，损害愈加严重。

66. consistent from beginning to end. 始终一贯：自始至终都一样。

67. draw water to one's own mill. 独善其身 向对自己有利的方向努力。

68. be supercilious. 眼下无人：目中无人。

69. to love something very preciously. 爱之重之：珍爱重视。

70. choosing one betweeen two things. 两者择一：在两个中选一个。

71. gain the third party's profit. 渔夫之利：犹言渔人之利。(比喻利用别人的矛盾从中获利)

72. unreasonable talk. 语不成说：说话没有道理。

73. walk in someone's shoe, consider situations of others. 易地思之：易地而处，易位而思，相当于换位思考的意思。

74. be befogged, clueless. 如堕烟海 比喻模糊恍惚，不明真相的境界。

75. bright beginning and dull finish, anticlimax. 龙头蛇尾：比喻开头盛大，结尾衰减。

76. 우유부단(優柔不斷) : 결단을 잘 내리지 못한다.

77. 유구무언(有口無言) : 입은 있으나 말이 없다. 변명을 못한다.

78. 유비무환(有備無患) : 미리 준비해두면 근심 걱정이 없다.

79. 이구동성(異口同聲) : 입은 다르지만 소리는 같다.

80. 이심전심(以心傳心) : 말을 하지 않더라고 서로 마음이 맞다.

81. 이열치열(以熱治熱) : 열로서 열을 다스린다.

82. 인과응보(因果應報) : 좋은 일에는 좋은 결과가, 나쁜 일에는 나쁜 결과가 따른다.

83. 일석이조(一石二鳥) : 한 가지 일을 해서 두 가지 이익을 얻는다.= 일거양득

84. 임기응변(臨機應變) : 그때 그때 일에 따라 융통성있게 처리한다.

85. 자격지심(自激之心) : 자기가 한 일에 대하여 스스로 미흡한 생각을 가진다.

86. 자초지종(自初至終) : 처음부터 끝까지 이르는 동안 또는 그 사실.

87. 자포자기(自暴自棄) : 절망 상태에 빠져서 스스로 자신을 포기한다.

88. 적반하장(賊反荷杖) : 잘못한 사람이 도리어 잘하는 사람을 나무란다.

89. 전화위복(轉禍爲福) : 궂은 일을 당했을 때 그것을 잘 처리하여 좋은 일이 되게 한다.

90. 주객전도(主客顚倒) : 주인은 손님처럼 손님은 주인처럼 행동한다, 즉 입장이 뒤바뀌었다.

---

76. indecisive. 优柔寡断：指做事犹豫，缺乏决断。
77. no excuse to offer. 有口无言：张口结舌，说不出话。
78. an ounce of prevention is worth a pound of cure. 有备无患：事先有准备，就可以避免祸患。
79. an ounce of prevention is worth a pound of cure. 异口同声：不同的嘴说出相同的话，指大家说得都一样。
80. tacit understanding. 以心传心：指离开语文文字而以慧心相传授。
81. set a thief to catch a thief. 以热治热：比喻利用不良事物本身的矛盾来反对不良事物，或利用恶人来对付恶人。
82. you reap what you sow. 因果报应：指事物的起因和结果,种什么因,结什么果。
83. killing two birds with one stone. 一石二鸟：指用一块石头砸中两只鸟，现用来比喻一个举动达到两个目的。
84. accommodate oneself to circumstances. 随机应变：随着情况的变化灵活机动地应付。
85. inferiority complex. 自激之心：对于自己做的事不满意。
86. the full true story. 自初至终：从开始到最后这段时间或那个事实。
87. give oneself up in despair. 自暴自弃：自己瞧不起自己，甘于落后或堕落。
88. carry the war into the enemy's camp. 贼喊捉贼：原本犯错应该低调以对的人，反而更盛气凌人，所以做贼的反而背着木杖要打人。
89. good out of evil. turning the misfortune to our advantage. 转祸为福：把祸患变为幸福。指把坏事变成好事。

91. 진수성찬(珍羞盛饌) : 맛이 좋은 음식으로 많이 차려져 있다.

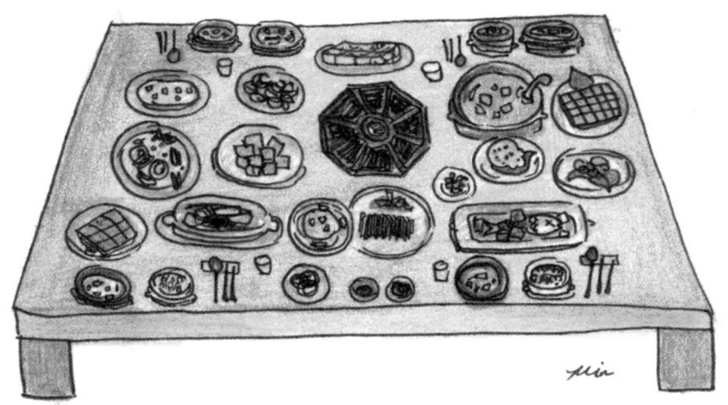

92. 청산유수(青山流水) : 흐르는 물처럼 거침없이 잘하는 말.

93. 청출어람(青出於藍) : 제자가 스승보다 낫다.

94. 타산지석(他山之石) : 남의 잘못과 실수도 자신에게 도움이 될 수 있다.

95. 토사구팽(兎死拘烹) : 사냥하러 가서 토끼를 잡으면 사냥하던 개는 쓸모가 없어 삶아먹는다.

96. 풍전등화(風前燈火) : 매우 위급한 경우에 놓여 있다.

97. 학수고대(鶴首苦待) : 학의 목처럼 목을 길게 늘여 몹시 기다린다.

98. 허심탄회(虛心坦懷) : 마음 속에 아무런 사념 없이 품은 생각을 터놓고 말함.

99. 호시탐탐(虎視眈眈) : 날카로운 눈으로 기회를 노린다.

100. 희로애락(喜怒哀樂) : 기쁨과 노여움과 슬픔과 즐거움 등 사람의 온갖 감정.

90. putting the cart before the horse. 反客为主：客人反过来成为主人(比喻变被动为主动)。

91. sumptuous feast. 山珍海味：丰盛的饮食。

92. speak fluently. 言若悬河：形容能言善辩，说话滔滔不绝。

93. student surpassed his teacher in calligraphy. 青出于蓝：比喻学生超过老师或后人胜过前人。

94. let others failure be a lesson to oneself. 他山之石：比喻能帮助自己改正缺点的人或意见。

95. kill the dog after hunting is over. 兔死狗烹 (狡兔死，走狗烹)

96. hanging by a single thread. 风前灯火：指非常危急的处境。

97. eagerly look forward to. 鹤首苦待：仰着脖子等待着出现，很急切地希望看到某人，某事，某物的出现。

98. open-mindedness, frankness. 坦诚相告：开诚相见胸怀坦荡没有隐瞒。

99. vigilantly await an opportunity. 虎视眈眈：像老虎要捕食那样注视着。形容贪婪地盯着，随时准备掠夺。

100. human feelings of joy, anger, sorrow and pleasure. 喜怒哀乐：指高兴,愤怒,悲哀和快乐这四种感情。泛指人的各种不同感情。

연습문제 답

01 단군 이야기

1. 태백산
2. 쑥과 마늘
3. 삼칠일(21일)
4. 웅녀
5. 고조선

1. (꾹) 참다.
2. 쑥과 마늘만 먹고 (도저히) 살 수가 없다.
3. 매일 (간절히) 기도를 하다.

02 해와 달이 된 오누이

1. "떡 하나 주면 안 잡아 먹지"
2. 도끼로 나무를 찍으며 올라갔다.

1. (똑똑) 문을 두드리다
2. 바구니가 (텅) 비다
3. 동생이 (하하하) 웃다
4. 미끄러워 (주르륵) 아래로 내려가다.
5. 밧줄이 (툭) 끊어지다

1. (감쪽같이) 속았습니다.
2. (제발) 살려주세요.
3. (하늘이 두 쪽이 나도) 절대 문을 열어 주지 말라.

03 심청 이야기

1. 아버지의 눈을 뜨게 해 드리려고.
2. 공양미 삼백 석
3. 연꽃
4. 맹인잔치를 열어서
5. 너무 놀라서(기적이 일어나서)

1. 개천에 (풍덩) 빠지다.
2. 한숨을 (푹) 내쉬다.
3. 연꽃이 바다 위로 (둥실) 떠오르다.

1. 심봉사는 어린 심청이를 젖을 (동냥해서) 키웠습니다.
2. 바다는 (거짓말처럼) 잠잠해졌습니다.
3. 심청이가 왕비가 된 후 나라는 살기가 좋아져 (태평성대)가 이어졌습니다.
4. 심봉사가 놀라 눈을 뜨게 된 것은 (기적)입니다.

04 바리데기 공주

1. 버리다. 버려지다.
2. 아들이 아니고 딸이라서
3. 서천 서역국의 약수
4. 9년
5. 무당

1. 바구니에 넣어 물 위에 (둥둥) 띄워 보내다.
2. 눈물을 (펑펑) 흘리다.

1. 오구대왕과 왕비는 아무도 고치지 못하는 (불치병)에 걸렸습니다.
2. 거인은 바리데기에게 결혼해 달라고 (청혼)을 했습니다.
3. 오구대왕과 왕비가 죽자 (장례식)이 치러졌습니다.

05 소년과 어머니

1. 고려장
2. 개미 허리에 실을 달고 통과시킨다.
3. 물 위에 띄워 가라앉는 쪽이 아래다.
4. 나중에 먹는 소가 어미 소다.
5. 어머니와 함께 사는 것

1. 사람들이 모여 (웅성웅성)거린다.
2. (구불구불)한 구멍이 뚫린 구슬에 실을 꿰다.

1. 어머니가 (빙긋이) 웃으며 말했습니다.
2. 사신은 얼굴이 (빨개져) 돌아갔습니다.
3. 청년이 문제를 (풀었습니다).

06 효성깊은 호랑이

1. 형님
2. 호랑이에게 물려가도 정신만 차리면 된다.
3. 옷
4. 산삼

1. 어머니의 기침 소리가 (콜록콜록) 들렸습니다.
2. 밤새 눈이 (펑펑) 내려 세상이 하얗게 되었다.

1. 나무꾼은 호랑이에게 다가가서 (시치미를 떼고) 말했다.
2. 나무꾼과 어머니는 호랑이를 (양지바른) 곳에 묻어주었다.

07 청개구리 이야기

1. 청개구리
2. 아들이 반대로만 하니까 산에 묻어줄 줄 알고
3. 마지막으로 엄마 말을 들어서, 엄마 말대로 하려고
4. 엄마의 무덤이 떠내려 갈까봐 걱정해서

1. 청개구리는 시냇물이 (졸졸) 흐르는 시냇가에 살았다.
2. 장맛비가 (주룩주룩) 내렸다.
3. 청개구리는 비가 오면 시냇가에서 (개굴개굴) 울었다.

1. 엄마 개구리는 병이 들어 (자리에 눕게) 되었습니다.
2. 청개구리는 엄마 말을 안 (들었습니다)
3. 엄마 개구리는 (자나 깨나) 아들 걱정이었습니다.
4. 엄마 개구리는 마지막 말을 남기고 (세상을) 떠났습니다.

08 흥부와 놀부

1. 제비
2. 금은보화와 비단
3. 부자가 되고 싶어서
4. 도깨비와 도둑 그리고 힘 센 장사들

1. 제비들이 (지지배배) 울면서 남쪽 나라로 떠났습니다.
2. 큰 박이 (주렁주렁) 열렸습니다.
3. 목수들이 나와서 (뚝딱뚝딱) 큰 기와집을 지었습니다.
4. 박씨는 (쑥쑥) 자라서 커다란 박이 세 개 열렸습니다.
5. 흥부네 가족과 놀부네 가족은 (오순도순) 사이좋게 잘 살았습니다.

1. 놀부는 제비 다리를 (일부러) 부러뜨렸습니다.
2. 놀부는 흥부가 부자가 된 소문을 듣고 (배가 아파) 죽을 지경이었습니다.
3. "놀부야, 너는 큰 벌을 받아 (마땅하다)"
4. 놀부는 잘못을 뉘우치고 (용서)를 빌었습니다.

09 의좋은 형제

1. 동생이 볏단을 형에게 주어서
2. 형이 볏단을 동생에게 주어서
1. 볏단을 (차곡차곡) 쌓아놓았습니다.
2. 형과 아우는 사실을 알고 고개를 (끄덕끄덕)거렸습니다.

1. 들판에 벼가 (누렇게) 익었습니다.
2. 가을이 되어 (풍년이) 들었습니다.
3. 형제는 고마워서 (감격의) 눈물을 흘렸습니다.

10 | 콩쥐와 팥쥐

1. 두꺼비
2. 새
3. 꽃신 한 짝
4. 비단옷과 꽃신 한 켤레
5. 연못에 던졌다.

1. 콩쥐가 눈에 눈물이 (글썽글썽)해질 때 두꺼비가 나타나 도와주었습니다.
2. 콩쥐가 (훌쩍훌쩍) 울자 황소가 나타나 도와주었습니다.

1. 선녀는 콩쥐에게 비단 옷과 꽃신을 주고 (바람처럼) 사라졌습니다.
2. 콩쥐는 꽃신 한 (짝)을 잃어버렸습니다.
3. 원님은 꽃신의 주인이 자신의 (배필)이 될 것이라고 생각했습니다.

11 | 토끼와 자라

1. 불치병
2. 토끼의 간
3. 자라
4. 간을 육지에 두고 왔다고
5. 신령님

1. 자라는 땅 위를 (엉금엉금) 기어가 토끼를 찾았습니다.
2. 토끼는 (깡충깡충) 뛰어 멀리 도망가 버렸습니다.

1. 용왕은 몸이 아파 (자리)에 눕고 말았습니다.
2. 용왕의 병을 낫게 하기 위해 (용하다)는 의원을 다 불렀습니다.
3. 용왕이 병이 걸리자 신하들은 걱정이 (태산) 같았습니다.

12 | 혹부리 영감님

1. 무섭고 심심해서
2. 새벽에(날이 밝아졌을 때)
3. 도깨비 방망이
4. 혹이 하나 더 생겼다.
5. 혹을 떼려다가 혹을 하나 더 붙였다.

1. 갑자기 천둥소리가 (우르르 쾅) 하고 났습니다.
2. 혹부리 영감님은 (흥얼흥얼) 노래를 했습니다.
3. 혹부리 영감님은 (덩실덩실) 춤도 추었습니다.
4. 새벽닭이 (꼬끼오) 하고 울었습니다.

1. 아이들이 놀려도 혹부리 영감님은 (아랑곳) 하지 않고 즐겁게 살았습니다.
2. 도깨비들은 영감님에게 노래를 불러 달라고 (졸랐습니다).
3. 영감님의 혹은 (감쪽)같이 사라지고 없어졌습니다.
4. 영감님은 혹도 떼고, 방망이도 얻어 (금상첨화)였습니다.

13 | 삼년 고개

1. 삼년밖에 못살까봐
2. 넘어질 때마다 삼년을 사시니까 자꾸 넘어지면 오래살기 때문에
3. 60년

1. 할아버지는 삼년 고개에서 넘어져 (엉엉) 울다가 집으로 돌아왔습니다.
2. 할아버지는 병이 나서 (끙끙) 앓았습니다.
3. 할아버지는 삼년 고개로 달려가 (데굴

데굴) 굴렀습니다.
4. 할아버지는 좋아서 (싱글벙글) 웃었습니다.

1. 할머니는 할아버지 이야기를 듣고 (울상)이 되었습니다.
2. 삼년 고개에서 넘어진 할아버지는 (땅)을 치며 울었습니다.

14 | 젊어지는 샘물

1. 파랑새
2. 할아버지 젊었을 때와 너무 똑같아서
3. 샘물을 너무 마셔 갓난아이가 되어서
4. 욕심쟁이 할아버지

1. 할아버지는 (살금살금) 파랑새에게 다가갔습니다.
2. 할아버지는 물을 마시고 그 자리에서 (쿨쿨) 잠이 들었습니다.
3. 젊은이는 산비탈을 (터벅터벅) 내려오고 있었습니다.

1. (난생) 처음 보는 새로구나.
2. 갑자기 잠이 (쏟아지기) 시작했습니다.
3. 할머니는 어떻게 된 일인지 도무지 (영문)을 몰랐습니다.

15 | 임금님 귀는 당나귀 귀

1. 귀가 커져서
2. 임금님의 비밀을 말을 못해서
3. 대나무 숲
4. 백성을 사랑해서
5. 백성들이 말하는 것을 모두 들을 수 있는 것

1. 사람들이 모여 (웅성웅성)거리고 키득키득 웃었습니다.
2. 임금님은 말도 못하고 (끙끙) 앓기 시작했습니다.
3. 임금님은 (껄껄) 웃으면서 아주 기뻐했습니다.

1. 신하는 임금님의 (비밀)을 지키지 못했습니다.
2. 소문은 (삽시간에) 나라 안에 널리 퍼졌습니다.

16 | 호랑이와 곶감

1. 곶감
2. 곶감
3. 호랑이
4. 고목나무 구멍

1. 엄마는 우는 아기에게 "(뚝), 그쳐"라고 말했습니다.
2. 호랑이는 (덜컥) 겁이 났습니다.
3. 호랑이는 (슬금슬금) 피해서 대밭으로 들어갔습니다.

1. 호랑이는 엄마가 하는 소리를 밖에서 몰래 (엿듣고) 놀랐습니다.
2. 호랑이는 (죽을 힘)을 다하여 달아났습니다.
3. 소도둑은 호랑이를 소로 (착각)하고 호랑이 등에 올라탔습니다.

17 | 방귀쟁이 며느리

1. 솥뚜껑과 솥
2. 방귀를 뀌지 못해서
3. 배
4. 며느리의 방귀가 쓸모가 있어서

1. 처녀는 방귀를 (뿡) 뀔 때마다 소리가 너무 커서 마을이 울렸습니다.
2. 방귀를 뀌자 배가 (후두둑) 떨어졌습니다.
3. 시아버지는 혼자서 (중얼중얼) 거렸습

니다.

1. 시집 간 처녀는 시부모를 (공경)하고 살림도 아주 잘했습니다.
2. 오래 참았던 방귀를 뀌자 며느리는 (앓던) 이가 빠진 것처럼 후련했습니다.

18 팥죽 할멈과 호랑이

1. 할머니가 팥죽을 맛있게 잘 쑤기 때문에
2. 팥죽도 먹고 할머니도 잡아먹으려고
3. 알밤
4. 지게

1. 알밤이 아궁이에서 (톡) 튀어 나왔습니다.
2. 호랑이의 눈을 (딱) 때렸습니다.
3. 송곳에 찔린 호랑이는 부엌에서 (허둥지둥) 나갔습니다.
4. 멍석은 호랑이를 (돌돌) 말았습니다.
5. 호랑이는 강에 (첨벙) 빠졌습니다.

1. 팥죽도 먹고, 할멈도 잡아 먹고 (일석이조)구나.
2. 사람들은 할머니를 팥죽을 맛있게 잘 쑤어서 팥죽 (할멈)이라고 불렀습니다.

19 금도끼와 은도끼

1. 도끼(쇠도끼)
2. 금도끼
3. 세 개
4. 못찾았다.

1. 나무꾼은 도끼를 연못에 (풍덩) 빠뜨렸습니다.

1. 나무꾼은 자기 도끼가 아니라고 고개를 (저었습니다).
2. 나무꾼은 자기 도끼가 맞다고 고개를 (끄덕였습니다).
3. 게으른 나무꾼은 연못에 쇠도끼를 (일부러) 빠뜨렸습니다.
4. 게으른 나무꾼은 금도끼와 은도끼는(커녕) 자신의 쇠도끼도 잃어버렸습니다.

20 소가 된 게으름뱅이

1. 탈을 깍는 노인
2. 소머리 탈
3. 소
4. 무

1. 탈을 쓴 게으름뱅이 소리는 (음메 음메) 하는 소울음 소리였습니다.
2. 노인은 소의 궁둥이를 (철썩철썩) 때렸습니다.
3. 게으름뱅이는 지난 일을 후회하며 눈물을 (뚝뚝) 흘렸습니다.

1. 게으름뱅이 아내는 남편에게 (바가지)를 긁었습니다.
2. 게으름뱅이는 아내의 (잔소리)가 듣기 싫었습니다.
3. 게으름뱅이는 소가 되느니 (차라리) 죽는 게 낫겠다고 생각했습니다.

21 빨간 부채 파란 부채

1. 도깨비 방망이
2. 빨개지더니 길어졌다.
3. 고양이
4. 곤장을 맞았다.

1. 나무꾼은 시원한 나무 그늘 아래 누워서 (꾸벅꾸벅) 졸았습니다.
2. 영감님은 (덩실덩실) 춤을 추었습니다.
3. 부자 영감님은 (시름시름) 앓기 시작했습니다.

1. 부자 영감님은 (용하다)는 의원을 불러

보았지만 소용이 없었습니다.
2. 나무꾼은 더워서 (부채질)을 했습니다.
3. 동네 사람들은 모두 그에게 (손가락질)을 했습니다.
4. 부자 영감님은 나무꾼을 원님에게 (고발)했습니다.

22 | 은혜갚은 호랑이

1. 목에 뼈가 걸려서
2. 높은 벼슬과 큰 상금
3. 화살
4. 양지바른 곳에 묻었다.

1. 나무꾼이 뼈를 빼주자 호랑이는 (꾸벅) 인사를 하고 사라졌습니다.
2. 나무꾼은 길에서 (어슬렁거리는) 호랑이를 만나게 되었습니다.
3. 사람들이 무서워서 (벌벌) 떠는 것을 보았습니다.

1. 나무꾼은 호랑이 (덕분에) 결혼도 하고 아이도 낳고 잘 살게 되었습니다.
2. 나무꾼은 (차마) 호랑이를 죽일 수 없었습니다.
3. 나무꾼은 (꾹) 참고 살며시 호랑이에게 다가갔습니다.

23 | 은혜갚은 까치

1. 과거시험을 보기 위해
2. 구렁이
3. 용
4. 까치

1. 구렁이는 화살을 맞고 (꿈틀꿈틀거리다) 사라져버렸습니다.
2. 탑 위에서 종소리가 (뎅)하고 들렸습니다.

1. 과거 시험을 잘 본 선비는 (장원급제)해서 고향으로 돌아왔습니다.
2. 네가 내 남편을 죽였으니 너를 죽여 그 (원수)를 갚아야겠다.

24 | 토끼의 재판

1. 구덩이(함정)
2. 나무꾼
3. 세 번
4. 나무꾼 편
5. 사람들이 소에게 일만 시키고 나중에 잡아먹으니까

1. 호랑이는 나뭇가지를 잡고 (낑낑)대며 그 구덩이에서 빠져나왔습니다.
2. 호랑이는 이빨을 드러내며 (으르렁)거렸습니다.
3. 토끼는 (빙그레) 웃으면서 나무꾼에게 말했습니다.
4. 호랑이는 구덩이 속에서 (펄쩍펄쩍) 뛰었습니다.

1. (은혜)를 모르는 것은 사람들입니다.
2. 원래 (재판)은 세 번 하는 거란다.
3. 은혜를 (원수)로 갚은 호랑이는 다시 구덩이에 갇히고 말았습니다.

25 | 나무꾼과 선녀

1. 사슴
2. 장가를 가는 것
3. 두 명
4. 두레박

1. 사슴 한 마리가 (헐레벌떡) 뛰어왔습니다.
2. 나무꾼이 발을 (동동) 굴렀지만 소용이 없었습니다.
3. 어디서 (빵) 하는 총소리가 들렸습니다.

1. 절대 옷을 주면 안 됩니다. (명심)하십시오.

26 | 바보 온달과 평강 공주

1. 너무 울어서
2. 평강 공주
3. 눈
4. 고구려

1. 평강 공주가 (무럭무럭) 자라 나이 16 세가 되었습니다.

1. 온달의 집은 (찢어지게) 가난한 집이었습니다.
2. 왕은 평강 공주와 결혼한 온달을 (사위)로 맞았습니다.
3. 온달이 훌륭한 장군이 된 것은 평강 공주 아내의 (내조) 덕분이었습니다.

27 | 서동과 선화 공주

1. 신라
2. 나쁜 소문 때문에
3. 백제
4. 선화 공주가 남몰래 정을 통해 서동을 밤에 몰래 만난다
5. 황금
6. 하루

1. 선화 공주는 세상에서 가장 예쁜 (절세미인)이었습니다.
2. 진평왕은 소문을 듣고 화가 (머리) 끝까지 났습니다.
3. 공주는 자신이 (누명)을 쓰게 된 노래가 서동이 꾸민 짓임을 알게 되었습니다.
4. 왕은 소문의 근원을 묻지도 않고 (다짜고짜) 선화 공주를 내쫓았습니다.

28 | 연오랑과 세오녀

1. 신라시대
2. 비단을 짜는 일
3. 일본
4. 해와 달의 광채가 사라졌다.
5. 세오녀가 짠 비단

1. 바위가 움직이더니 어디론가 (둥둥) 떠내려갔습니다.
2. 세오녀는 (엉엉) 울다 지쳐 쓰러졌습니다.

1. 세오녀는 남편이 신던 신발 한 (짝)을 발견했습니다.
2. 세오녀는 바위 위에서 (기절)하고 말았습니다.
3. 세오녀가 오자 연오랑이 (단숨에) 달려갔습니다.
4. 비단을 줄 테니 그것으로 하늘에 (제사)를 올리십시오.

29 | 견우와 직녀

1. 소를 잘 모는 일
2. 견우와 직녀가 일을 하지 않아서
3. 7월 7일(칠석날)
4. 까치와 까마귀들
5. 오작교

1. 가슴이 (철렁) 내려앉았습니다.
2. 둘은 보고 싶어 그리움에 눈물을 (뚝뚝) 흘렸습니다.

1. 견우와 직녀는 (첫눈에)에 반해 서로 사랑을 했습니다.
2. 견우와 직녀는 은하수를 건너가 서로를 (부둥켜) 안았습니다.
3. 까치와 까마귀들의 머리가 벗겨져 (대머리)가 되었다고 합니다.

30 | 우렁이 각시

1. 물독
2. 선녀

3. 옥황상제님께 죄를 지어서
4. 원님
5. 참빗

1. 총각은 한숨을 (푹) 쉬면서 혼자 말했습니다.
2. 총각은 각시의 손을 (꽉) 붙잡고 말했습니다.

1. 매일 아침 저녁으로 누군가 (진수성찬)을 차려놓았습니다.
2. 분명 각시는 저와 (인연)이 있는 것이니 저와 결혼해 주시오.

31 머리가 아홉 달린 괴물

1. 아홉 배
2. 꿈속에서 할아버지가
3. 계곡의 물
4. 우물물

1. 괴물의 목소리도 (쩌렁쩌렁) 크게 울렸습니다.
2. 남자는 (살금살금) 기와집 근처로 다가갔습니다.
3. 한 여자가 (사뿐사뿐) 우물가로 나왔습니다.
4. 남편은 아내가 시키는 대로 물을 (벌컥벌컥) 마셨습니다.
5. 칼은 (어마어마)하게 큰 것이었습니다.

1. 마을 사람들은 괴물 때문에 편히 살 수 없었지만 달리 (뾰족)한 방법이 없었습니다.
2. 바위 뒤에는 큰 기와집 한 (채)가 있었습니다.
3. 괴물이 죽자 마을 사람들은 두 (다리)를 쭉 펴고 살 수 있었습니다.

32 백일홍 이야기

1. 머리가 셋 달린 이무기
2. 처녀
3. 흰 돛
4. 붉은 돛을 보고 장수가 죽은 줄 알고
5. 백일동안 피었다가 져서

1. 꽃네는 장수의 배가 나타나자 가슴이 (두근두근)거렸습니다.
2. 마을 사람들은 이무기가 나타나자 두려움에 (벌벌) 떨었습니다.

1. 김노인의 하나밖에 없는 (외동딸) 꽃네를 제물로 바치기로 했습니다.
2. 김노인과 꽃네는 (생이별)을 해야만 했습니다.

33 멸치의 꿈

1. 대궐같은 집
2. 낙지
3. 용이 되는 꿈
4. 어부가 끌어올리는 것
5. 물고기들에게 밟혀서

1. 꿈에서 하늘을 (훨훨) 날아다니는 것이었습니다.
2. 멸치는 화가 나서 가자미의 뺨을 (찰싹) 세게 쳤습니다.

1. 멸치는 아주 부자여서 (대궐)같은 집에 살았습니다.
2. 멸치는 (진수성찬)으로 낙지를 대접했습니다.
3. 도대체 이 꿈이 무엇인지 (해몽)을 해 주십시오.
4. 멸치는 낙지에게 (금은보화) 선물을 가득 주었습니다.

34 에밀레 종 이야기

1. 부왕(성덕대왕)의 공덕을 기리기 위해서
2. 아기
3. 병들어 죽을 바에는 차라리 내세에 건강한 아기로 태어나길 원해서
4. 엄마

1. 종은 (징)하는 탁한 소리만 날뿐이었습니다.
2. 아기의 어미는 (훌쩍훌쩍) 울었습니다.
3. 어미는 아기를 (펄펄) 끓고 있는 쇳물 속에 넣었습니다.

1. 스님들은 전국을 다니며 종을 만들기 위한 (시주)를 받기에 바빴습니다.
2. 아프다가 죽을 바에는 차라리 (내세)에 건강한 아기로 태어나길 빌었습니다.
3. 아기는 (무남독녀) 외동딸로 태어났지만 태어나면서 병에 걸렸습니다.

35 아사달과 아사녀

1. 신라
2. 석가탑
3. 탑이 완성될 때까지 여자가 들어갈 수 없어서
4. 그림자가 없는 탑

1. 아사녀는 문 앞을 (오락가락) 서성거리며 남편을 기다렸습니다.
2. 연못에는 남편의 모습만 (어른어른) 비쳤습니다.

1. 신라에서는 (실력)이 뛰어난 석공들을 불러 모았습니다.
2. 아사녀는 고향으로 되돌아갈 (기력)조차 잃고 남편의 이름만 불렀습니다.

36 개와 고양이

1. 용왕님의 아들
2. 아들의 생명을 구해준 할아버지의 은혜를 갚으려고
3. 파란 구슬
4. 구슬을 잃어버려서(도둑맞아서)
5. 개와 고양이
6. 개가 말을 시켜서(개가 물어봐서 말하는 바람에)

1. 욕심쟁이 할머니는 구슬을 몰래 바꾸어 놓고 (허둥지둥) 가버렸습니다.
2. 욕심쟁이 할머니 집은 대궐같이 (으리으리)했습니다.
3. 개는 구슬을 잃어버린 것이 너무나 속상해 (투덜투덜)거렸습니다.
4. 고양이와 개는 밤새 서로 (티격태격) 다투었습니다.

1. 개와 고양이도 그 전처럼 배고프고 (처량한) 신세가 되었습니다.
2. 고양이는 (버럭) 화를 냈습니다.
3. 고양이가 말하는 (바람)에 입에 물었던 파란 구슬을 강물에 빠뜨렸습니다.

37 열두 띠 이야기

1. 세배를 하기 위해
2. 소
3. 쥐
4. 돼지
5. 원숭이
6. 돼지

1. 쥐가 (찍찍)거리며 말했습니다.
2. 토끼는 (깡충깡충) 뛰면서 자랑했습니다.
3. 돼지는 (꿀꿀)대며 자기 자랑을 했습니다.
4. 개는 (멍멍)거리면서 가장 충성스럽다고 말했습니다.

한국의 옛날이야기로 배우는 한국어・한국문화

Korean Traditional Fairy Tales to Learn Korean Language & Culture

通过韩国的故事学习韩语・韩国文化

초판 1쇄 발행 2015년 7월 27일
초판 2쇄 발행 2015년 12월 10일
초판 3쇄 발행 2017년 3월 7일
초판 4쇄 발행 2021년 3월 18일

지은이 이은자 | **그림** 이승민(Lee Seung Min, 李承珉)
펴낸이 이대현 | **편집** 이태곤 권분옥 문선희 임애정 강윤경
디자인 안혜진 최선주 이경진 | **마케팅** 박태훈 안현진
펴낸곳 도서출판 역락 | **등록** 제303-2002-000014호(등록일 1999년 4월 19일)
주소 서울시 서초구 동광로 46길 6-6 문창빌딩 2층
전화 02-3409-2058(영업부), 2060(편집부) | **팩시밀리** 02-3409-2059
전자우편 youkrack@hanmail.net
홈페이지 www.youkrackbooks.com

ISBN 979-11-5686-220-8 03710